Peter Fritzsche

Wie aus Deutschen Nazis wurden

Aus dem Amerikanischen
von Hans J. Schütz

Pendo
Zürich München

Danksagung

Ich danke der University of Illinois in Urbana-Champaign für zwei Arnold-O.-Beckmann-Forschungsstipendien in den Jahren 1993/94 und 1994/95, die Glenn Penny eine Assistenz bei der Forschung ermöglichten; er war eine große Hilfe. Gray Cohen, Gerald Feldman und David Large lasen und kommentierten freundlicherweise das Manuskript, wie auch Harry Liebersohn und das German Colloquium. Ich danke allen herzlich. Außerdem bin ich den anonymen Lektoren der Harvard University Press für ihre Bemühungen und der Cheflektorin Aida Donald für ihre Unterstützung zu großem Dank verpflichtet. Ich widme dieses Buch in Liebe Karen Hewitt und unseren Kindern, Eric und Lauren.

Inhalt

Einleitung
9

Juli 1914
21

November 1918
93

Januar 1933
147

Mai 1933
225

Anmerkungen
247

Register
267

Einleitung

Adolf Hitler in der jubelnden Menge von Patrioten vor der Münchner Feldherrnhalle am 2. August 1914

Eine der berühmtesten Fotografien, die je von Adolf Hitler gemacht wurden, illustriert überzeugend den Aufstieg der Nationalsozialisten und das Ideal des Dritten Reiches. Sie zeigt vaterländisch gesinnte Deutsche, die sich auf dem Münchner Odeonsplatz versammelten, um die Kriegserklärung zu hören, die am 2. August 1914 von der Treppe der Feldherrnhalle verlesen wurde. In der tausendköpfigen Menge befand sich der mittellose Maler, der in einer Mansarde in der Schleißheimer Straße wohnte. Menschenaufläufe wie dieser in der bayerischen Hauptstadt waren überall im Land in der letzten, spannungsgeladenen Juliwoche zu einem vertrauten Anblick geworden, als sich immer wieder eifrige Patrioten versammelten, um den Entschluß der Reichsregierung zu bejubeln, Österreich-Ungarn im Gefolge der Ermordung des Erzherzogs Ferdinand, des habsburgischen Thronfolgers, zu unterstützen. Doch die Menschen versammelten sich auch auf der Straße, weil sie noch etwas anderes entdeckten: das gemeinsame Gefühl, Deutsche zu sein und einer Nation anzugehören. Die Kriegserklärungen an Serbien und Rußland und dann an Frankreich und Großbritannien hatten zu Beginn des nächsten Monats ein Aufwallen von allgemeinem Nationalismus zur Folge, später als das »Augusterlebnis« verklärt, eine Phase, in der alle Unterschiede der Klasse, Konfession und Region ausgelöscht und die Menschen, das Volk, eine einzige Einheit zu sein schienen.

In den ersten Wochen des Ersten Weltkriegs sorgten sowohl begeisterte Zivilisten, die sich daheim freiwillig in den Dienst der Kriegsanstrengungen stellten, als auch pflichttreue Reservisten, die sich zum Dienst an der Front meldeten, für ein stetiges Anwachsen des Nationalismus. Keine andere öffentliche Kundgebung hatte je zuvor die Idee der Nation so zwingend provoziert wie diese spontanen Massenversammlungen im Sommer 1914. Später eröffneten die gemeinsamen Anstrengungen, den Krieg durchzustehen und den Feind zu besiegen, weitere Möglichkeiten, sich erneut die Zukunft auszumalen. Sozialisten wie Nationalisten sahen ihre politischen Programme durch die allgemeinen Kriegsanstrengungen bestätigt.

Die gemüthaften Sympathien für die »Augusttage« verflüchtigten sich unweigerlich. Je länger sich der Krieg hinzog, vom ersten Winter in einen zweiten, einen dritten und einen vierten führte, desto stärker machten sich unter den Deutschen Müdigkeit und Ernüchterung breit. Wie die anderen kriegführenden Nationen verloren sie Hunderttausende von Söhnen, Brüdern und Vätern und hatten schwer unter den Entbehrungen des Krieges zu leiden. Im November 1918, als sozialistische Revolutionäre den Deutschen Kaiser und die Landesfürsten stürzten, war der August 1914 nur noch eine ferne Erinnerung. Dennoch verlockten die unruhigen Jahre der neuen Weimarer Republik, die widrigen Friedensbedingungen von Versailles, die politische Erbitterung zwischen Links und Rechts, die ruinöse Inflation und schließlich die Weltwirtschaftskrise die Deutschen beharrlich dazu, sich des phantastischen Augenblicks der Einigkeit zu erinnern. Im Lauf der Jahre wurde der August 1914 als magischer Kontrapunkt zu den ernüchternden Zuständen der Weimarer Republik verklärt. Die Linke wie die Rechte blickte auf die Zeit vor Weimar zurück und strapazierte in der Erinnerung die zu Beginn des Krieges erreichte beispielhafte nationale Einigkeit.

In alltäglichen Unterhaltungen, bei Familienfesten und Kriegsgedenkgottesdiensten ergingen sich die Deutschen gern in der Erinnerung an den August 1914. Fünfzehn Jahre später verdeutlichte eine Bestsellerliste von Romanen über Erfahrungen auf dem Schlachtfeld und Erinnerungen an den Schützengraben auf lebendige Weise diese erhebende Seite des Krieges: das unvergeßliche Erlebnis des Bades in der

Menge, die herzlichen Abschiede auf Bahnhöfen, die vertraute Gemeinschaft der Front. So war es kein bloßer Zufall, daß eines Tages im Jahr 1930 der renommierte Münchner Fotograf Heinrich Hoffmann die Fotos hervorkramte, die er 1914 am ersten Tag der Mobilmachung von erregten Münchnern gemacht hatte. Selber bereits ein führender Münchner Nationalsozialist (der 1920 der Partei beigetreten war und die Mitgliedsnummer 59 trug), zeigte Hoffmann in einem Münchner Café Hitler seine Mappe. Hitler blätterte die Fotos durch und sagte plötzlich: »Auch ich stand in dieser Menge.« Hoffmann konnte seine Begeisterung kaum zügeln. Hitler – Parteiführer, politisch hoffnungsvoller, selbsternannter Erlöser – mit dem nationalen Idealismus des August 1914 in Verbindung zu bringen hätte hervorragend ins Bild gepaßt. Hoffmann prüfte sorgfältig ein Foto nach dem anderen und suchte jene Person ausfindig zu machen, in der er seinen Führer erkennen konnte. Nach stundenlanger Suche, so erzählte er später, fand er Adolf Hitler dicht am unteren Rand des letzten Fotos.[1]

Dieser zufällig entdeckte Schnappschuß hielt genau den Augenblick fest, in dem das Dritte Reich möglich wurde. Eine Vergrößerung zeigt einen fünfundzwanzigjährigen erregten Hitler, gepackt vom kollektiven Überschwang nationalistischer Verherrlichung. Richard Hanser beschreibt den Anblick: Hitlers Mund ist halb geöffnet, und sein »Blick ist nach oben gerichtet und starr. Alle Männer um ihn herum trugen Hüte, nur er war barhaupt. Sein Haar ist ohne Schnitt und ungekämmt, passend zu seinem Gesichtsausdruck heftiger Erregung. Die ganze Haltung ist die eines Menschen, der außer sich ist.«[2] Diese neuentdeckte Fotografie erhärtet Hitlers Erinnerungen in seinem Lebensbericht von 1924. »Die damaligen Stunden« auf dem Odeonsplatz, schrieb er in *Mein Kampf,* »kamen (mir) wie eine Erlösung aus den ärgerlichen Empfindungen meiner Jugend vor.« Zumindest im übertragenen Sinn fiel er auf die Knie und »dankte dem Himmel aus übervollem Herzen, daß er mir das Glück geschenkt hatte, in dieser Zeit leben zu dürfen«.

Sein Glück bot ihm keine Gelegenheit, seiner österreichischen Heimat zu dienen – Anfang des Jahres war er festgenommen worden, weil er versucht hatte, sich dem Militärdienst zu entziehen, obgleich ein ärztlicher Untersuchungsbericht ihn schließlich für untauglich erklärte. Was diesen Außenseiter mit »stürmischer Begeisterung« erfüllte, war seine Identifizierung mit der Sache eines »größeren Deutschland«, das alle Deutschen innerhalb und außerhalb des Reiches glaubwürdiger vertreten würde.

»Für mich stritt nicht Österreich für irgendeine serbische Genugtuung, sondern Deutschland um seinen Bestand.«[3] Darin unterschied sich Hitler nicht wesentlich von Tausenden anderer Deutscher, die zu den Fahnen eilten, nicht um internationale Gefahren abzuwenden, sondern um für ihre Volkszugehörigkeit einzustehen. Hier war eher Identität als Pflichtgefühl die Triebfeder. Man entdeckte Loyalitäten und machte sie sich zu eigen, anstatt sie anzuerkennen und zu erfüllen. Die Kriegserklärung war es, die Hitler zum ersten Mal mehr Sinn in seinem Leben sehen und ein Gefühl für politisches Handeln entdecken ließ.

Die Fotografie ist auch ein bemerkenswertes Dokument der nationalen Mobilisierung, die diesen totalen Krieg möglich machte. Der Erste Weltkrieg nimmt in der neueren Geschichte einen so bedeutenden Platz ein, weil er neue soziale Gruppierungen schuf, die sich um eine durch eine zunehmend populistische und rassistische Terminologie gekennzeichnete nationale Identität entwickelten. Im Verlauf des Krieges stellte die umfassende Mobilisierung der Bevölkerung ältere soziale Hierarchien und Verhaltensnormen in Frage. Zugleich schrieb der Krieg die traditionellen Geschlechterrollen neu, hob seit langer Zeit bestehende Klassenbündnisse auf und legitimierte das ausschließlich ethnisch begründete Gefühl, ein Deutscher zu sein – um eine neue kampflustige Gemeinschaft hervorzubringen, bestimmt zum Kampf ums Überleben, in dem sich ein ganzes Volk auf Gedeih und Verderb behauptete. Da die Betonung auf »Nation« und nicht auf

»Staat« lag, wurden die Risiken des Konflikts in einer betont volkstümlichen Sprache beschrieben. Die mobilisierte Menge auf dem Odeonsplatz bot folglich einen flüchtigen Eindruck der Dinge, die kommen sollten. Für Millionen von Deutschen bildeten Juli und August 1914 einen neuen politischen Bezugspunkt, der drei Jahrzehnte lang gültig blieb.

Deutsche Historiker neigten dazu, das nationalistische Versprechen von 1914 zu übergehen, um ihre Darstellung des Nationalsozialismus mit der für die Nation traumatischen militärischen Niederlage von 1918 zu beginnen. Folglich beurteilten sie den Nationalsozialismus eher als das Resultat außergewöhnlicher Not denn als eine volkstümliche Mobilisierung und betrachteten die Naziwähler eher als Opfer der Umstände denn als willige Teilnehmer. Doch nach meiner Ansicht ist 1914 das entscheidende Datum, weil hier gewaltige politische Bestrebungen in Gang gesetzt wurden. Die Gründe für den Sieg der Nationalsozialisten sind ebenso im Reich der Ideen und Loyalitäten wie im Zusammenwirken ökonomischer und militärischer Krisen zu finden. Eben weil der Krieg den nationalen Gedanken so gründlich revidierte und sechzig Millionen Menschen auf eine ungewöhnliche und oft gefährliche Weise wiedervereinte, ist 1914 der geeignete Ausgangspunkt, um zu beschreiben, warum und wie die Nationalsozialisten an die Macht kamen.

Wie Hitler selber berichtete, erzeugte die Kriegserklärung ein Gefühl von Deutschsein, das ihn in einen Rausch versetzte. Fortan bemühte sich Hitler, die unerschütterliche Einheit wiederzuerlangen, die auf ethnisch begründetem Nationalismus und nationaler Selbstaufopferung beruhte. In seinen Augen war der Sommer des Jahres 1914 wahrhaft historisch, weil in der Weltgeschichte ein neues historisches Subjekt aufgetaucht war – das deutsche Volk, ein Volk, unbelastet von vergangener Geschichte und vergangenen Ungerechtigkeiten und schließlich vereint, um seine Herrscherrolle in Anspruch zu nehmen. 1914 blieb immer ein Vorbild für das, was nationale Mobilisierung erreichen konnte. »Öfter als einmal haben sich« in der deutschen Geschichte, konnte Hitler behaupten, »Tausende und Tausende junge Deutsche gefunden mit dem opferbereiten Entschluß, das jugendliche Leben so wie 1914 wieder freiwillig und freudig auf dem Altar des geliebten Vaterlandes zum Opfer zu bringen«.[4] Aus diesen Gründen nahm das Jahr 1914 Deutschlands nationale Revolution von 1933 und sein Streben nach der Weltherrschaft im Zweiten Weltkrieg vorweg. Den Nationalsozialismus muß man sowohl von den Ideen und Wünschen her als auch von den Traumata und Mängeln her betrachten, ist es doch die nationale Idee, die Befriedigung, ein solches Bündnis und die sozialen Erneuerungen, die es einschloß, aufrechtzuerhalten, die Hoffmanns Fotografien aus dem Sommer 1914 so eindrucksvoll illustrieren. Daß so viele Deutsche Nazis wurden, war kein Zufall, kein unvorstellbares Ergebnis katastrophaler ökonomischer und politischer Bedingungen. Es sollte deutlich ausgesprochen werden, daß Deutsche Nazis wurden, weil sie Nazis werden wollten und weil die Nazis ihre Interessen und Neigungen so deutlich bestätigten. In Anbetracht der illiberalen Ziele und gewalttätigen Methoden der Nationalsozialisten ist diese allgemeine Unterstützung ein ernüchterndes, schreckliches Faktum.

Dennoch unterstützten die Wähler Hitler nicht in erster Linie, weil sie seinen Haß auf die Juden teilten. Gewiß, viele, wenn nicht die meisten Deutschen, waren mehr oder weniger Antisemiten, und die meisten erkannten in den Nationalsozialisten eine politische Macht von nie dagewesener Härte. 1933 konnte sich jedermann unschwer vorstellen, daß den deutschen Juden eine zunehmend grausame Zukunft bevorstand. Doch daß der Nationalsozialismus auf mörderische Weise von allgemeinen Vorurteilen besessen war, erklärt nicht die breite Unterstützung, die er bei Deutschen aller gesellschaftlichen Schichten fand; die sogenannte »Judenfrage« spielte in den leidenschaftlichen Wahlkämpfen der Weimarer Republik keine Rolle.[5] Die Nationalsozialisten erhielten mehr Stimmen als die Deutschnationalen (die ebenfalls Antisemiten waren) und Sozialdemokraten (die es nicht waren), weil sie ideologische Neuerer waren. Die entscheidende Mehrheit in den Wahlen der Jahre 1932 und 1933 gewannen die Nationalsozialisten nicht, weil sie die Rezepte bereithielten, das auszuführen, was bereits jedem vorschwebte, sondern weil sie sich von etablierten politischen Traditionen absetzten. Sie wurden sofort mit einer ausgesprochen eingängigen Art von völkischem Nationalismus und mit den grundlegenden sozialen Reformen identifiziert, von denen die meisten Deutschen erwarteten, daß sie das nationale Wohlergehen garantierten. Dieses politische Kräftefeld ist es, das die Fotos vom Juli und August 1914 vorwegnehmen.

In den folgenden vier Kapiteln möchte ich untersuchen, wie wir vom anonymen Mann in der Menge zum Führer des Dritten Reiches gelangen oder, genauer, weil es sich eher um eine kollektive denn um eine individuelle Biografie handelt, wie wir von patriotischer Begeisterung zur nationalsozialistischen Revolution, vom Jahr 1914 zum Jahr 1933 gelangen. Jedes Kapitel beginnt mit einem Foto und der Skizzierung einer Massenszene – Juli 1914, November 1918, Januar 1933 und Mai 1933. Die anschließende Untersuchung der zahlreichen sozialen und politischen Veränderungen der deutschen Gesellschaft bietet eine Erklärung dafür, wie und warum die Nationalsozialisten eine so massive und dauerhafte Unterstützung in nur wenigen Jahren errangen, die in der deutschen Geschichte des 20. Jahrhunderts zu den dramatischsten und schrecklichsten zählen.

Juli 1914

Juli 1914: Berliner versammeln sich vor dem Schloß, unmittelbar vor der Ansprache des Kaisers am 1. August 1914

Patriotisch gestimmte Menschenmassen schoben sich durch die breiten Straßen der großen Stadt, von der Kochstraße, dem Sitz der großen Zeitungen, die am Abend gegen sechs Uhr zum erstenmal über die drohenden Feindseligkeiten zwischen Serbien und Österreich-Ungarn berichtet hatten, dann die Friedrichstraße hinauf, Berlins verkehrsreichste Durchgangsstraße, welche die neuen Vorstädte im Süden mit den Maschinenfabriken und Bahnhöfen am nördlichen Stadtrand verband. An der Kreuzung im Herzen der Großstadt, wo die bekanntesten Cafés – Bauer, Kranzler und Viktoria – die besten Lagen besetzt hatten, passierten Hunderte erregter Menschen (vorwiegend Studenten, Beamte, Kaufleute und andere) den Prachtboulevard Unter den Linden, der an Hotels, Botschaften und Museen vorbei zum Stadtschloß führte, dem massigen, ein wenig düsteren Palast der Hohenzollernkönige.

Wie an jedem Samstagabend bevölkerten Fußgänger die Stadtmitte. Viele Geschäfte blieben bis zum frühen Abend geöffnet, und Hunderte von Cafés, Restaurants und Bars machten die Friedrichstraße zu einem beliebten Ort der Unterhaltung und des Vergnügens nach der Arbeit. Straßenbahnen fuhren langsam durch die bis nach Mitternacht hell erleuchteten und vielbefahrenen Straßen. So war es nicht überraschend, daß aus Hunderten von Spaziergängern Tausende von patriotischen Jublern wurden, begierig, Deutschlands engsten Verbündeten in gefährlichen Zeiten, Österreich-Ungarn, anzufeuern. Als das letzte Tageslicht schwand, lockten die dramatischen Ereignisse in den fernen Städten Belgrad und Wien immer mehr Großstädter an. Die Berliner rissen den Zeitungsjungen die Extrablätter aus den Händen, lasen laut die Schlagzeilen vor, die berichteten, daß die Serben das österreichisch-ungarische Ultimatum zurückwiesen (das nach dem Tod von Erzherzog Ferdinand erging, dem habsburgischen Thronfolger, der im vorigen Monat in Sarajewo einem Attentat zum Opfer gefallen war). Heftig debattierten sie die Konsequenzen eines Balkankrieges für das Deutsche Reich, traten beiseite, um die druckfrischen Artikel zu lesen, bevor sie sich wieder in die erregten Menschenmassen mischten, die rasch die Straßen Berlins füllten. Sie blockierten den Verkehr, verdrängten die »gewöhnlichen Alltagsgeschäfte« und dehnten diesen besonderen, erregenden Augenblick bis tief in die Nacht aus.[1] Obwohl die Lieblingsbeschäftigung von Städtern gemeinhin darin besteht, anderen Leuten bei etwas zuzuschauen, verwandelten sich angesichts dieses offenbar bedeutsamen Ereignisses die meisten der mittelständischen Stammgäste der Theater, Varietés und Kinos rund um den Potsdamer Platz und der Bummler auf der Friedrichstraße in sehr aktive Teilnehmer.

Die am folgenden Tag veröffentlichten Berichte wichen voneinander ab, aber ungefähr 5000 bis 10 000 Berliner machten sich schließlich auf den Weg zum Schloß, der Residenz von Wilhelm II., dem Deutschen Kaiser. Sie sangen vaterländische Lieder, zuerst »Die Wacht am Rhein«, dann »Deutschland, Deutschland über alles« und zum Schluß die österreichische Nationalhymne »Gott erhalte Franz, den Kaiser«, und versammelten sich zu einer bemerkenswerten Kundgebung der Gefolgstreue unter den kaiserlichen Gemächern. Sie erwarteten ein Zeichen von ihrem Monarchen, dessen Erscheinen auf dem Balkon den überraschenden Ereignissen, welche die Straßen in Aufruhr versetzten, vielleicht einen bedeutungsvollen Rahmen gegeben hätte. Doch die Fenster blieben dunkel, denn der Kaiser befand sich mit seiner Jacht auf einer Nordlandreise. Nach einer Weile löste sich die »undurchdringliche« Menge auf, Gruppen von zwanzig bis dreißig Personen begaben sich zur Straße Unter den Linden zurück und zogen Arm in Arm singend und rufend bis zum Bismarckdenkmal auf dem Königsplatz vor dem Reichstag. Im Schatten des »eisernen Kanzlers« wogte eine Menge aufgeregter, erwartungsvoller junger Männer, lauschte improvisierten Ansprachen und, darin stimmen alle Berichte überein, sang ein Lied nach dem anderen. Kleinere Scharen suchten der Reihe nach nationale Stätten auf: die österreichische Botschaft, wo Botschafter Szögyény-Marich erschien, um den Deutschen für ihre lebhafte Unterstützung zu danken, die Reichskanzlei, das Kriegsministerium und zum Schluß die italienische Botschaft. Es dauerte fast bis zum frühen Morgen des Sonntag, bis die letzten Lieder gesungen und die letzten Schlachtrufe gebrüllt waren.[2]

Die jubelnden Massen bewegten sich in dieser Sommernacht über eine klassische Paradestrecke von Königen und Kaisern. Vom Schloß aus über Schinkels Schloßbrücke, vorbei am barocken Schlüterschen Zeughaus, Unter den Linden hinunter zur Friedrichstraße und über die Leipziger Straße zum Belle-Alliance-Platz, der an die siegreiche Koalition gegen Napoleon 1815 erinnerte, und schließlich zum Exerzierplatz in Tempelhof am Rand der Hauptstadt: die farbenprächtigen Garden des Kaisers und hochgestellte Besucher hatten diese Straßen in eine vertraute Galerie kaiserlichen Prunks und kaiserlicher Macht verwandelt. Die Bewohner der Stadt aber waren Jahr für Jahr lediglich Zuschauer bei des Kaisers Paraden gewesen – zumindest bis zum patriotischen Karneval in der Nacht vom 24. auf den 25. Juli 1914, als gewöhnliche Deutsche sich in die spontanen Umzüge einreihten und das kollektive Gefühl eines gemeinsamen Zieles die Straßen der Stadt zu durchfluten schien, das Unterschiede der Klasse, Region und Religion überschritt.

Am nächsten Tag, am Sonntag, den 26. Juli, versammelten sich abermals Scharen von Menschen in der Stadtmitte und warteten begierig auf die Extrablätter, was die Erregung steigerte und verstärkte. Den Zeitungen zufolge schien ein allgemeiner europäischer Krieg immer wahrscheinlicher. Die Bündnismaschinerie funktionierte tadellos, als Rußland sich an die Seite Serbiens, Deutschland an die Österreichs und Frankreich an die Rußlands stellte. Den ganzen Tag über gab es Unter den Linden spontane Umzüge, die sich vom Schloßplatz zum Königsplatz, vom Schloß der Hohenzollern zum Bismarckdenkmal bewegten. In dieser Ferienstimmung konnten Berichterstatter der Neigung zur Übertreibung nicht widerstehen. Aus Hunderten jugendlicher Marschierer machten sie Tausende und sahen in dem unablässigen Hin und Her der Massen eine wachsende Bekundung vaterländischer Entschlossenheit. Der *Vossischen Zeitung* zufolge blieben angesichts der »Völkerwanderung« in die Stadtmitte die gewöhnlichen sommerlichen Anziehungspunkte am Stadtrand an diesem Sonntag verlassen.[3] Für die kaisertreue *Kreuz-Zeitung* war die Bedeutung der Demonstrationen klar: »Deutschlands Jugend hat sich erhoben« und »Stärke und Pflichtgefühl gegenüber dem Vaterland« gezeigt.[4]

Als sich die Nachricht von den Umzügen des vorigen Abends verbreitete, strömten neugierige Zuschauer von den Vorstädten ins Stadtinnere; Berichte in der sonntäglichen Morgenpresse brachten am Nachmittag neue Aufläufe hervor. Jugendgruppen aus den umliegenden Gebieten in ihren charakteristischen Uniformen und mit Fahnen, Wimpeln und Musikinstrumenten versehen waren unter den ersten, die sich in der Stadt versammelten, und sie beherrschten für den Rest des Tages das Stadtbild. Mitglieder des »Wandervogels« und des »Jungen Deutschland« und anderer Vereine scharten sich um die Denkmäler von Bismarck, Friedrich dem Großen und Wilhelm I., stimmten vaterländische Gesänge an und führten zahlreiche Umzüge zum Schloß an. Die Nachrichten aus Berlin gaben den Anstoß zu ähnlichen Demonstrationen im ganzen Land. Hamburg, München, Leipzig, Bremen, Kassel, Köln, Mannheim und Hannover verzeichneten am Sonntag überschäumende Betriebsamkeit.[5] Wenngleich einige Beobachter einräumten, daß diese nationalistischen Szenen meistens von Angehörigen des Mittelstands ausgingen und eher

Auswuchs rüpelhafter Prahlerei als von ernstem Patriotismus getragen zu sein schienen, blieb der allgemeine Tenor in der Presse derselbe: Es sei der spontane Ausbruch der allgemeinen Begeisterung für die deutsche Sache. »Die Erinnerung an diesen Sonntag«, als die Nation wiedergeboren zu werden schien, »wird bleiben und wird ihren Wert behalten«, verkündete die ansonsten sachliche *Frankfurter Zeitung*.[6]

Im weiteren Verlauf der Woche, als die Aussicht auf Frieden schwand und der Kaiser in die Hauptstadt zurückkehrte, wurden die Demonstrationen in der Öffentlichkeit stürmischer. Am Freitag, dem 31. Juli, formierten sich große Massen, und am Sonntag, unmittelbar vor der Mobilmachung, versammelten sich 300 000 Menschen vor dem Schloß, erklärten ihre Bereitschaft, das Reich zu verteidigen, stimmten Kriegslieder an und gaben ihrer Treue zum Vaterland Ausdruck. Als eine Militärkapelle den »Pariser Einzugsmarsch« spielte, geriet die Menge außer sich. Am frühen Abend zeigte sich der Kaiser schließlich auf dem Balkon und sprach zu seinen Untertanen. »Ich kenne keine Parteien mehr und auch keine Konfessionen mehr«, verkündete er, »wir sind heute alle deutsche Brüder und nur noch deutsche Brüder.«[7]

Die Beifallsrufe waren so laut, daß die meisten Patrioten den Rest der Ansprache nicht hörten. In dieser Nacht glich Berlin einer riesigen »spontanen Party«, trunken vom Drama der Nation im Krieg.[8]

Die Begeisterungsstürme so vieler Deutscher im Juli 1914 haben sich tief in die Geschichtsbücher eingegraben. Keine Darstellung des Krieges hat versäumt, darauf hinzuweisen. Wann immer wir an den Ausbruch des Ersten Weltkrieges denken, beschwören wir die stürmischen, patriotischen Massen herauf, die sich in Berlin und Wien, in Paris und Sankt Petersburg versammelten. Als die Deutschen und andere Europäer zu den Waffen eilten, wurde deutlich, daß sich der Krieg, der in der Regel von Staaten und Militärs geführt wird, und der Nationalismus, der im allgemeinen Sache des Volkes ist, untrennbar miteinander verbunden hatten. Die patriotische Leidenschaft des Jahres 1914 symbolisierte den Nationalismus der Massen, der nicht nur die leichtsinnige Diplomatie des Auswärtigen Amtes in den letzten Julitagen ermutigte, sondern auch dazu beitrug, den Krieg grausam in die Länge zu ziehen und die Ressentiments zu vertiefen, die Sieger und Besiegte in den schwierigen Jahren hegten, die auf den Frieden folgten.

Deutsche Historiker haben immer wieder auf das Bild der begeisterten Menschenmenge vor dem Schloß zurückgegriffen, weil dieses öffentliche Schauspiel so trefflich auf die Tragödien des 20. Jahrhunderts vorausweist: auf den unausgegorenen Nationalismus der Kriegsjahre 1914–1918, den Aufstieg der Nationalsozialisten zur Macht 1933 und den Beginn des Zweiten Weltkrieges 1939. Alles war da, was am kaiserlichen Deutschland nicht zu stimmen schien: der gedankenlose »Hurrapatriotismus« und die kindische Kaisertreue des Mittelstands, der den eigenen Mangel an politischer Macht durch die Erwartung kompensierte, das Deutsche Reich sei das allerbeste, siegreichste und das bei weitem lautstärkste Land der Welt.

Beschreibungen der Massenszenen vom Juli und August 1914 wurden dermaßen zum Allgemeingut, daß sie Mythen schufen, die eine neue politische Gemeinschaft auf der Grenze zwischen Geschichte und Erfindung kennzeichneten. Während der schwierigen Kriegsjahre benutzten deutsche Militärs die Erinnerung an die patriotische Einheit, um die schwankende öffentliche Moral zu stärken. Der August des Jahres 1914 erzeugte eine idealisierte Schicksalsgemeinschaft, gegen die sich aufzulehnen, Deutschen äußerst schwerfiel, selbst dann, als sich ihre individuellen Erfahrungen im Krieg nicht mehr mit der öffentlichen Phrasendrescherei in Einklang bringen ließen. In den Weimarer Jahren (1919–1933), nach Deutschlands Niederlage, dienten die »Augusttage« als Beweis für eine verborgene Nation, der die republikanische Mißregierung und die Heimtücke der Alliierten angeblich den Blick trübten. Für die Nationalsozialisten gab die Machtergreifung von 1933 den 1914 zögernd geäußerten nationalistischen Gefühlen endlich eine stabile politische Form. Selbst nach der Zerstörung des Dritten Reiches lebte der Mythos des August 1914 fort, weil er so gut in die Konzeptionen der Historiker paßte, die der Theorie vom deutschen Sonderweg verpflichtet waren und sowohl den Ausbruch des Ersten Weltkrieges als auch den Aufstieg des Nationalsozialismus als Resultat eines allgegenwärtigen und institutionalisierten Illiberalismus interpretierten.[9] In dieser Sichtweise offenbarte sich in der Kriegsbegeisterung ein gedankenloser Nationalismus, der von tief in der deutschen Geschichte verwurzelten autoritären Traditionen genährt wurde.

An diesen Musterbeschreibungen fällt auf, daß sie allesamt davon ausgehen, die Menschenmengen wären in ihrer nationalistischen Entschlossenheit einmütig gewesen, obwohl jeder Bericht ihnen einen anderen politischen Wert zuspricht. Im Lauf der letzten zehn Jahre aber hat dieses monolithische Bild des deutschen Nationalismus die Historiker immer mehr in Verlegenheit gestürzt. Freuten sich die Unter den Linden zusammengeströmten Menschen wirklich auf den Kampf? Ist »Kriegsbegeisterung« die richtige Bezeichnung für die Ereignisse im Juli und August 1914? Repräsentierten die Menschenmengen alle Deutschen? Als die Deutschen sich zusammenfanden, ließen sie da die Streitigkeiten von Partei und Konfession wirklich hinter sich, wie es der Kaiser verkündet hatte? Es ist leicht, aber keineswegs zutreffend, den Schwarzen Peter für die zahlreichen Aktionen und Äußerungen jener Sommertage dem deutschen Militarismus zuzuschieben, jenem Buhmann, der seine Opfer irgendwie in die Gewalt bekam und sie in den Krieg trieb. Ein genauerer Blick auf die Menschenmengen enthüllt ein komplexeres Bild. An erster Stelle ist festzuhalten, daß ebenso viele Berliner (wenn nicht mehr) gegen den Krieg demonstrierten wie für ihn. Am Dienstag, dem 28. Juli, besuchten vielleicht an die 100 000 Arbeiter sozialdemokratische Versammlungen, die meistens in den proletarischen Außenbezirken der Hauptstadt abgehalten wurden. Als diese gegen neun Uhr zu Ende waren, drängten kleinere Gruppen in die Stadt und versuchten die nationalen Stätten zu »entweihen«, an denen sich drei Tage zuvor Patrioten versammelt hatten.[10] Dem größten Teil dieser Demonstranten versperrten Polizeikräfte den Weg, die den üblichen strikten Befehl hatten, alle Personen, welche die Regierung als subversive Sozialdemokraten betrachtete, von der Straße Unter den Linden und dem Schloß fernzuhalten. Dennoch gelang es mehreren tausend Antikriegsdemonstranten, durch die Polizeilinien zu schlüpfen. Sie zogen Unter den Linden auf und ab und stachelten damit die meist bürgerlichen Witzbolde, die in Cafés saßen, zum bekannten »Sängerkrieg« an, in dem Refrains der »Arbeiter-Marseillaise« patriotische Gesänge wie »Wacht am Rhein« und »Heil dir im Siegerkranz« unterbrachen. Es war Mitternacht, bevor die Polizei endlich die Ordnung wiederherstellte. Auch in anderen Städten fanden Friedenskundgebungen statt, obgleich es sich dabei im allgemeinen um friedliche Veranstaltungen handelte, denen die Stimmung und Spontaneität der patriotischen Versammlungen fehlte. Bezieht man die sozialistischen Gegendemonstrationen in das Gesamtbild ein, erscheint der Mythos von der nationalen Gemeinschaft im August 1914 weniger glaubwürdig.

Nicht nur sozialdemokratische Arbeiter wurden durch den Lauf der Ereignisse verunsichert und verschreckt. Ein Blick in Zeitungen von Ende Juli läßt erkennen, daß die ausufernden Beschreibungen des Patriotismus mit knapperen Meldungen über ruheloses und nervöses Verhalten durchsetzt waren. In den Grenzgebieten, zum Beispiel, überwog eine eher nüchterne Stimmung.

Aber selbst in Berlin, weit entfernt von Rußland oder Frankreich, standen ängstliche Sparer am Montag, dem 27. Juli, und Dienstag, dem 28. Juli, vor den Banken Schlange. Es dauerte eine Woche, bis Bankleute und städtische Beamte die Gläubiger soweit beruhigt hatten, daß der Ansturm aufhörte. Zur selben Zeit wurden Lebensmittelläden gestürmt; die Preise für Mehl, Kartoffeln und Salz schnellten in die

Höhe, da einzelne Personen Lebensmittel horteten. Die Vorstellung liegt nahe, daß Mitglieder ein und derselben Familie vor dem Schloß sangen, während andere Papiergeld gegen Hartgeld eintauschten und sich mit Grundnahrungsmitteln eindeckten. Selbst wenn wir nur die vaterländischen Sänger und Jubler betrachten und Sparer und Hamsterer weglassen, läßt sich schwer ausmachen, ob wir eine Menschenmenge vor uns haben, die bloß aufgrund überraschender internationaler Ereignisse erregt oder wahrhaft begeistert davon ist, gegen die Franzosen zu kämpfen. Zeitungsschlagzeilen hatten neugierige städtische Zuschauer immer angezogen, ob nun vom Mord an einem Kind im Hinterhof eines Mietshauses, dem Ausbruch eines verheerenden Feuers, der Ankunft eines Zeppelins über der Stadt oder wie in diesem Fall von einem bevorstehenden Krieg auf dem Balkan die Rede war. Daß über die Massenszenen in der Presse ausführlich berichtet wurde und diese nach ein paar Tagen sogar in den Kinos auf der Leinwand zu sehen waren, deutete darauf hin, welches Vergnügen die Leute als Zuschauer der öffentlichen Erregung empfanden. Der Lärm auf dem Schloßplatz war mindestens ebenso aufsehenerregend wie patriotisch.

Sobald man sich aber ein paar Schritte vom größten Tumult auf der Straße Unter den Linden entfernte, bemerkte man, wie Eugen Schiffer, ein liberaler Reichstagsabgeordneter, der am 1. August mit seinen Söhnen einen Abendspaziergang machte, »den tödlichen Ernst, der die Leute überkommen hatte«. Der sozialdemokratische *Vorwärts* äußerte sich noch weniger sentimental. »Ein gewaltiger Menschenstrom« habe sich in die Stadtmitte ergossen, räumte das Blatt ein, »doch die Grundstimmung ist ernst und gedrückt«. Wann immer junge Leute versuchten, Beifall zu entfachen, »scheiterte es kläglich«.[11] Berichte aus anderen Städten und Regionen verrieten, daß fern vom leuchtenden Zentrum allgemeiner Erregung die Kriegsbegeisterung bloß der strahlende Rahmen einer trüberen, sorgenvolleren Stimmung war, die Deutschlands Reservisten und die Mütter, Väter und Liebenden, die sie zurücklassen würden, beunruhigte. Der Herausgeber der kosmopolitischen *Schaubühne,* Siegfried Jacobsohn, der seinen jährlichen Sommerurlaub auf einer kleinen Nordseeinsel verbrachte, stellte fest, daß die Einheimischen nicht im geringsten daran interessiert waren, einen Krieg zu feiern, der so viele Bauernhöfe unbeaufsichtigt lassen würde. »Bringt die begeisterten Berliner hierher zwischen unsere fünfzehn Bauernhäuser, und sie werden verstummen«, behauptete er.[12]

Je schärfer Historiker hinschauen, desto verschwommener wird das Bild der Kriegsbegeisterung. Viele Leute wurden einfach wegen des erhabenen Dramas des Krieges und des großartigen Schauspiels der Menschenmassen von der Stadtmitte Berlins angezogen. Wir wissen, daß sich in der unmittelbaren Umgebung Friedensdemonstrationen mit langen Schlangen vor Banken und Geschäften mischten. Es ist keineswegs sicher, daß die meisten Berliner »auf den Beinen« waren, weil sie den Krieg wollten. Im Licht dieser Zeugnisse wird das bekannte Bild einer Nation von Patrioten mehr und mehr verdrängt, und unser Blick auf das Kaiserreich nimmt andere, weniger bekannte Facetten eines Deutschlands wahr, das friedliebend, verängstigt, unsicher und auf keinen Fall übertrieben nationalistisch war. Die These, daß autoritäre Eliten mühelos patriotische Gefühle für illiberale Zwecke mobilisieren konnten, erscheint zweifelhaft.

Was diese Korrekturen am Bild der Kriegsbegeisterung jedoch übersehen, wenn sie die Zahl der Patrioten durch Abzug von Sozialdemokraten, Schaulustigen und verängstigten Hausfrauen reduzieren, ist, daß die versammelten Massen ein noch nie dagewesenes politisches Profil aufwiesen. Läßt man die allzu vereinfachende Frage, welche Deutschen für und welche gegen den Krieg waren, beiseite und untersucht, auf welche Weise deutsche Staatsbürger ihre politischen Vorstellungen zum Ausdruck brachten und wie sie über die Nation dachten, geraten gänzlich anders geartete Menschenansammlungen in den Blick.

Die öffentlichen Versammlungen vom Juli 1914 waren mit

den früheren nationalen Gedenkfeiern nicht zu vergleichen. Ob der Tag der Reichsgründung am 18. Januar 1871, die jährlichen Feiern zu Kaisers Geburtstag am 27. Januar, der Sedantag, Jahrestag des preußischen Sieges über Frankreich am 2. September 1870, oder die spektakulären Veranstaltungen des »patriotischen Jahres« 1913, in dem das silberne Thronjubiläum des Kaisers mit der Hundertjahrfeier der Leipziger »Völkerschlacht« zusammenfiel – der offizielle Patriotismus war fast ein aufdringlicher Patriotismus und bezog sich eher auf die Hohenzollern-Traditionen als auf deutsche Leistungen. Das Volk spielte bei den Feierlichkeiten, die vom Königshaus und den Würdenträgern beherrscht und vom höfischen Zeremoniell geprägt waren, eine geringe Rolle. Demonstriert wurde bei diesen Anlässen eher die Treue der deutschen Fürsten zum Deutschen Kaiser als das gemeinsame Band zwischen dem deutschen Volk und der deutschen Nation.[13]

Zeitweilig versuchte die Obrigkeit, den Leuten mehr Gemeinschaftsgefühl einzuimpfen, aber ihre Versuche waren ungeschickt. Selbst die bekanntesten Anlässe betonten die paternalistischen und aristokratischen Aspekte der deutschen Politik. Die prächtige Parade durch das Brandenburger Tor zum Kaiserjubiläum im Juni 1913, zum Beispiel, war dem Rang und der Stellung der Teilnehmer entsprechend sorgfältig organisiert, und wenn Vertreter des Volkes erschienen, dann eher als beschirmte Schützlinge denn als mündige Bürger, das heißt als Veteranen, Vereinsmitglieder und Schulkinder. Die Berliner marschierten entweder in mustergültiger Ordnung hinter den Fürsten her, oder sie standen am Straßenrand, um einen Blick auf die höfische Pracht zu erhaschen. Gesellschaftskritiker beklagten immer wieder, daß den Deutschen volkstümliche Feiertage fehlten, wie sie die Amerikaner mit dem 4. Juli oder die Franzosen mit den 15. August besitzen. Eine große Nation erfordere ein großes Volk, argumentierte man. Unglücklicherweise blieb das deutsche Volk im Dunkel, solange die Person des Kaisers dominierte, wenn deutscher Nationalismus präsentiert wurde. Die allgemeine

Welle der Begeisterung von 1914 muß vor dem Hintergrund dieses gestörten, unfertigen Gefühls deutscher Identität betrachtet werden, in der Staat und Nation, Kaiser und Volk erst noch ein sicheres Gleichgewicht finden mußten.

Juli und August 1914 markierten auch einen dramatischen Bruch mit dem bisherigen öffentlichen Verhalten in der Hauptstadt. Jahrelang war der Verkehr sorgfältig geordnet gewesen. Während der jährlichen Militärparade und der königlichen Besuche wurden die Hauptstraßen von der Polizei rigoros abgesperrt. Bei diesen Anlässen wurde der Verkehr vollständig lahmgelegt, und die Berliner mußten, wenn sie die Stadt durchqueren wollten, entweder eine ganz andere Route wählen oder stehenbleiben und die Parade vorbeiziehen lassen. Jeder, der die Paradestrecke überquerte, riskierte seine Verhaftung. Berlins Polizeichef, Traugott von Jagow, war dafür berüchtigt, daß er nicht nur Sozialdemokraten, sondern alle Schaulustigen daran hinderte, öffentliche Hauptstraßen zu blockieren. Das Volk habe kein Anrecht auf die Straßen, verkündete er; die Straßen seien für den Verkehr da oder für den Kaiser und seine Paraden.[14] Natürlich hatten Deutschlands koloniale Unternehmungen und seine Hochseeflotte früher Anlaß zur Demonstration von allgemeinem Nationalismus geboten, doch diese Kundgebungen blieben in begrenztem Rahmen. Massiv griff die Polizei ein, als Nationalisten den Sieg der Regierung bei den Reichstagswahlen vom Januar 1907 vor dem Schloß feierten. So gesehen, stellten die Anzahl, der Umfang und der spontane und ausgelassene Charakter der vaterländischen Kundgebungen, die im Juli 1914 in Berlin und Hunderten von anderen Städten im Reich stattfanden, etwas gänzlich Neues dar.

Ungeachtet der in hohem Maß ritualisierten Aspekte des patriotischen Schauspiels – die Route, auf und ab Unter den Linden, die bekannten Gesänge, die prahlerischen Ansprachen, die Verunglimpfungen der Sozialdemokraten, die Loyalitätsbekundungen vor dem Schloß – waren selbst die Menschenmengen ein ziemlich ungewöhnlicher Anblick. Der bloße Vorgang, daß zumeist Zivilisten des Mittelstands die

Rolle des Zuschauers am Straßenrand mit der des Marschierers vertauschten und anstelle der kaiserlichen Soldaten auf den Straßen paradierten, war verwegen. Im Sommer 1914 waren die Volksmassen ebenso Mittelpunkt vaterländischen Überschwangs wie der Kaiser, und es nimmt keineswegs wunder, daß die Presse – sowohl die *Berliner Morgenpost,* Deutschlands größte Tageszeitung, die *Berliner Illustrirte Zeitung*, die größte Wochenzeitschrift, als auch ihre konservativen Gegenstücke, der *Berliner Lokal-Anzeiger* und *Die Woche* – diesem außerordentlichen Phänomen mit solchem Aufwand nachspürte. Wenn sie die Zeitungen lasen, Wochenschauen sahen oder einfach in der Innenstadt umherliefen, konnten die Berliner wahrnehmen, wie sie selber eine nationale Öffentlichkeit mit politischen Wünschen und politischem Einfluß bildeten. Sie fingen an, sich die Nation wieder als eine Gesamtheit vorzustellen, die sie stärker einbezog und weniger hierarchisch bestimmt war.

Die vaterländischen Versammlungen waren so beispiellos, daß die Polizei mit beträchtlichem Unbehagen reagierte: Die Menschenmassen folgten nicht der obrigkeitlichen Choreographie. Während der ersten beiden abendlichen Kundgebungen überwachten Polizeibeamte sorgfältig die Umzüge, achteten auf Ausschreitungen und befahlen, Fahnen mit Respekt zu behandeln. Am dritten Tag betrachtete die Polizei die Mengen als »Pöbel«, als etwas, das man ebenso »unterbinden, ersticken und zerstreuen« müsse wie sozialistische Demonstrationen.[15] Am Dienstag, dem 28. Juli, wurden Versammlungen in der Stadtmitte gänzlich untersagt. Der Kaiser selbst schien sich angesichts der Massen unbehaglich zu fühlen. Bei seinem ersten sehr kurzen öffentlichen Auftritt nach seiner Rückkehr nach Berlin am 31. Juli drängte er die auf dem Schloßplatz versammelten Patrioten: »Und nun empfehle ich euch Gott, geht in die Kirche, kniet nieder vor Gott und bittet ihn um Hilfe für unser tapferes Heer.« Mit anderen Worten, er forderte sie auf, sich zu zerstreuen und sich unter der Schirmherrschaft traditioneller Obrigkeiten wieder zu sammeln.[16]

Das Unbehagen der Polizei und des Kaisers und die Faszination der Presse galten der gleichen Tatsache: der wachsenden Unabhängigkeit der Bevölkerung von der Regierung. Sicher ist, daß die Patrioten dem Kaiser in keiner Weise ablehnend gegenüberstanden. Der Schloßplatz füllte sich immer wieder, denn die Deutschen erkannten die zentrale Rolle an, die der Kaiser in der Geschichte der Nation spielte. Und die Rede, die der Kaiser am Sonnabend, dem 1. August, vom Balkon herab hielt, verlieh der wochenlangen Krise die hochemotionale Bedeutung. Zugleich jedoch näherte sich die Menge politischen Traditionen, die außerhalb der Monarchie lagen.

Das Hin- und Herfluten der Menge zwischen dem Schloß – das bei der ersten Demonstration noch dunkel blieb – und dem Königsplatz ist aufschlußreich. An dem einen Ende des vaterländischen Korridors stand das Schloß von Wilhelm II., am anderen erhob sich das Standbild Bismarcks, der von der Menge immer wieder als ein mustergültiger deutscher Patriot angerufen wurde. Bereits am 25. Juli etwa konfrontierten Redner Bethmann Hollweg mit dem Beispiel Bismarcks. Würde sich, fragten sie, der gegenwärtige Kanzler seines Vorgängers als würdig erweisen? Obgleich Bismarck, der »eiserne Kanzler«, sein Leben lang kaum als Populist aufgetreten war, pflegte man die Erinnerung an ihn als eine Möglichkeit, die Leistungen und die Einheit des deutschen Volkes zu feiern. In den letzten Jahren vor dem Krieg wurden im ganzen Reich auf Marktplätzen ungezählte Bismarckdenkmäler errichtet. Bismarck war es, nicht der Kaiser, den man als den »größten Deutschen« und »Schmied« des Reiches bejubelte.

Nationalistische Regungen dieser Art artikulierten sich in Preußen immer deutlicher als in Bayern, wo die Bindungen an das katholische Königshaus stark blieben. Trotzdem hatte ein tieferes, ausgesprochen deutsches Gefühl von Identität sich auszubreiten begonnen. Im Norden wie im Süden war ein volkstümlicher, beinahe kitschiger Nationalismus erkennbar, so wie die Deutschen in landesweit verbreiteten Illustrierten wie *Die Woche* und *Berliner Illustrirte Zeitung* von Moden und

Erfindungen lasen, die riesigen Zeppeline feierten, die über das Land flogen, und an Sonntagnachmittagen dem bekannten Repertoire von Militärmärschen lauschten. Das Hin und Her der Menge zwischen dem Schloß und dem Bismarckdenkmal auf dem Königsplatz stellten die ersten zögernden Schritte des Volkes zur Erklärung seiner politischen Mündigkeit dar. Das alles lediglich als glühende Kriegsbegeisterung hinzustellen würde bedeuten, die zunehmend volkstümliche Dimension nationaler Versammlungen außer acht zu lassen. Und da sich Menschenmengen im bayerischen München ebenso zusammenfanden wie im preußischen Berlin, machten sie auch die wichtige Rolle deutlich, welche die Nation in der Vorstellung der Leute zu spielen begonnen hatte.

Eine unkomplizierte deutsche Identität, die darauf wartete, durch den Druck großer Ereignisse geformt zu werden, hat es nie gegeben. Deutschland bedeutete für Bayern, Sachsen und Preußen immer etwas verschiedenes, wie auch für Bauern, Arbeiter, Lehrer oder für Männer und Frauen. Doch in den ersten Jahren des 20. Jahrhunderts wurden sich die Leute in Deutschland immer ähnlicher, wurden Teilnehmer einer entstehenden Verbraucherkultur und vertieften sich in die gleichen Bilder in der nationalen Presse. Ihr Verlangen nach allgemeinen nationalen Symbolen, einer offiziellen Hymne oder einem offiziellen Feiertag prägte sich ebenfalls deutlicher aus. Die Fundierung dieser inoffiziellen nationalen Identität von unten glaubten Beobachter wie Teilnehmer zu erkennen, als sich im Juli und August 1914 die Menschenmengen so rasch ansammelten. Und nachdem man die ersten Versammlungen anfänglich in der Presse und im Gespräch als »national orientiert« apostrophiert hatte, wurden die folgenden Versammlungen zu eben jenem Ort, wo man von der Nation träumen konnte. Zudem paßte der nationale Rahmen so gut zu diesen lokalen Ereignissen, weil der volkstümliche Nationalismus die allgemeine Unzufriedenheit mit der politischen Unbeweglichkeit des Reiches ausdrückte. Wenn man im August 1914 von der deutschen Sache sprach, bedeutete das, daß man sich mit dem Gedanken einer neuen politischen Ordnung trug und an einen Neuanfang dachte. In diesem Sinn ist der deutsche Nationalismus, zumindest als ein inoffizieller, vom Staat losgelöster Vorgang, aufs engste mit einer kulturellen Wiedergeburt verbunden.[17]

Im Verlauf von vier Kriegswintern sollten die Deutschen ihre Energien mobilisieren, das öffentliche Leben intensivieren und ihre eher auf die Nation als auf Staat oder Monarchie bezogenen politischen Vorstellungen neu ordnen. Indem er ihm emotionale Tiefe gab und ihn mit sozialen Reformen und politischen Ansprüchen verband, formte der Erste Weltkrieg mehr als alles andere im 20. Jahrhundert den deutschen Nationalismus um. Natürlich erlebten die Deutschen die Kriegsjahre nicht auf einmütige oder übereinstimmende Weise. Bis 1918 verstärkten sich die sozialen Spannungen zwischen Arbeitern und Unternehmern sowie zwischen der politischen Linken und der Rechten. Aber der Krieg schuf einen nationalen Rahmen, innerhalb dessen die Deutschen in ihren Erfahrungen einen Sinn erkannten und ihren Bestrebungen Ausdruck gaben. Während dieser allgemeinen Notlage schwanden traditionelle Bindungen an die Monarchie, während neue Vorstellungen von nationaler Gemeinschaft sich ausbreiteten, die von Ideen des utopischen Sozialismus bis zum primitiven arischen Rassismus reichten. Kriegsgeschrei förderte die Nationwerdung. Der Krieg enthüllte, von welch einschneidender Bedeutung die Bewegung war, die vom Schloß, wo die Leute Zuschauer und Wartende gewesen waren, zum Bismarckdenkmal führte, wo Patrioten gesungen und ihre eigene Meinung geäußert hatten.

Das Augusterlebnis

Die stürmische Zeit nach der Mobilmachung des Heeres am 1. August, nach den Kriegserklärungen an Serbien, Rußland, Frankreich und dann an Großbritannien, nach den Ovationen, mit denen man das einstimmige Ja der Sozialdemokraten zu den Kriegskrediten am 4. August im Reichstag begrüßte, nach dem ersten Sieg, als deutsche Truppen am 7. August die belgische Festung Lüttich erstürmten, und nach der Einnahme von Brüssel am 21. August – diese außergewöhnliche Zeitspanne blieb als »Augusterlebnis« in der Erinnerung.[18]

Mit Blumen überschüttete Reservisten sammelten sich auf den Bahnhöfen, um an die Front zu fahren, Kaufleute, die zu alt, und Burschen, die zum Dienst mit der Waffe zu jung waren, eilten zu den Rekrutierungsstellen, und junge Frauen aus allen gesellschaftlichen Schichten trugen sich für Rotes-Kreuz-Kurse ein. Ein tiefes Gefühl nationaler Entschlossenheit schien sonst unvereinbare politische Gruppen zusammenzuschweißen. Was der Kaiser den »Burgfrieden« nannte, verhieß die Auflösung der Trennung zwischen Arbeitern und Mittelstand, zwischen Protestanten und Katholiken und zwischen Preußen und den kleineren deutschen Staaten. Für viele Deutsche vollendete die Kriegserklärung vom August 1914 den Prozeß der nationalen Einigung, der seit der Reichsgründung im Januar 1871 unvollendet und mißgebildet geblieben war. Für den Historiker Friedrich Meinecke stellte das »Augusterlebnis« einen Schatz von »höchstem Wert« dar. Die Deutschen hätten einen Eindruck von echtem Gemeinschaftsgefühl bekommen: »… man spürte dabei wohl in allen Lagern, daß es mit der bloßen Einigkeit eines Zweckverbandes nicht getan sei, daß eine innerliche Erneuerung für das Ganze von Staat und Kultur not tue.«[19]

Gewöhnliche Bürger wunderten sich darüber, wie der Krieg »alles neu erscheinen« ließ. Wegen der Mobilmachung hatte der zwölfjährige Ernst Glaeser seine Ferien in der Schweiz abbrechen müssen. Als sein Zug die Grenze überquerte, »mündete (er) in die getreideschweren Äcker Badens. Aus allen Städten und Dörfern stieg Jubel. Ich war geblendet. Die Welt lag verändert.«[20] Ein anderes, verborgenes Deutschland war sichtbar geworden. »Weißt du, Schatzel«, schwärmte

Johanna Boldt in Hamburg, »was du sehen müßtest? den Patriotismus der beiden Häuser 88 + 86 in der Hoheluftchaussee. Alles voll von Fahnen und Flaggenschmuck, bei Hass, Schlömer, Dührkopp, Häfner, Ernst … Sogar unsere kleine Edith hat eine kleine 10-Pf.-Fahne herausgesteckt.« Der Sedantag, der Jahrestag des deutschen Sieges über Frankreich im letzten Krieg, gab Anlaß zu weiteren Feiern: »Ein Menschenauflauf, singend und lärmend … zogen die Leute die Straße auf und ab.« Immer wieder bezeichneten Beobachter die Menschenmengen als ein völlig neuartiges Phänomen. »Was für ein Trubel!« berichtete Johanna in Briefen an ihren Gatten, »das hättest du erleben müssen.«[21]

Dieses Gemeinschaftsgefühl war so bemerkenswert, weil es als etwas noch nicht Dagewesenes wahrgenommen wurde. Als deutsche Siege gemeldet wurden, waren Patrioten angenehm überrascht, aus den Fenstern von Berlins schäbigsten Mietskasernen schwarzweißrote Reichsflaggen flattern zu sehen, »bis in die dritten und vierten Höfe hinein«.[22] Der Krieg habe Deutschland ein unerwartetes Geschenk gemacht, schrieb Kurt Riezler, Berater des Kanzlers Bethmann Hollweg: »das Volk ist aufgestanden – es ist, als wenn es vorher gar nicht dagewesen wäre und jetzt auf einmal da ist, gewaltig und rührend.«[23] Indem das »Augusterlebnis« starre soziale Zwänge und lange bestehende Klassenunterschiede überwand, schien es wie durch einen Zauber die nationale Einheit »von unten« zu bewirken.

Aber der Zauber nutzte sich ab. Alljährlich am Jahrestag des »Augusterlebnisses«, malte sich 1925 der Wiener Kritiker Karl Kraus aus, sollte man alle exaltierten Historiker, leichtsinnigen zwölfjährigen Jungen und verwunderten jungen Frauen versammeln, die von Deutschlands gerechter Sache geschwafelt hätten. Dann sollten sie gezwungen werden, sich von ihm noch einmal das vorlesen zu lassen, »was sie damals geschrieben haben«. Angesichts des sinnlosen Durchhaltens von Millionen von Soldaten in den Schützengräben, der schwindelerregenden Verluste bei Sturmangriffen und der schwierigen

Verhältnisse in der Heimat, schienen Gefühlsausbrüche von Schriftstellern obszön, wie der von Hermann Bahr, der »am 1. August das wahre Deutschland« zu erkennen glaubte und den Krieg als einen »Segen« begrüßte, oder der des jungen Ernst Toller, der die »magische Kraft« der Worte »Deutschland, Vaterland« beschrieb.[24] Für Karl Kraus lebte der große Krieg lediglich als eine abschreckende Groteske in Anführungszeichen weiter: der »Große« Krieg.

Wenn er auch nie die Möglichkeit bekam, seine jährlichen Lektionen in Staatsbürgerkunde abzuhalten, sprach Kraus doch für eine Nachkriegsgeneration von Intellektuellen, für welche die düstere Abrechnung vom November 1918 das strahlende Versprechen des August 1914 als Heuchelei entlarvt hatte. Für Glaeser, der ein bekannter Romancier wurde, verflüchtigte sich rasch die verändernde Macht des Krieges, die »alles schön gemacht« hatte. Nach ein paar Monaten war eine »neue Front entstanden«: »Sie wurde von Frauen gehalten gegen die Entente der Feldgendarmen und unabkömmlichen Kontrolleure«, die vergeblich versuchten, hungernde Städter davon abzuhalten, auf dem Land Lebensmittel zu hamstern. Der Junge erinnerte sich, daß die Deutschen »kaum noch vom Krieg, nur noch vom Hunger« sprachen. Glaeser kommt zu dem Schluß, daß eigentlich »unsere Mütter uns näher waren als unsere Väter«, eine beredte Zusammenfassung der Tatsache, in welchem Maße der große Krieg deutscher Heere zu einem verzweifelten Kampf geschrumpft war, in der Heimat Lebensmittel und Kohle zu finden.[25]

Karl Kraus hatte weitgehend recht. Die Geschichte des Krieges könnte wie eine lange Geschichte der Desillusionierung erzählt werden. Von Anfang an waren öffentliche Feiern mit privaten Sorgen verbunden. Johanna Boldt schrieb an ihren Ehemann, daß am »3. Sonntag ohne meinen guten Mann«, dem 23. August 1914, »vor Namur … seit vorgestern Abend deutsche Geschütze donnern.« Das war Anlaß zu großer Aufregung. »Alles ist begeistert«, berichtete sie. Doch dann schreibt sie vom »Weh und Ach, das danach kommt. Gestern erschien die 6. Verlustliste mit über 800«![26] Der dritte Sonntag im August bedeutete nicht nur, daß Väter und Söhne im Feld waren, sondern auch den Verlust von Einkünften, wenn die Ernährer eingezogen oder entlassen wurden, wenn Aufträge ausblieben. In einigen Städten stieg die Arbeitslosenquote im Herbst 1914 auf 40 Prozent, eine Katastrophe, die dem im großen und ganzen blühenden Wirtschaftsleben der letzten vierzig Jahre seit der Reichsgründung vollkommen widersprach. Ohne staatliche Arbeitslosenfürsorge, waren die Arbeiter und ihre Familien auf die Unterstützung der Gewerkschaften, auf städtische Gelder (nicht alle Städte waren großzügig) oder, was am demütigendsten war, auf Armenfürsorge angewiesen. Im allgemeinen blieb dieses Elend natürlich unsichtbar. Die Feiernden, die sich auf den Straßen zusammenfanden, um die Erstürmung von Lüttich oder Namur zu bejubeln, nahmen es nicht wahr. Gleichwohl stieß man in den Mietskasernen, wie ein junger Sozialist in Hamburg in seinem Tagebuch vermerkte, allenthalben auf »Wohnungselend, Kummer verlassener Frauen, Arbeitslosigkeit«.[27]

Selbst als die Arbeitslosigkeit abnahm, nachdem die Kriegsproduktion sich auf die Anforderungen eines länger andauernden Konfliktes eingestellt hatte, lebten die Familien der eingezogenen Soldaten weiterhin in finanzieller Not, welche die bescheidenen Zahlungen der Regierung an »Kriegerfrauen« nicht zu mildern vermochten. Ende 1914 sah sich eine wachsende Zahl von Müttern gezwungen zu arbeiten, »ihren Mann zu stehen«, wie man sagte, obgleich oft Verwandte oder ältere Kinder in Anspruch genommen werden mußten, um auf die Kleinkinder aufzupassen. Gleichzeitig drehte sich die Preisspirale, die während der Mobilmachung eingesetzt hatte, weiter und machte immer mehr gewöhnliche Lebensmittel für Arbeiterfamilien unerschwinglich. Nach Schätzungen der Hamburger Bauarbeitergewerkschaft mußte eine vierköpfige Familie im Juni 1915 für Lebensmittel 50 Prozent mehr bezahlen als im Juni 1914, während die Löhne stagnierten. Die Folge war, daß vorwiegend billigeres Roggenbrot und Kartoffeln, das Hauptnahrungsmittel der Armen, verzehrt wurden. Doch wie man sich auch drehte und wendete, die Folgen der alliierten Lebensmittelblockade und der katastrophalen Ernte von 1915 waren nicht wettzumachen.[28]

So überrascht es nicht, daß im Sommer 1915 Hamburgs private Wohltätigkeitseinrichtungen und städtische Stellen 58 Suppenküchen betrieben, die tagtäglich 30 000 Mahlzeiten austeilten. Ein Jahr später waren es 70 Küchen und 100 000 Mahlzeiten.[29] Zur selben Zeit führte die Reichsregierung die Rationierung ein, zuerst für Brot und am Ende für Kartoffeln, Milch, Fett, Seife und selbst für Bekleidung. Nichts drückt in Kriegszeiten mehr auf die Moral als die Verschlechterung der Ernährungslage. War sie bereits 1915, als die Lebensmittelkarten und Suppenküchen auftauchten, ernst, wurde sie im kalten Winter 1916/17 katastrophal, als es kaum noch etwas anderes als Steckrüben zu essen gab.[30] Und ob sie nun gut versorgt waren oder nicht, alle Deutschen an der Heimatfront sahen mit eigenen Augen die wachsende Zahl der Krüppel auf der Straße und durchflogen ängstlich die täglichen Verlustlisten, die in Zeitungen veröffentlicht und öffentlich angeschlagen wurden: 123. Verlustliste, 124. Verlustliste, 125. Verlustliste:

> »... Augustinus Kliemann, Fritz Bodschwinna, Bruno Rost, Richard Karkutsch, August Kleineberg, Gustav Gerlach, Franz Jux, Martin Liermann, Karl Kleist, Leopold Bensch, Hermann Voss, Hugo Druse, Julian Kortas, Hermann Hack, Fritz Raetschus, Franz Grossien, Emil Mayer, Gustav Albien, Wilhelm Apholz, Ernst Naumann ... «

»Die Stimmung ist so gedrückt«, vertraute Johanna Boldt ihrem Mann an, der Anfang Oktober 1914 irgendwo an der Ostfront lag: »Keine Fahnen, kein Extrablatt.«[31]

Auch unter den Soldaten breitete sich Ernüchterung aus. »Heute vormittag traf ich eine junge bekannte Dame«, schrieb Walter Limmer, ein Leipziger Jurastudent, voller Überschwang am zweiten Tag der Mobilmachung, »ich schämte mich fast, mich in Zivilkleidern vor ihr sehen zu lassen.« Doch nur einen Monat später bezeichnete der uniformierte Reservist den Krieg als »unheimlich« und »entsetzlich«. Limmer fiel ein paar Wochen später, am 24. September 1914, an der Westfront.[32] Noch bevor sie dem feindlichen Feuer ausgesetzt waren, verloren Rekruten ihre Begeisterung infolge der abstumpfenden Routine des Drills und der harten Disziplin der Berufsoffiziere.[33] Die Geschichtsbücher hätten gelogen, berichteten Soldaten ihren Lieben daheim. Die industrialisierte Kriegführung machte Illusionen über das Heldentum des Kampfes oder den »Kult des Angriffs« hinfällig. »Alle Sehnsucht, die einer aufbringen kann«, bekannte ein Freiwilliger im April 1915, »alle Träume, die er von der Zukunft träumt, sind zusammengefaßt in diesem einen linden Wort: Frieden.«[34]

Kriegshistoriker berichten, daß die Kriegsbegeisterung im Lauf des Jahres 1915 einem härteren Pflichtbewußtsein gegenüber den Kameraden wich und daß der Elan 1918, als die großen Frühjahrsoffensiven die Linien der Alliierten nicht ins Wanken zu bringen vermochten, einer völligen Erschöpfung wich, die, wie es einer der Wissenschaftler nennt, zu einem »verdeckten Militärstreik« führte, an dem vielleicht eine Million Drückeberger und Deserteure beteiligt waren.[35] An der Kriegs- wie an der Heimatfront wurde der Karneval des August 1914 von einem vier Jahre dauernden »Aschermittwoch« abgelöst.[36]

Aber Karl Kraus' Lektion in Staatsbürgerkunde war auch nicht die ganze Wahrheit, denn die Geschichte des Krieges kann man ebenso als eine lange Geschichte über Selbstvertrauen erzählen. Gewiß, die sentimentalen Verse der Kriegspoesie waren nicht von Dauer, doch die zivilen Bemühungen, die Not zu lindern, gingen weiter und hatten, da sie von der Basis ausgingen, weitreichende Folgen. Die Kriegshilfe kann nicht einfach als übertriebenes Pathos abgetan werden. Während des ganzen Krieges taten sich Bürger zusammen, um für soziale Hilfe zu sorgen, Rohstoffe zu sammeln, Verwundete und Krüppel zu betreuen, und trugen so weit mehr als die Regierung zur Stärkung der Moral bei. Dieser noch nie dagewesene Gemeinsinn übertrug sich auf die neuen gemeinsam ausgearbeiteten Vereinbarungen zwischen Arbeit und Industrie und zwischen Arbeit und Armee, so daß es nach Kriegsende möglich war, einen fortschrittlicheren Sozialpakt ins Auge zu fassen. Selbst die weibliche Arbeiterschaft, die bei weniger Kalorien länger und schneller arbeiten mußte, blieb bemerkenswert ruhig. Die Streiks in der Industrie und die Hungeraufstände, die vor allem im Hungerjahr 1917 ausbrachen, waren insgesamt politisch nicht entscheidend. Die Aufrufe radikaler Sozialisten, die Feindseligkeiten einseitig zu beenden, fanden geringe öffentliche Unterstützung.

Bis zum letzten halben Jahr vor Kriegsende führten die Soldaten an der höllischen Front fast bis zum letzten Mann weiter Befehle aus. Jeder, der Briefe von der Front liest, bekommt einen lebendigen Eindruck von den schrecklichen Bedingungen und täglichen Entbehrungen, unter denen die Männer litten, und verspürt auch deutlich, daß die Soldaten mit einem Gefühl der Treue zur Nation kämpften. »Großtönende Phrasen« über Ehre und Pflicht verloren gewiß ihre Resonanz, doch solange die Soldaten in ihrem Frontdienst einen größeren Sinn erkennen konnten, kämpften sie weiter.[37] Sie kämpften sogar weiter, als die offiziellen Begründungen für den Kriegszustand sie nicht überzeugten. Es steht außer Zweifel, daß die Erfahrungen der Frontkämpfer, jungen Mütter und verarmten Beamten den oft süßlichen Idealen des Burgfriedens tagtäglich widersprachen. Dennoch drückten die Deutschen, selbst als die Kluft zwischen Reich und Arm, Facharbeitern und Ungelernten, Offizieren und Soldaten sich vertiefte, ihren Unmut über wirtschaftliche Ungerechtigkeiten und ihre Hoffnungen auf Frieden in einer das Gemeinwohl und öffentliche Interesse betonenden Sprache aus. Obgleich die Mobilisierung für den Krieg, die idealistischen Hoffnungen auf eine echte Volksgemeinschaft, eine nationale Gemeinschaft, nicht erfüllte, gab sie diesen Hoffnungen Glaubwürdigkeit und Berechtigung und bereitete dadurch den Versprechungen der Revolution vom November 1918 den Weg. Ich habe nicht die Absicht, auf irgendeine Weise das Leiden der Deutschen während des Krieges zu verkleinern, sondern ich will aufzeigen, daß die moralische und politische Mobilisierung überraschend stark blieb und selbst dort, wo sie sich verschliß, neue Auffassungen vom Staat möglich machte.

Jedermanns Krieg

Der Krieg betraf jeden, und er hinterließ seine Spuren in 66 Millionen einzelnen Lebensentwürfen. Der Krieg veränderte auch die Art und Weise, wie die Deutschen einander sahen und wie sie über die Nation dachten. Es gab keinen erwachsenen Deutschen, der zu der kriegerischen Auseinandersetzung keine intensive Beziehung hatte. Zwischen August 1914 und Juli 1918 dienten 13 123 011 Männer in der deutschen Armee. Nahezu 20 Prozent der Gesamtbevölkerung und 85 Prozent aller tauglichen Männer waren zu den Waffen gerufen worden. Jeder dritte dieser Männer war während der ganzen Zeit an der Front. »Ob freiwillig oder nicht«, schreibt Richard Bessel, »waren Millionen von Soldaten aus ihrer bürgerlichen Existenz gerissen und nach einer relativ kurzen Ausbildungszeit an die Front geschickt worden. Aus einer Welt, die von Frieden und Stabilität gekennzeichnet gewesen war, wurden sie in eine Welt katapultiert, in der Tod und Vernichtung herrschten.«[38]

Gleichzeitig mußten sich die Arbeiter, darunter viele, welche die Behörden zur Ankurbelung der Kriegsindustrie zurückriefen, auf einen in wachsendem Maß unbeständigen Arbeitsmarkt einrichten. Die Beschäftigungsquote in der Rüstungsindustrie stieg um 44 Prozent, während sie in anderen Industriezweigen um 40 Prozent sank, mit dem Ergebnis, daß die Arbeiter »ein beispielloses Ausmaß an Fluktuation, Wanderung und Wechsel der Belegschaft« erlebten.[39] Das deutlichste Zeichen dafür, daß die Arbeitsbedingungen sich radikal verändert hatten, war die Präsenz vieler Frauen in traditionell von Männern beherrschten Berufen wie Metallverarbeitung, Maschinenbau oder, besonders deutlich sichtbar, in Stellungen bei der Straßenbahn. »Frauen, überall«, schrieb die Kölner *Rheinische Zeitung* Mitte 1917, obgleich der weibliche Anteil an der gesamten Arbeiterschaft während des Krieges nur bescheiden wuchs.[40]

Unter den drückenden Bedingungen des Krieges »passierte immer etwas«. Regierungsbehörden waren den ganzen Tag geöffnet, Fabriken führten Nachtarbeit ein, so daß der Verkehr in Berlin um 60 Prozent zunahm: Aus den 28 Millionen, die 1913 jährlich die Straßenbahn benutzten, wurden 44,6 Millionen im Jahr 1918.[41] Bei den Fabrikarbeitern ging es nicht weniger aufregend zu. »Keine Nacht ohne Zusammenbruch einer oder mehrerer Frauen an den Maschinen«, erinnerte sich ein erboster Karl Retzlaw, der in der Berliner Kabelfabrik Cassirer arbeitete: »An manchen Tagen im Winter wurde nicht geheizt, die Arbeiter standen in Gruppen herum, sie konnten und wollten nicht arbeiten.« Und in der Kantine »kam es fast täglich zu Schreianfällen von Frauen, manchmal auch zu deprimierenden Schlägereien untereinander«.[42] Wenn diese Erinnerungen auch kaum Zeugnisse der Solidarität unter Arbeitern oder der Stärke der Volksgemeinschaft sind, so bestätigen sie doch, daß der Krieg Millionen von Deutschen mit einer Vielzahl neuer Eindrücke konfrontierte.

Nahezu jede Familie hatte Angehörige an der Front und konnte Geschichten darüber erzählen, wie man mit dem Krieg fertig wurde, Lebensmittel beschaffte, Flüchtlingen und verwundeten Soldaten Hilfe leistete und in Munitionsfabriken schuftete. Die Folge war, daß der Krieg »Volksgut« wurde, wie man im Deutschen sagt, ein allgemeines Besitztum, das sich der Manipulation durch die Regierung widersetzte. Dieser Krieg war ein Ereignis, bei dem die meisten Geschichten von gewöhnlichen Leuten für gewöhnliche Leute geschrieben wurden. Natürlich brachten die Regierung und das Heer nach dem Krieg offizielle historische Darstellungen heraus.

Seit 1918 hat es einen stetigen Strom historischer Bücher über große Schlachten und bedeutende Generäle gegeben. Aber diese Produktion läßt sich mit den während des Krieges verfaßten Millionen von Briefen, Gedichten, Liedern und Zeitungsartikeln nicht vergleichen.

Das Volksarchiv wuchs im Lauf des Krieges ins Unermeßliche. Die patriotischen Gefühle waren so mächtig, daß in nur einem Monat, dem August des Jahres 1914, mehr als 1,5 Millionen Gedichte zu Ehren deutscher Soldaten verfaßt wurden.[43] Man hat geschätzt, daß in den vier Jahren, die auf die Mobilmachung folgten, etwa 29 Milliarden Poststücke zwischen der Front und der Heimat hin und her geschickt wurden. Jeden Tag erreichten etwa zehn Millionen Briefe, Postkarten, Telegramme und Päckchen die Front, und jeden Tag wurden fast sieben Millionen Sendungen in die Heimat geschickt.[44] Viele Ehepaare schrieben sich täglich und sahen sich zu Vergleichen zwischen dem Drama des Krieges und der Vertrautheit ihr Liebe veranlaßt: »Jetzt schreiben wir uns mehr als zu unserer Verlobungszeit«, erkannte Johanna Boldt.[45] Der Erste Weltkrieg brachte nicht nur ungezählte individuelle Versionen des Krieges hervor, sondern der einzelne wollte auch unbedingt sicher sein, daß seine Version zur Kenntnis genommen wurde. Die Militärzensur rief bitteren Unmut bei Millionen von Briefschreibern hervor, die sich gezwungen sahen, ihre eigenen Eindrücke zu kontrollieren, damit sie mit der offiziellen Lesart übereinstimmten.[46] Gleichwohl erhielten Pfarrer, Bürgermeister und Reichstagsabgeordnete Tausende von Briefen, die Ungerechtigkeiten an der Front beschrieben und darauf drängten, differenzierter vorzugehen.[47]

Diese rein private Korrespondenz nahm die öffentlichen Medien außerordentlich stark in Anspruch. Anstelle offizieller Versionen wurden persönliche Erfahrungen zum gängigen Mittel, Wissen über den Krieg zu verbreiten. Illustrierte widmeten den durch den Krieg bedingten Veränderungen des alltäglichen Lebens beträchtliche Aufmerksamkeit, folgten im Juli der Menge durch die Straßen von Berlin, brachten im August Bilder von Abschiedsszenen auf überfüllten Bahnhöfen und in den folgenden Monaten Bilder von Menschen beim Schreiben und Lesen von Briefen und Postkarten.[48] Vom Beginn der Feindseligkeiten an veröffentlichten die größeren deutschen Zeitungen, die traditionell kriegsgegnerischen sozialdemokratischen Blätter eingeschlossen, Tausende von Feldpostbriefen von der Front. Gewiß, die Auswahl dieser Briefe waren oft tendenziös und folgte literarischen Konventionen von Ehre, Tapferkeit und Opfer. Trotzdem spürten die Redakteure deutlich, daß es nötig war, dem allgemeinen Einvernehmen über den Konflikt volkstümliche Aspekte beizufügen, genau das, was die deutschen Behörden bei den nationalen Feiern vor dem Krieg nicht getan hatten. Ende 1918 waren mehr als 97 verschiedene Ausgaben von Kriegsbriefen veröffentlicht worden, deren berühmteste Philipp Witkops 1915 erschienene Sammlung *Kriegsbriefe deutscher Studenten* war.[49] Feldpostbriefe wurden in Zeitungen und Büchern abgedruckt und auf von Frauenvereinen und Kirchengemeinden organisierten patriotischen Veranstaltungen verlesen.[50] Die Oberste Heeresleitung erkannte schließlich die Macht dieser durchaus alltäglichen, rein privaten Briefe und nahm sie in die patriotische »Kriegsaufklärung« auf, welche die Truppe in den letzten beiden Jahren des Krieges erhielt.[51]

Zeitungen versuchten, jeden Leser in die Rolle eines Kriegszuschauers zu versetzen, indem sie die amtlichen Berichte, welche die Titelseite beherrschten, auf der Rückseite mit zahlreichen feuilletonistischen Ausflügen zu Schlachtfeldern, Bereitstellungsräumen und Frontlazaretten anreicherten. Verlage druckten Millionen von Postkarten, Broschüren, Groschenromanen, Erinnerungen, Chroniken und Lithographien, oft mit der Inschrift »Aus großer Zeit« versehen, für ein Publikum, das bestrebt war, eigene Archive anzulegen und eigene Sammelalben über den nationalen Kampf zu füllen. Die Deutschen gaben Raritätenkabinetten einen neuen patriotischen Stellenwert. Porträts von Helden wie Generalfeldmarschall Hindenburg und später der populären Fliegerasse Oswald Boelcke und Manfred von Richthofen prangten auf Aschenbechern, Krawatten, Fähnchen und anderen kitschigen Gegenständen. Und die deutsche Spielzeugindustrie brachte die Westfront bei jeder Kriegsweihnacht in die Kinderzimmer des Reiches. Ob sie Briefe lasen, Feldpostbriefe noch einmal lasen, Postkarten auswählten oder patriotischen Schnickschnack kauften, die Deutschen nahmen von den öffentlichen Ereignissen Besitz und machten sie zu ihren eigenen. Es ist nicht so sehr die Frage, ob Walter Limmer oder Johanna Boldt begeistert für den Krieg eintraten oder nicht, sondern wie ihre enge Verwicklung in die Umwälzung und ihr Nachdenken über deren Sinn ihre politische Einstellung zur Nation formte. Der Krieg schuf wohl oder übel eine entschieden deutsche Identität.

Das Volksarchiv hatte auch die Tendenz, bei der Darstellung des Konflikts ausgesprochen nationalistische und sogar rassistische Begriffe zu benutzen. Straßenrhetorik und patriotische Lieder machten unverfroren Gebrauch von primitiven nationalistischen Klischees. Die Deutschen schmähten die Russen als »Hunnen«, noch bevor die Briten diese Bezeichnung gegen die Deutschen verwendeten.[52] Und auf beiden Seiten fabrizierten Kriegspropaganda und Gerüchte unheimliche Greuelgeschichten, die andere Europäer als entsetzliche Barbaren abstempelten, obgleich die freieren und kühneren Zeitungen der Alliierten darin vermutlich erfolgreicher waren als ihre deutschen Pendants. Zur selben Zeit setzte sich im täglichen Umgang auf der Straße die »ethnische Säuberung« der Alltagssprache durch. Die Deutschen verbannten das vorherrschende »Adieu« aus ihren Abschiedsgrüßen und tilgten Dutzende anderer ausländischer Wörter aus ihrem normalen Wortschatz. Aus Bad Kissingen berichtete Heinrich Mann, daß müßige Kurgäste sich wegen der Verwendung feindlicher Wörter gegenseitig mit Geldstrafen belegten: »Für ein französisches Wort fünf, ein russisches zehn, ein englisches 15 und ein italienisches Wort 20 Pfennige«. Sogar der sozialistische *Vorwärts* hielt seine Leser dazu an, anstelle ausländischer

»gute deutsche« Wörter zu verwenden. Angesichts dieser Atmosphäre überrascht es nicht, daß Deutsche in Cafés ein »kräftiges, dreifaches Hurra« verlangten, als das Ausmaß der russischen Verluste im Herbst 1914 bekannt wurde und daß sie den Untergang der *Lusitania* im folgenden Frühjahr mit Beifallsstürmen begrüßten.[53]

Die persönlichen Sammelalben von Briefen, Zeitungsausschnitten und Postkarten, die viele Deutsche anlegten, waren nur materielle Bruchstücke der viel weiter gespannten Aktivitäten im Krieg. Gleichwohl ist die oft zitierte Zahl von 1,5 Millionen zumeist dem Mittelstand angehörenden Freiwilligen in den ersten Kriegsmonaten zu hoch; sie betrug etwa 300 000, und jeder Mann mußte sich selbst um ein Reserveregiment bemühen, das freie Stellen hatte.[54] Diese Dienstverpflichtung von Männern hatte eine ähnlich eindrucksvolle Wirkung auf die daheimgebliebenen Zivilisten, die sich beflissen der Kriegshilfe anschlossen, patriotische Versammlungen besuchten oder Wohltätigkeitskampagnen unterstützten. Nach dem August 1914 strotzten die deutschen Gemeinden von einem nie dagewesenen Aktivismus, den Historiker kaum zur Kenntnis genommen haben.

In der Weißenburger Straße in Berlin sah Käthe Kollwitz ihren Sohn Peter in den Krieg ziehen. Als Mitglied der Sozialdemokratischen Partei, Ehefrau eines Arztes, der sein Leben der Fürsorge für die Armen Berlins widmete, und als bekannte Künstlerin der Berliner Secession war Käthe Kollwitz für den patriotischen Rummel auf der Friedrichstraße kaum empfänglich. Gleichwohl notierte sie, als sie ihren Sohn dem Ruf zu den Waffen so ruhig folgen sah, in ihrem Tagebuch: »Aber ich empfand in jener Zeit auch ein Neu-Werden in mir. Als ob nichts der alten Werteinschätzungen noch standhielte, alles neu geprüft werden müßte. Ich erlebte die Möglichkeit des freien Opferns.« Vier Tage später, am 10. August 1914, begann Käthe Kollwitz in der »Hilfskommission« des Nationalen Frauendienstes mitzuarbeiten. Ihre Aufgabe war es festzustellen, was die Frauen und Kinder der eingezogenen Soldaten nötig hatten. Gleichzeitig beunruhigte sie der allgegenwärtige Anblick von Reservisten auf der Straße, da er sie an ihren Sohn denken ließ.

In diesen Wochen fand in Käthe Kollwitz' Leben eine subtile Militarisierung statt: Obwohl sie den Krieg haßte und die gräßlichen Szenen der Verwüstung in Belgien und Rußland beklagte, begann sie Literatur mit soldatischer Thematik (zum Beispiel Liliencron) zu lesen und ihre Tagebucheinträge, zumindest im Monat August, mit den wichtigsten Kriegsnachrichten zu eröffnen: Lüttich, Brüssel, Namur. Sie schuf Illustrationen für die patriotische Wochenzeitschrift *Kriegszeit*, später *Bildermann*, und kam dieser Verpflichtung mehrere Jahre nach. Natürlich wäre es töricht anzunehmen, Käthe Kollwitz sei plötzlich zu einer flammenden deutschen Nationalistin geworden. Vielmehr schuf der Krieg neue Verhältnisse, in denen sich Menschen aus verschiedenen politischen Lagern plötzlich »des Verpflichtungsgefühls gegen das Vaterland« bewußt wurden, wie es Käthe Kollwitz, ein wenig verwundert über ihre eigenen hochgestimmten Gefühle, ausdrückte. Sie nahm sich das Beispiel ihres Sohnes Peter zu Herzen, der persönliche Interessen hintan gestellt hatte, um der Nation zu dienen (und der im Herbst des ersten Kriegsjahres fiel). Damit stand sie gewiß nicht allein.[55]

Der Nationale Frauendienst war die erste und größte Selbsthilfeorganisation zur Mobilisierung der deutschen Zivilbevölkerung. Von Führerinnen der bürgerlichen Frauenbewegung der Vorkriegszeit und in enger Zusammenarbeit mit dem Roten Kreuz gegründet, ging der Frauendienst rasch dazu über, mit seinem sozialdemokratischen Pendant zusammenzuarbeiten. Im Geist des Burgfriedens fanden Sozialisten, Katholiken und Juden Platz in den nationalen und regionalen Ausschüssen, die bald Deutschlands umfassendste Sozialhilfeorganisation unterhielten. Ihre Aufgabe war es, jenen Familien beizustehen, deren Ernährer an der Front standen oder aufgrund des rapiden Konjunkturrückganges arbeitslos geworden waren. Hin und wieder wurde die Arbeit des

Frauendienstes von Stadtverwaltungen unterstützt, doch in den meisten Fällen brachten die Frauen die notwendigen Geldmittel durch Sammlungen auf.

Bedenkt man das Ausmaß der Aktivitäten und das Fehlen offizieller Unterstützung, so verrichteten die Freiwilligen ihre Arbeit aus einem echten Gefühl der Begeisterung. In den ersten beiden Wochen nach der Kriegserklärung strömten zum Beispiel 40 000 junge Berliner in die Büros des Roten Kreuzes, um sich für Kurse in Erster Hilfe einzuschreiben, die für 3000 Teilnehmer angeboten werden. Bis zum 5. August hatten sich in Frankfurt 32 000 Frauen erboten, freiwillige Dienste zu leisten.[56] In Barmen, einer Industriestadt mit 172 000 Einwohnern, arbeiteten 1200 Freiwillige jeden Tag und weitere 2100 zeitweise, um den Frauendienst zu unterstützen. Viele Freiwillige waren vor dem Krieg in Organisationen wie der Barmer Jugendgruppe für Sozialarbeit, der Vereinigung der Weiblichen Post- und Telegraphenangestellten, der Israelitischen Frauenunion oder dem Mädchenclub »Freude« tätig gewesen; eine beträchtliche Zahl war auch in der örtlichen Sozialdemokratie aktiv. Doch andere Frauen, vor allem solche aus dem Mittelstand, wurden im August 1914 zum erstenmal öffentlich aktiv.[57]

In Barmen wie anderswo bestand die wichtigste Aufgabe des Frauendienstes darin, Hilfskommissionen aufzubauen wie jene, der Käthe Kollwitz sich anschloß. Es gab keine andere Stelle, an die sich Familien zur Lösung ihrer durch die Mobilmachung hervorgerufenen finanziellen Probleme wenden konnten. Anfangs suchten etwa 26 000 Berliner jede Woche die Komitees auf und baten um Rat bei Steuerproblemen, Mietfragen, staatlichen Zahlungen und dergleichen. Bis August 1917 hatten die Komitees insgesamt 1 730 346 Anfragen bearbeitet.[58]

Schließlich führte der Frauendienst den Kriegszeiten angepaßte Hauswirtschaftskurse durch, um Hausfrauen in die Grundkenntnisse der Haltbarmachung von Lebensmitteln einzuweihen. Überall wurden Lehrküchen eingerichtet, in denen Frauen lernen konnten, wie man Lebensmittelvorräte streckte und preiswerte und gesunde Mahlzeiten zubereitete. Darüber hinaus versorgte der Frauendienst wöchentlich Zeitungsbeilagen mit Rezepten und verteilte Kriegskochbücher, etwa *Winke für den Kriegshaushalt* und *Des Vaterlands Kochtopf.* Wie ungemein wichtig das Kochen im Krieg war, wurde deutlich, als die Frauen des Frauendienstes die Marktplätze Berlins mit Einladungen überschwemmten, Vorträge über *Krieg und Küche* zu besuchen, die, wie sich herausstellte, im Plenarsaal des Reichstages gehalten werden sollten. 1500 Frauen besuchten am Abend des 16. Dezember 1914 die ungewöhnliche Sitzung.[59]

Die Ratschläge und Rezepte, die der Frauendienst während der ersten Kriegsmonate austeilte, führten Schritt für Schritt zur Organisation sozialer Hilfsdienste und zur Einrichtung von Suppenküchen. Innerhalb eines Jahres betrieb der Frauendienst in Barmen Tagesstätten, Kindergärten und Leseräume. Zusätzlich boten Nähzirkel und Handarbeitswerkstätten nicht weniger als 10 000 verarmten Menschen Beschäftigung, die mehr als 435 000 Hemden, 50 000 Schlafsäcke und tausend andere nützliche Dinge für die Soldaten an der Front herstellten.[60] Gegen Ende 1915 hatte der Frauendienst in fast jeder Großstadt Freiwillige angeworben, um Suppenküchen zu betreiben. Im Mai 1915 versorgten 170 Kriegsküchen 50 000 Berliner. Die meisten Küchen lagen in den Proletariervierteln von Berlin O und Berlin N, aber auch im wohlhabenden Westen, in der Potsdamer Straße, der Maaßenstraße und auf dem Prager Platz wurden sogenannte Mittelstandsküchen eröffnet, wo die »Gäste«, wie sie das *Berliner Tageblatt* höflich nannte, ein wenig mehr bezahlten (35 anstatt 25 Pfennige), jedoch an weißgedeckten, mit Blumen geschmückten Tischen bedient wurden und, zumindest an einem Tag, frischen Spinat, Rinderzunge mit Reis und Tomatensauce vorgesetzt bekamen. In der Maaßenstraße gehe es zu wie in einer »großen Familie«, versicherte das *Tageblatt* seinen Lesern, »denn die Damen … begnügen sich nicht damit, ihre

Schützlinge zu speisen und zu tränken, sondern sie suchen ihnen auch Arbeit, Verdienst zu schaffen, sie lassen sich von ihnen all ihre Sorgen, ihren Kummer, ihr Hoffen und Wünschen erzählen«. Diese höchst rührselige Schilderung darf man nicht für bare Münze nehmen; dazu ist sie zu schönfärberisch. Gleichwohl muß die Schilderung als ein von den Deutschen gehegtes Idealbild von Selbstvertrauen und gegenseitiger Hilfe ernst genommen werden.[61]

Keine häusliche Aktivität an der Heimatfront war so augenfällig und betraf so viele Zivilisten wie die großen Sammelaktionen. Die Spendenaktionen der ersten Kriegswochen wie die des Zeitungshauses Mosse, bei der in nur drei Wochen 122 Millionen Reichsmark zusammenkamen,[62] verblaßten neben den jährlichen Weihnachtsspenden und den ausgedehnten Wiederverwertungskampagnen der Jahre 1915, 1916 und 1917. An dieser Front diente der Nationale Frauendienst als die »zweite Armee im Land«.[63] »Fast die gesamte Frauenwelt«, berichtete die Polizei mit einiger Übertreibung, habe sich Nähzirkeln angeschlossen, um Kleidung für die Soldaten an der Front zu nähen.[64]

Die erste gemeinsam durchgeführte Sammlung erfolgte Anfang 1915 (gerade als die 130. Verlustliste veröffentlicht worden war), als die Reichsregierung für die Woche vom 18. Januar die »Reichswollwoche« verkündete. In ganz Berlin forderten riesige Werbeplakate die Bürger auf, bei einer der vom Frauendienst betriebenen und von Oberschülerinnen betreuten 400 Sammelstellen Kleidung zu spenden.[65] Tag für Tag wurden riesige Kleiderbündel über den Königsplatz zur Sammelzentrale in der Krolloper transportiert. Zeitungsreporter warfen einen Blick ins Innere des Gebäudes. »Es muß übrigens wundernehmen, wieviel abgelegte Westen es in Berlin gegeben hat«, kommentierte das *Berliner Tageblatt* humorvoll – »Westen noch aus der Zeit, als man sie mit wunderschönen Blumen gemustert trug, Westen in Lila, Grün und Bordeauxrot.« Noch verblüffender war die schiere Anzahl von Teppichen, Brücken und Läufern, die Berliner in ihren

Korridoren liegen hatten. Der Krieg war eine willkommene Gelegenheit, sich ästhetisch wie materiell in Sparsamkeit zu üben. In Barmen waren fünfzig Lastzüge nötig, um alle gespendeten Brücken, Decken und Westen abzutransportieren.[66]

Die Statistik besagt für Barmen, eine Stadt, die eine außerordentlich genaue und stolze Abrechnung ihrer Aktivitäten im Krieg zusammenstellte, daß zwischen Juli 1916 und Juli 1917 der Frauendienst drei große Sammelaktionen beaufsichtigte, bei denen im Endresultat genau 23 891 Gegenstände zusammenkamen, darunter 11 398 Mäntel, 2434 Hüte, 1231 Paar Schuhe (dazu 130 Paar Hausschuhe), 2162 Kragen, 40 Badeanzüge, 483 Vorhänge, 16 Kaminvorleger, 45 Koffer und 38 Paar Hosenträger.[67]

Hausfrauen in Barmen wie in Berlin wurden von der Regierung, von den Stadtverwaltungen und den sozialistischen Gewerkschaften dazu aufgerufen, Reste von Lebensmitteln aufzubewahren. Nahezu alles, von Knochen bis zu Obstkernen, Kartoffelschalen, Gemüseabfällen und Kaffeesatz, konnte weiterverwertet werden. Und einmal mehr war es der Frauendienst, der Sammelstellen einzurichten und zu besetzen half. In den Jahren 1915 und 1916 brachte die Stadt Barmen 7815 Kilogramm Kirsch- und Pflaumenkerne zusammen, die zur Ölgewinnung zermahlen werden konnten. Im Sommer 1916 sammelten ausschwärmende Deutsche insgesamt die riesige Menge von vier Millionen Kilogramm Obstkernen, die 190 000 Kilogramm Öl ergaben.[68] Öl konnte auch aus Sonnenblumenkernen, wildem Obst und sogar aus der Rinde bestimmter Bäume gewonnen werden. Bald wurden Tausende von Schulkindern verpflichtet, die Samen von Sonnenblumen sammelten, die an Eisenbahngleisen oder Feldrainen wuchsen.[69] Andere Städte organisierten zum Schutz der Ernte noch ungewöhnlichere Aktionen. Es strapaziert die Glaubwürdigkeit, reizt jedoch die Phantasie, sich Lüdenscheids stolze Behauptung vor Augen zu führen, daß die jungen Leute der Stadt bei der Sonderaktion zum Schutz der Ernte im August

1917 nicht weniger als 47990 Schmetterlinge töteten. Jedenfalls wurden Kinder, die sich ganz besondere Mühe gaben, mit Büchern, Spielzeug oder Sparbüchern beschenkt.[70]

Es müssen diese und andere Sondersammlungen gegen Ende des Krieges gewesen sein – bei denen Barmen immer noch 25 Kilogramm Zigarrenstummel und 194 Kilogramm Frauenhaar zusammenbrachte, letzteres als Ersatz für Kamelhaar und Mohair, das für Riemenantriebe in Fabriken gebraucht wurde –, die den Agronomen Friedrich Aereboe in den zwanziger Jahren zu der Überlegung veranlaßten, daß die »Kriegspsychose« das »rationale wirtschaftliche Denken« wirklich beeinträchtigt habe. Alle in Bochum für das Sammeln von Obstkernen aufgewendete Energie konnte nicht einmal ein Prozent des Bedarfs der Stadt an Speiseöl decken.[71] Mit den dauernden Kampagnen wurden Zeit und Energie verschwendet, die besser zu nutzen gewesen wären. Von Lehrern zum Beispiel erwartete man, daß sie zusätzlich zu ihren amtlichen Pflichten aufreibende freiwillige Arbeit in Kinderzentren übernahmen, für Kriegsanleihen warben und in den Kommissionen zahlloser patriotischer Vereinigungen und Wohltätigkeitsveranstaltungen mitarbeiteten. Sie wurden auch aufgefordert, Lebensmittelkarten zu verteilen, die Landarbeit junger Leute zu organisieren, das Sammeln von Papier, Kleidung und Tausender und Abertausender von Obstkernen zu überwachen.[72]

Lediglich den geringen Nutzen der Aktivitäten des Frauendienstes zu sehen hieße jedoch, die Art und Weise, wie die Organisation die Mehrheit des deutschen Volkes unmittelbar in die Kriegsanstrengungen einband, aus dem Auge zu verlieren. Während des ersten Kriegsjahres unternahmen nationale und lokale Dienststellen wenig, um Propagandafeldzüge zu starten oder soziale Hilfsdienste zu organisieren. Die Folge war, daß die Kriegshilfe als Unternehmen »der Basis« begann mit dem Effekt, daß mehr Leute aus allen sozialen Schichten in das öffentliche Leben einbezogen wurden als jemals zuvor. Die Zahl der Freiwilligen muß damals mehrere Millionen betragen haben. Überdies bereicherten die neu gegründeten patriotischen, Sozialhilfe- und Selbsthilfeorganisationen die Struktur des öffentlichen Lebens.[73]

Die Kampagnen des Nationalen Frauendienstes hatten einen entscheidenden Einfluß auf die Moral. Ein Blick auf die Zeichnung von Kriegsanleihen zeigt, daß immer mehr Deutsche mit geringem Einkommen hier investierten. Die Anleihen konnten in Einheiten zu 100 Mark erworben werden, das erlaubte kleinen Gläubigern, die Kriegsanstrengungen zu unterstützen, wenn ihre Einzahlungen auch aufgrund der Auswirkungen der Inflation im Wert sanken. Ungeachtet des Überschwangs der Augusttage fanden sich bei der ersten Kriegsanleihe nur 231 112 Personen bereit, 100 oder 200 Reichsmark anzulegen. Und diese Zahl war noch geringer als die der wohlhabenden Anleger, die zwischen 300 und 500 Reichsmark (241 804) oder zwischen 600 und 2000 Reichsmark (453 143) zeichneten. Angesichts dieser Zahlen »war es sicherlich eine Leistung«, schreibt Gerald Feldman, die Anzahl der 100- und 200-Reichsmark-Zeichnungen bei der achten Auflage der Anleihe im Frühjahr 1918 um das Sechzehnfache auf 4 076 649 zu steigern.

Gewiß, manchmal stockte die Emission, und nicht die gesamte Auflage wurde gezeichnet. Nur 3,8 Millionen Deutsche zeichneten für die fünfte Kriegsanleihe im September 1916, während es sechs Monate vorher noch 5,2 Millionen gewesen waren. Die sechste Anleihe im Frühjahr 1917 hingegen fand beachtliche sieben Millionen Zeichner (und das auf dem Höhepunkt der Ernährungskrise), die siebte im Herbst 1917 noch 5,2 Millionen und die achte im März 1918 6,5 Millionen. (Im September 1918, bei der letzten Emission von Kriegsanleihen, zeichneten nur 2,7 Millionen Deutsche.) Überdies waren es nach 1916 vor allem kleine Anleger, welche die meisten Anleihen erwarben, obgleich das zunehmend entwertete Geld, das sie investierten, bloß einen kleinen Prozentsatz der insgesamt 98 Milliarden ausmachte, die im Lauf des Krieges zusammenkamen. Bemerkenswert ist das Auftreten so vieler Anleger bis fast zum Schluß. Das deutet auch darauf hin, daß Arbeiter ebenso wie andere Bevölkerungsschichten ihren Beitrag leisteten. Der Krieg war wirklich eine Sache des Volkes geworden. Die vorsichtige Schätzung, die von acht bis zehn Millionen Zeichnern deutscher Kriegsanleihen ausgeht, bezieht einen beträchtlichen Anteil der Bevölkerung ein und sollte jenen Beobachtern als Warnung dienen, die vorschnell annehmen, daß die Zivilisten den Kriegsanstrengungen gleichgültig gegenüber standen.[74]

Nichts symbolisiert die aktive Teilnahme so vieler Zivilisten an dem zunehmend mühsamer werdenden Kampf, den Krieg zu gewinnen, besser als die selbstgemachten hölzernen Hindenburgfiguren, die 1915 überall im Reich auftauchten. Hindenburg war blitzartig zum Lieblingshelden des Volkes aufgestiegen, nachdem er die in Ostpreußen eingefallenen Russen Ende 1914 zurückgeschlagen hatte und in den folgenden Monaten auf russisches Gebiet vorgerückt war. An der Westfront hatte man einen toten Punkt erreicht, deshalb war es im Osten Hindenburg, der »Leiden, Kraft und den Sieg« der Nation am deutlichsten verkörperte.[75] Am 4. September 1915, genau ein Jahr nach der entscheidenden Schlacht gegen die Russen bei Tannenberg, stellte die Nationale Stiftung für Kriegerwitwen mitten auf dem Berliner Königsplatz eine riesige 28 Tonnen schwere, etwa vier Meter hohe hölzerne Hindenburgstatue auf. Der Königsplatz, auf dem sich 20 000 patriotische Zuschauer drängten und den ein riesiger Zeppelin überflog, wurde zum Schauplatz einer patriotischen Kundgebung sondergleichen. Für eine Reichsmark konnten Berliner einen eisernen Nagel in die Statue hämmern; silberne und goldene Nägel waren gegen größere Spenden erhältlich. Der Ertrag kam Deutschlands Kriegerwitwen zugute. Tag für Tag hallten Hammerschläge auf dem Platz wider. Gegen Ende der Woche waren 90 000 eiserne und 10 000 silberne Nägel in die Holzstatue getrieben, die jetzt wirklich zu einem »eisernen Hindenburg« geworden war. Obgleich bei den Eröffnungsfeierlichkeiten prominente Gäste wie der Kanzler Bethmann

Hollweg und eine Hohenzollern-Prinzessin anwesend waren, ermunterte die Holzstatue gewöhnliche Bürger, deren persönliche Bemühungen symbolisch das nationale Gemeinwesen schmiedeten, sich zu beteiligen. Diese fortschreitende Arbeit demonstrierte, daß Deutschlands Rüstung für den Krieg nicht in einer Schmiede der Regierung produziert wurde, sondern Frucht der Hammerschläge und freiwilligen Aktionen Tausender von Bürgern war. Die Statuen des »eisernen Hindenburg«, die überall im Reich auf Marktplätzen standen, kennzeichneten die enge Verbindung zwischen totalem Krieg und Mobilisierung »von unten«, zwischen Wehrkraft und Volkskraft.[76]

Der Burgfrieden

Wie Käthe Kollwitz' Tagebucheinträge aus dem August 1914 belegen, kam es unter dem Eindruck der unübersehbaren Opfer so vieler Soldaten zu einer Umwälzung der sozialen und politischen Vorstellungen der Vorkriegszeit. Der Krieg offenbarte die gemeinsamen Leistungen, zu denen das deutsche Volk aus eigener Anstrengung fähig war, und gestaltete allmählich das Bild von der deutschen Nation um. Sogar die deutschen Arbeiter genossen das alle einschließende Nationalgefühl, das mit dem Krieg entstand. Die bloße Tatsache, daß die seit langem bestehende politische Kluft zwischen Sozialisten und Bürgern zumindest im Ansatz überwunden war, machte die Qualität der Nation noch wertvoller, denn sie hob das den Deutschen Gemeinsame stärker hervor als das, was sie trennte. Zwar gingen angesichts von Gewerkschaften, die das Ende der egoistischen Interessenpolitik der Konservativen begrüßten, und von Konservativen, die das Abrücken der Arbeiter von ihrer Militanz guthießen, die Meinungen der Deutschen über die Inhalte der Formel vom öffentlichen Interesse auseinander. Weithin anerkannt wurde aber, daß das politische Leben der Vorkriegszeit zu viele soziale Schichten ausgeschlossen hatte, zu sehr auf die Interessen wirtschaftlicher Eliten ausgerichtet gewesen war und den Leistungen gewöhnlicher Bürger zuwenig Aufmerksamkeit geschenkt hatte. Der Krieg bot die große Gelegenheit, der deutschen Politik eine stärker sozial orientierte und selbstbewußte neue Form zu geben. Das bedeutete, daß der von Kaiser Wilhelm II. verkündete Burgfrieden viel mehr einschloß als die bloße Aussetzung der Tagespolitik für die Dauer des Krieges. Er schuf die Voraussetzungen für eine gründliche Erneuerung des Reiches. Mochten die Bürger über das Wesen des Krieges auch heftig streiten, so erkannten doch die meisten Gruppen das deutsche Volk als die wahre Quelle politischer Legitimität an. Folglich liegt die Bedeutung des Burgfriedens nicht in dem patriotischen Konsens, den er schuf, zumal dieser rasch genug brüchig wurde, sondern in dem Aktivismus der Bürger, den er legitimierte.

Die Mobilisierung für den Krieg ging mit überschwenglichen Parolen von nationaler Harmonie und einem Aufwallen von Gemeinsinn einher. Insbesondere Arbeiterfunktionäre begrüßten es, daß der Burgfrieden den Interessen der Verbraucher Vorrang vor jenen der Großindustrie und der Großgrundbesitzer einräumte, und hielten ihn für den ersten Schritt zur völligen Befreiung der Arbeiter in dem »neuen Deutschland«. Die berühmte SPD-Parole »Keinen Mann und keinen Pfennig für dieses System« wurde am 4. August 1914 ins Gegenteil verkehrt, als die Partei den Kriegskrediten zustimmte. Die Sozialisten waren bereit, Männer und Geld zur Verfügung zu stellen in der Erwartung, daß eine solche patriotische Geste zur Reform des Wahlrechts (besonders in Preußen, das immer noch am Dreiklassenwahlrecht festhielt) führen und den Auftakt zu einem entspannteren Verhältnis zum Militär, den Arbeitgebern und Staats- und Länderregierungen bilden würde.[77]

Gewiß, viele Parteimitglieder waren niedergeschlagen, weil die Bemühungen der Sozialisten, den Krieg im Juli 1914 aufzuhalten, fehlgeschlagen waren. Aber ihre mangelnde Begeisterung für den Krieg an sich hielt sie nicht davon ab, der Reform, auf die sie durch ihre Opfer an der Front und in den Produktionsstätten daheim schließlich Anspruch zu haben glaubten, erwartungsvoll entgegenzusehen. Es ist durchaus möglich, daß die seit langem internationalistische Haltung der Partei die Sozialdemokraten dazu bewogen hat, sich um so stärker auf das Versprechen sozialer Anerkennung und politischer Freiheit zu setzen. Der auf dem rechten Parteiflügel stehende Konrad Hänisch kam 1916 zu dem Schluß, daß »wir Sozialdemokraten gelernt haben, uns in diesem Krieg als einen Teil, und wahrlich nicht den schlechtesten Teil der Nation zu betrachten. Dieses Gefühl der Zugehörigkeit zum deutschen Staat soll uns niemand mehr, ob von rechts oder links, rauben.« »Schlechtester Teil«, »rauben«, »dazugehören« – dieses bemerkenswerte Pathos verdeutlicht, wie stark die emotionale Anziehungskraft der Nation geworden war.[78] Nach der Mobilmachung brachten die Deutschen den Krieg mit einer apokalyptischen »neuen Zeit« in Verbindung, die mit einem Schlag die Verbitterung schürende Politik der Zeit vor 1914 hinfällig machte und die nationale Solidarität des Burgfriedens rechtfertigte. Nach der Mobilmachung wurde der Krieg mit einer apokalyptischen »neuen Zeit« in Verbindung gebracht, die auf einen Schlag die erbitterten politischen Auseinandersetzungen der Vorkriegszeit hatte obsolet werden lassen und die nationale Solidarität des Burgfriedens rechtfertigte.

Die Identifikation mit dem gegenwärtigen Staat nahm zu, zumal die Sozialdemokraten davon ausgingen, daß Reformen nahe bevorstünden, und sich unverhofft in eine Gesellschaft, die sie so lange verfolgt und an den Rand gedrängt hatte, aufgenommen fühlten. Gleichzeitig konnte sich kein Zeitungsleser oder Kneipenbesucher dem Bann eines europäischen Krieges entziehen, den man in die Begriffe »wir« gegen »sie« faßte. Tausende von Arbeitersöhnen und -vätern standen an der Front (erst später wurden Facharbeiter in die Munitionsfabriken zurückbeordert). Die Zahl der deutschen Kriegsopfer – von Vermißten, Verwundeten oder Gefallenen – belief sich Weihnachten 1914 insgesamt auf eine Million. »Bis Jahresende 1914 hatte praktisch jede deutsche ... Familie den ein oder anderen schmerzlichen Verlust zu beklagen«, schätzt Modris Eksteins.[79] Zweifellos verbanden sowohl persönliche Bindungen wie abstrakte Erwartungen immer mehr Proletarier mit dem Schicksal der Nation und ihrer Armeen. Kein Wunder, daß sozialistische Zeitungen lautstark den Sieg deutscher Armeen in Belgien und Ostpreußen verkündeten. Mitte 1916 jubelten triumphierende Schlagzeilen: »Sieg von der Nordsee bis zur Schweiz. Das Heer ist unschlagbar.«[80] Auf den zweiten und dritten Seiten erschienen lobende Artikel wie »Gewerkschaftsführer als Soldaten«, »Sozialdemokraten als Schutzleute« und »die deutsche Bebel-Uniform« (August Bebel war bis zu seinem Tod 1913 der gefeierte Führer der SPD).[81]

Als sich der Krieg hinzog, sah es zunächst so aus, als würde die emotionale Verbundenheit mit der Nation in Waffen schwinden. Der starke Anstieg der Arbeitslosenzahl Weihnachten 1914 dämpfte die Festtagsstimmung. Auch die anfängliche Bereitschaft der Industrie, zur Kriegshilfe beizutragen, ließ Ende des Jahres nach.[82] Im Februar 1915 riefen die steigenden Lebensmittelpreise eine solche Bestürzung hervor, daß Berliner Polizeibeamte den völligen Zusammenbruch von Gesetz und Ordnung befürchteten: »Man wird die Geschäfte stürmen und die Leute werden sich nehmen, was man ihnen jetzt verweigert«, sagte ein Polizeibeamter voraus.[83] Der Bürgermeister von Nürnberg, Otto Geßler, erinnert sich später mit Schrecken an die Zeit, als er zum Innenministerium gegangen war und um die offizielle Akte »Kriegsversorgung von Zivilpersonen« gebeten hatte. Das Material bestand lediglich aus dem Aktenordner selbst.[84] Ein veraltetes Gesetz sah ein paar Mark monatlich für die Familien der Soldaten vor (sechs im Sommer, neun im Winter und vier Mark zusätzlich für jedes Kind); ansonsten tat das Reich sehr wenig. Es überließ es den Generalbevollmächtigten, die in Kriegszeiten das Land im Grunde verwalteten, in ihren Bezirken die Initiative zu ergreifen und, was für unsere Zwecke wichtiger ist, lokale Beamte dazu zu zwingen, zwischen Wehrkommando, Industrieführern, Gewerkschaften und dem Frauendienst Ad-hoc-Vereinbarungen zustande zu bringen.

Das wichtige Ergebnis dieser spontanen Entwicklung war, daß sich die Rathaustüren für Sozialdemokraten öffneten. Von Liberalen und Konservativen gleichermaßen als gefährlich betrachtet, nahmen sie jetzt im ganzen Reich eine Anzahl beratender und leitender Stellen in großen und kleinen Städten ein und gewannen rasch beträchtliches Ansehen. Die städtischen Beamten akzeptierten nicht jeden Vorschlag der Sozialdemokraten, setzten aber auf lange Sicht viele Empfehlungen in die Tat um, darunter Verordnungen wie die Abgabe von Milch nur für Kleinkinder, das Verbot, Kuchen und Torten zu backen, die Ermächtigung von Metzgern, nur an Kunden aus der Nachbarschaft zu verkaufen, und die Befugnis von Stadtgemeinden, für Lebensmittel Höchstpreise festzusetzen. Berlins Bürgermeister Adolf Wermuth zum Beispiel suchte mindestens einmal täglich den Rat von Hugo Heimann, dem führenden Sozialisten der Stadt.[85] Die bis dahin nie dagewesene örtliche Zusammenarbeit mit Sozialisten verlieh dem Burgfrieden Glaubwürdigkeit und legte den Grund für die linksliberalen Weimarer Koalitionen in den zwanziger Jahren. Ohne diesen zögerlichen sozialen Pakt hätten sich die Sozialisten während des Krieges nicht annähernd so loyal verhalten, wie sie es nun einmal taten.

Die deutsche Niederlage an der Marne im September 1914, durch die ein langer Krieg unvermeidlich wurde, machte deutlich, daß die Nation nur durch die Wiederherstellung der Rolle der Bürger und der Verantwortung des Staates den Krieg erfolgreich führen konnte. Der Rückschlag enthüllte eklatante Unzulänglichkeiten bei der Mobilisierung der Heimatfront und rechtfertigte somit, daß der Staat in einer rationeller organisierten Kriegswirtschaft die Führung übernahm. Rohstoffe mußten zugeteilt, die Lebensmittelpreise stabil gehalten und Fachkräfte bereitgestellt werden. Im Januar 1915 gründete das Reich zum Beispiel eine halboffizielle Getreidegesellschaft, um Getreide zu festen Preisen einzukaufen. Ein paar Monate später wurden Lebensmittelkarten für Brot (und am Ende für die meisten Grundnahrungsmittel) eingeführt. Außerdem legte der Staat Richtlinien für die industrielle Produktion, die Vorräte an Kohle, Baumaterial und die Vergabe von Krediten fest. Diese planmäßige Regulierung des kapitalistischen Markts im öffentlichen Interesse begrüßten die Sozialisten mit offenkundiger Befriedigung. Unerwartet wurden die Sozialdemokraten auch Verbündete regionaler Behörden, die aktiv eingriffen und Einzelhändler zwangen, übertrieben hohe Preise zu senken, oder Arbeitgeber aufforderten, ihre untragbar niedrigen Löhne anzuheben.[86] Zumindest in den ersten Jahren nahmen die gemeinsamen Bemühungen in der Bewältigung der Ernährungskrise dauerhaftere soziale Reformen vorweg. Die weitverbreitete, linksorientierte *Berliner Morgenpost* vertrat die Ansicht, das öffentliche Interesse könne am Ende vielleicht die Staatspolitik beherrschen. »Einer der Gründe, daß wir einen Krieg haben«, kommentierte das Blatt, »ist, daß man imstande ist, Lektionen mit einem eisernen Besen zu erteilen.«[87]

Wie die Verkündung des Hilfsdienstgesetzes Ende 1916 deutlich machte, bestimmte das öffentliche Interesse die groben Umrisse der Kriegswirtschaft. Ursprünglich vom Generalstab erdacht, um ganz Deutschland in eine ungeheure Munitionsfabrik zu verwandeln, verpflichtete das vorgesehene Gesetz alle Arbeiter zwischen 16 und 60 Jahren zur Arbeit in der Kriegsindustrie und untersagte sowohl Streiks als auch Arbeitsplatzwechsel. Aber das Deutschland von 1916 war nicht das von 1913. Hier ließ sich nicht kommandieren wie auf einem Kasernenhof; die Augusttage hatten die Beziehung zwischen dem Staat und der Gesellschaft gründlich verändert. Infolgedessen sahen sich die Militärs gezwungen, die Zusammenarbeit mit den Sozialdemokraten und anderen politischen Gruppen zu suchen und Kompromisse einzugehen, die es Arbeitern erlaubten, sich in anderen Zweigen der Kriegsindustrie nach besser bezahlten Stellen umzusehen (was natürlich die Löhne für Facharbeiter in die Höhe trieb), Arbeitervertreter in der Betriebsleitung anzuerkennen und Schlichtungsverhandlungen zur Pflicht zu machen. Das Hilfsdienstgesetz legte so den Grund für eine gemeinsame kapitalistische Ordnung, in der die Rechte von Gewerkschaften und Unternehmern vom Staat garantiert und gesetzlich geregelt wurden. Angesichts der massiv autoritären Auffassung von den Rechten der Arbeiter vor 1914 war diese gesetzliche Regelung ein bedeutender Sieg für die Gewerkschaften.[88]

Weder das Hilfsdienstgesetz noch die Kriegswirtschaft im allgemeinen waren mit Sozialismus zu verwechseln. Doch die meisten Sozialdemokraten erkannten an, in welchem Maße sich das Reich von den Prinzipien einer freien Marktwirtschaft und der Vorkriegspraxis, eine Politik der Sonderinteressen zu betreiben, entfernt und dadurch die Gebote des Burgfriedens in eine soziale und ökonomische Politik umgesetzt hatte. Parteimitglieder begrüßten die Intervention des Staates als eine Rechtfertigung sozialistischer Ideen.[89]

Der Burgfrieden war keine Idylle, wo Klassenkonflikte und Sonderinteressen das allgemeine Wohl nicht mehr beeinträchtigten. Wenn 1914 auch sehr viele Deutsche stärker auf das Gemeinwohl eingestimmt waren, blieben die nüchternen Verhältnisse einer freien Marktwirtschaft dennoch erhalten. Warum sollten Sozialdemokraten oder irgendeine andere gesellschaftliche Gruppe die Gefühle der Augusttage bedingungslos aufrechterhalten, zumal da die wirtschaftlichen Verhältnisse und die Arbeitsbedingungen sich verschlechterten und erneut politische Differenzen über die innere Struktur der Nation auftauchten? Doch es ging nicht darum, zwischen der Verwirklichung einer vollkommen harmonischen sozialen Utopie oder der Ablehnung jeglicher Vorstellung von nationaler Solidarität zu wählen. Entscheidend ist, daß die Sozialdemokraten im Verlauf des Krieges neue und verlockende Modelle der Nation vor sich sahen, die bei der Gestaltung der Wirtschafts- und Sozialpolitik nicht nur Vertreter der Arbeiterschaft einbezogen, sondern Arbeiterinteressen berücksichtigten. Der Erste Weltkrieg gab der Nation das Recht, bei sozialen Reformen als legitime Kraft aufzutreten.[90]

Wenn die Regierung auch einigermaßen überrascht und sehr erleichtert auf die Rückkehr so vieler Arbeiter in den Schoß der Nation reagierte, setzte sie doch das größte Vertrauen in die patriotische Rechtschaffenheit des Mittelstands, der seit jeher als stabilisierendes Element der deutschen Gesellschaft galt. Nie zuvor sei ein Volk mit einem stärkeren Gefühl der Einigkeit und Rechtschaffenheit in den Krieg gezogen, meinte der Stabschef Helmuth von Moltke. Für den Kaiser waren die Bande der Kindespflicht, die das Volk mit der Person des Monarchen verknüpften, vollkommen intakt. Am ersten Tag der Mobilmachung dankte er vom Balkon des Schlosses den jubelnden Massen für »eure Zuneigung und eure Treue« und verzieh »aus ganzem Herzen« den Parteien, die ihn »angegriffen« hatten. »Ich bin gezwungen, das Schwert zu ziehen«, erklärte Wilhelm II. einige Tage später und legte rhetorisch die Hand auf die Schulter »meines Volkes«, das gehorsam dem Vorbild des Herrschers folgen sollte.[91] Auf jeder Straße Berlins sei die wiederbelebte Autorität der Monarchie deutlich zu sehen, berichteten Polizeibeamte; der Sedantag war ein ungeheurer Erfolg gewesen, und im ganzen Reich zeigten die Deutschen die schwarzweißrote Reichsflagge, hängten Bilder des Kaisers auf und füllten die Kirchen des allmächtigen »Schöpfers des Reichs« bis zum letzten Platz.[92] Der August 1914 bot eine glänzende Möglichkeit, das monarchische Prinzip zu stärken.

Anfangs waren die Regierung und die Militärs von der vollkommenen und ungetrübten Identifikation des Volkes mit der Monarchie derart überzeugt, daß sie ernsthaft erwogen, jede politische Betätigung zu verbieten. Immerhin hatten sich im Juli und August 1914 die Menschenmengen unter dem Schloß unter Umgehung politischer Parteien, Interessengruppen und patriotischen Vereinigungen versammelt, die sonst das öffentliche Interesse repräsentierten. Daß Tausende von

Arbeitern, Vertretern des unzufriedensten Elements im Deutschen Reich, aufgehört hatten, sozialdemokratische Versammlungen zu besuchen oder die Parteizeitung *Vorwärts* zu lesen, nahm man als ein weiteres Zeichen der weitverbreiteten Ablehnung gewohnter Parteipolitik (der wirkliche Grund für den Rückgang war, daß so viele Arbeiter an der Front kämpften). So gesehen war es leicht, die berühmte Erklärung des Kaisers (»Ich kenne keine Parteien mehr») nicht als das großzügige Versprechen zu deuten, politische Differenzen der Vergangenheit beiseite zu lassen, um die gesamte Nation zusammenzuschließen, sondern als Weigerung, Parteien überhaupt zu legitimieren, um die elementare Geschlossenheit der Nation zu behaupten. Es wurde rasch deutlich, daß des Kaisers Vertrauen in »mein Volk« unangebracht war, denn der Mittelstand weigerte sich, den Krieg mit den Augen des Kaisers zu sehen.

Die Monarchie wurde nie abgelehnt, doch angesichts einer riesigen öffentlichen Mobilmachung, bei der die Anstrengungen des Volkes eine zentrale Rolle spielten, geriet der Kaiser zunehmend in Vergessenheit. Millionen von Gedichten, Reden und Briefen hatten das deutsche Volk zum Gegenstand, das seine Liebe zum Vaterland und seine Bereitschaft, sich dafür zu opfern, demonstriert hatte. Die Augusttage enthüllten etwas, das zuvor kaum in Erscheinung getreten war: das deutsche Volk als aktives politisches Element. Immer wieder sahen Beobachter die Aktionen der Menge als ein Wunder oder ein Geschenk an, das das Reich gerettet hatte. Mit anderen Worten: Die Einführung des plebiszitären Elements hatte die politischen Fundamente Deutschlands erneuert. Wenn es einerseits vermutlich zutraf, daß das Volk dem Kaiser »nie so nahe gewesen ist« wie 1914, wie die nationalistische Berliner *Tägliche Rundschau* mit Genugtuung berichtete, wurde andererseits die Monarchie zunehmend von dieser neuen, machtvollen Einigkeit des Volkes als Geisel gehalten.[93] Das Deutschland, das Patrioten bejubelten und für das junge Männer freiwillig in den Krieg zogen, war unverkennbar ein vom Volk besetzter öffentlicher Raum.

Nicht zum erstenmal in der neueren deutschen Politik bildeten in den Augusttagen 1914 die Bestrebungen des Volkes ein Gegengewicht zur Machtstellung der Monarchie. In verschiedenen radikalen nationalistischen Gruppierungen wie dem Flottenverein oder dem Kolonialverein, die nach einer Rolle für den Mittelstand bei der Ausweitung der deutschen Weltmacht suchten, war seit langem ein populistisches Element sichtbar. Die Verherrlichung deutscher Technik, insbesondere der Hochseeflotte und der Zeppeline, ehrte die Tugenden des Mittelstands: Leistung und Können. Gleichwohl stellt das Jahr 1914 einen dramatischen Bruch in der politischen Kultur dar. Die allumfassende Kriegserfahrung und das Ausmaß der Hilfsanstrengungen verliehen dem Ideal der Volksgemeinschaft reale Konturen. Es ist klar, daß die Deutschen »nicht dabeistanden und die Befehlshaber des Krieges ihre Pflicht tun ließen«, wie es der Liberale Albrecht Mendelssohn-Bartholdy später zusammenfaßte (oder wie es Regierungsmitglieder erhofft hatten).[94]

»Das Volk« war ein nebuloses, in hohem Maße rhetorisch umschriebenes Ganzes, das wesentliche politische Differenzen überdeckte. Doch sein ständiges Erscheinen in den Medien brachte allmählich politische Vorstellungen in Mißkredit, die seine volle Entfaltung hemmten: die vermittelnde Rolle des Unternehmerstandes, das offenkundig ungerechte Dreiklassenwahlrecht und die auf Unterwerfung angelegte Hierarchie der Monarchie. Je mehr Professoren, Verfasser von Schundromanen und Zeitungsredakteure die Masse vergötterten, den Freiwilligen feierten und die Unterwerfung selbst des gebildetsten und vornehmsten Individualisten unter das Ganze betonten, desto mehr Glaubwürdigkeit verliehen sie der Selbstorganisation der bürgerlichen Gesellschaft, die sich neben, wenn nicht im Gegensatz zur Machtstellung der Reichsinstitutionen herausbildete.[95]

Die Soldaten bestanden darauf, daß es keine Rückkehr zur klassenorientierten Interessenpolitik des Vorkriegsdeutschlands geben dürfe.[96] Man darf keinesfalls vergessen, daß die

Mehrheit des preußischen Heeres der untersten und am wenigsten einflußreichen Klasse von Wählern angehörte, die in der regionalen und lokalen Politik nur ein minimales Mitspracherecht hatte. (In Preußen waren die Wähler nach Größe ihrer Steuerleistung in drei Klassen, so daß zum Beispiel die Stimmen von 1621 sehr reichen Berlinern, die 1907 zur ersten Kategorie Wähler gehörten, ebensoviel Gewicht besaßen wie die von 33 262 wohlhabenden Männern der zweiten oder von 346 157 Männern der dritten Kategorie, von denen nahezu ebenso viele der einfachen Mittelschicht wie der armen Arbeiterklasse angehörten.)

Ob die Fronttruppen die Hoffnung auf »Nie wieder Krieg« hegten, sich im patriotischen Pathos suhlten oder im »Stahlbad« erschauerten, die Mehrheit hoffte, bei Kriegsende in ein politisch offeneres Land zurückzukehren.[97] Der Mittelstand demonstrierte, in welchem Maße der Klassenkampf des Kaiserreichs einer deutschen Volksgemeinschaft gewichen war, nicht nur dadurch, daß sie Fabrikarbeiter als patriotische Brüder entdeckte oder die Regierung zum Handeln aufforderte, das Elend der Zivilisten zu mildern, sondern indem sie ihre eigenen, lange hinausgeschobenen Forderungen nach politischen Rechten formulierte.

Von Kriegsbeginn an spielte die Frage nach einer Reform des preußischen Wahlrechts in jeder politischen Diskussion eine Rolle. Die Sozialdemokraten, die 1909 und 1910 die glühendsten Verfechter einer Reform gewesen waren, aber auch liberale Zeitungen, darunter die weitverbreiteten Tageszeitungen *Berliner Tageblatt* und *Frankfurter Zeitung*, und einflußreiche Intellektuelle wie Max Weber drängten in den Jahren nach 1915 auf eine Lösung dieser Frage. Selbst wenn Wähler des Mittelstands das Argument, die eigentliche Gesetzgebung müsse bis zum Ende des Krieges aufgeschoben werden, damit parlamentarische Auseinandersetzungen die Kampfmoral nicht beeinträchtigten, zu akzeptieren geneigt waren, erwarteten sie eine Nachkriegsregierung, die aufgeschlossener für den Gesichtspunkt der individuellen Befähigung war und die Interessen der großen Mehrheit von Veteranen und Freiwilligen des Hilfsdienstes stärker berücksichtigte. So forderten zum Beispiel mittelständische Frauenorganisationen 1917 angesichts des tatkräftigen Wirkens des Nationalen Frauendienstes auf die Ausweitung des allgemeinen Wahlrechts auf Frauen.[98] Die blumigen Phrasen des deutschen Nationalismus beruhten in beachtlichem Maß auf schlichten Erklärungen zugunsten von Deutschlands politischer und sozialer Erneuerung.

Die vielfach verkündeten »Ideen von 1914« wiesen in die gleiche Richtung. Ein staatlich gelenkter Kapitalismus, der kollektive Organisation und soziale Verantwortung über die Anarchie kapitalistischen Individualismus stellte, wie er seit der Französischen Revolution von 1789 vorgeherrscht hatte und während des Krieges von einflußreichen Männern wie dem Münsteraner Ökonomen Johann Plenge, dem Geopolitiker Rudolf Kjellen sowie von rechtssozialistischen Befürwortern eines »Kriegssozialismus« ausgiebig propagiert wurde, können nicht einfach als eine weitere Version von deutschem Autoritarismus abgetan werden. Konzepte wie »Staatssozialismus«, »Organisation« und »Mobilisierung« schlossen die Aufwertung fähiger und erfahrener Vertreter des Mittelstands ein. Bereits das Wort »Mobilisierung« (Mobilmachung) weist auf eine Flexibilität hin, die mit den sozialen, politischen und wirtschaftlichen Leitsätzen des Kaiserreiches kollidierte.[99] Die Linke wie die Rechte stellten sich einen aktiven, auf die Unterordnung von Klassen und Parteien unter das Volk gegründeten Staat vor, der den Krieg wirksamer weiterzuführen und die Hoffnungen des Volkes auf ein allgemeines Wahlrecht zu erfüllen imstande wäre.

Die Art, wie Deutsche auf der Linken wie auf der Rechten auf den Krieg reagierten, stand nicht mit der politischen Praxis vor 1914 im Einklang. Wie die ersten Tage der Kriegsbegeisterung offenbarten, waren die Massen zwischen dem Kaiser und Bismarck, zwischen Schloßplatz und Königsplatz, zwischen einer mehr respektvollen und einer mehr volkstümlichen Vorstellung von der deutschen Nation hin und her gerissen. Nach Ansicht einiger Patrioten, die sich im Juli 1914 um das Bismarckdenkmal versammelten, hatte die Reichsregierung in der Tat zuwenig getan, um deutsche Interessen zu verteidigen und auszuweiten. Diese Opposition von rechts wurde im Lauf des Krieges vernehmbarer und geordneter. Der Kanzler Bethmann Hollweg, dessen Umgang mit den Alliierten und den Sozialdemokraten man als zu versöhnlich empfand, war die Zielscheibe besonders heftiger Angriffe konservativer Politiker, was am Ende zu seinem Rücktritt im Sommer 1917 führte. Er hatte nicht nur versäumt, die annexionistischen Träume der extremen deutschen Nationalisten zu billigen, sondern auch die Sozialdemokraten in ihren Reformbestrebungen ermutigt und beim Hilfsdienstgesetz Entgegenkommen gezeigt. Mit anderen Worten: Der Kanzler hatte es unterlassen, sowohl an der Kriegs- wie an der Heimatfront den deutschen Siegeswillen zu fördern.

Um die deutsche Kriegspolitik neu zu bestimmen, forderten nationalistische Publizisten eine Lockerung der Zensur und eine lebhaftere öffentliche Diskussion der Kriegsziele. Im Jahr 1916 erklärte der Generallandschaftsdirektor in Ostpreußen, Wolfgang Kapp, ein prominenter Pangermane (übrigens Sohn eines Revolutionärs von 1848), »nur was der Regierung paßt… wird in den Zeitungen gedruckt«. »Nirgendwo gibt es Raum, um seine Rechte geltend zu machen oder abweichende Meinungen zum Ausdruck zu bringen«, fuhr er in seinem bemerkenswerten Appell an die öffentliche Meinung fort. Kapp, der 1920 einen antirepublikanischen Putsch anzettelte, sprach im Namen der Leute, die der Kanzler lieber »still« und »ruhig« sah.[100]

Gegen Ende 1916 bekam Kapp seinen Willen: Die Vorschriften der Kriegszensur wurden gelockert, und es folgten heftige Debatten über Kriegsziele, uneingeschränkten U-Boot-Krieg und Wahlrechtsreform, welche die politischen Trennlinien zwischen den Deutschen noch deutlicher hervortreten ließen, aber auch die Rolle, die das Volk im politischen Prozeß spielte, aufwerteten. Von der Linken bis zur Rechten begaben sich Bürger auf das Feld der Politik: Die Unabhängigen Sozialdemokraten brachen mit den Sozialdemokraten und forderten eine sofortige Beendigung des Krieges. Die Verbraucher riefen nach stärkeren Eingriffen der Regierung in die Wirtschaft. Eine linksliberale Mehrheit im Reichstag drängte die Regierung, Schritte zu Friedensverhandlungen einzuleiten und das Wahlrecht zu reformieren, während eine sich zunehmend lauter artikulierende Minderheit auf der Rechten, gestützt vom Generalstab, auf einem scharfen Vorgehen gegen angeblich verräterische Sozialisten und auf der Formulierung ehrgeizigerer Kriegsziele beharrte. Das erste Opfer war der konziliante Kanzler Bethmann Hollweg; das letzte Opfer war der Monarch selbst.

Es lohnt sich, die fanatischen Nationalisten um Kapp näher ins Auge zu fassen. Im August 1917 gründeten sie die Deutsche Vaterlandspartei mit dem erklärten Ziel, die deutsche Regierung davon abzuhalten, »zu rasch Frieden zu schließen, welcher die Zukunft unseres Volkes zerstören« würde, weil es an »vereinigtem Siegeswillen« fehle.[101] Die Partei förderte nicht nur Annexionspläne in bezug auf Frankreich, Afrika und Rußland, sondern lehnte auch jede Art von politischem Kompromiß in der Heimat aufs schärfste mit der Begründung ab, daß weder die Soldaten noch ihre Familien die Entbehrungen des Krieges weiter auf sich nehmen würden, wenn die Nation kein großes Ziel vorgebe, für das zu kämpfen sich lohne.[102]

Obwohl die Vaterlandspartei erklärte, sie stehe treu zum Kaiser, legte sie gegenüber der Monarchie eine äußerst doppeldeutige Haltung an den Tag. Ihre Hinweise auf den Siegeswillen des Volkes, die Benutzung populärer Medien und ihr Glaube, Deutschlands klar erkennbare Bestimmung liege weit jenseits der Grenzen des Vorkriegsreiches, deuteten auf ein radikal aktualisiertes nationalistisches Programm hin. Es war aufschlußreich, daß sich die Gründer der Vaterlandspartei in Königsberg, der Hauptstadt Ostpreußens, versammelten, jener Provinz, in der sich 1813 die erste Generation deutscher Patrioten im Namen der Nation ihrem König widersetzt hatte. Bevor man sich auf die unverbindlichere Bezeichnung »Vaterlandspartei« einigte, hätten ihre Unterstützer beinahe die Gründung der »Bismarck-Partei« – was als Brüskierung des Kaisers betrachtet worden wäre – oder der »Hindenburg-Partei« – was ebenso schlimm gewesen wäre – verkündet. Auf jeden Fall traten die Annexionisten hinter Kapp ein gehöriges Stück aus dem Schatten des Schlosses heraus.

Gleichwohl blieb die Partei zahlenmäßig klein. Obwohl ein von der Vaterlandspartei organisiertes »Komitee freier Arbeiter für einen gerechten Frieden« unter Führung von Anton Drexler 1918 als Grundlage der Deutschen Arbeiterpartei, der direkten Vorgängerin der NSDAP, in Erscheinung trat, kann die Vaterlandspartei nicht als Vorläufer der Nationalsozialisten betrachtet werden: Ihre Mitgliederzahl blieb bescheiden (nicht mehr als 200 000, wahrscheinlich sogar erheblich weniger; die viel höheren Zahlen, die genannt wurden, schließen Körperschaften als Mitglieder ein), und sie blieb ausschließlich auf konservative politische Kreise beschränkt. Da sie über kein reformerisches Sozialprogramm verfügte, fand die Partei bei Arbeitern oder der liberalen städtischen Mittelschicht so gut wie keinen Anklang.[103] Trotzdem lieferte die Partei einen weiteren Hinweis auf die Bereitschaft der Deutschen, sich im öffentlichen Bereich zu organisieren und unabhängig oder gar im Widerspruch zum Staat Themen von öffentlichem Interesse zu diskutieren. Die Partei ist auch ein Beleg dafür, daß der deutsche Chauvinismus von diesen Aktivitäten an der Basis vorangetrieben wurde. In einer vom Krieg geprägten Atmosphäre, in der die Frage nach dem Überleben der Nation zunehmend in den Vordergrund rückte, fanden Gruppierungen wie die Vaterlandspartei dadurch Gehör, daß sie simple rassische Stereotypen über Polen, andere Slawen und besonders die Juden einsetzten. Letztere wurden schließlich der berüchtigten »Judenzählung« unterworfen, mit der die Regierung ermittelte, ob deutsche Juden in genügend großer Zahl dienten (100 000 Juden, etwa 17 Prozent aller deutschen Juden, dienten, und 12 000 fielen).

Die Wirkung des Burgfriedens war paradox. Das Wiedererwachen des Patriotismus, auf dem der Burgfrieden beruhte, war unübersehbar, jedoch die Willfährigkeit, die daraus hervorgehen sollte, erwies sich als unzuverlässig, denn der Patriotismus, den die Deutschen offenbarten, war von ihnen selber geschaffen und entsprach neuen Konzeptionen von Nation und Bürgerrecht, die zu einer öffentlichen Teilnahme eher einluden als davon abschreckten.

Der Steckrübenwinter

Weit mehr als das kindische Kriegsgeschrei der Vaterlandspartei beunruhigte klardenkende deutsche Politiker das Phantom der *Grande Peur*, das 1914 durch Städte und Dörfer zu geistern begann. Lange Schlangen, hohe Preise und schlechte Ernten kündigten die verzweifelte allgemeine Unruhe an, die im Sommer 1789 in nur wenigen Wochen die Fundamente der ordnungsgemäßen Regierung Frankreichs zertrümmert hatte. Ein Blick auf die besorgten Berichte der Berliner Polizei im zweiten Kriegsjahr zeigt die wachsende Beunruhigung:[104]

> »Die Stimmung ist zur Zeit als eine sehr gedrückte zu bezeichnen. Die Teuerung und die unzulängliche Zufuhr der Lebensmittel lastet wie ein Alp auf allen Bevölkerungsschichten.«
>
> »Die Unzufriedenheit unter der Bevölkerung steigert sich in erhöhtem Maße.«
>
> »Die Kriegsereignisse werden infolge der Lebensmittelknappheit mit weniger Interesse verfolgt. Die Stellung der Frauen in bezug auf den Krieg ist ›Frieden um jeden Preis‹.«

In den öden Straßen der Arbeiterviertel in der Hauptstadt schien das Ansehen der Regierung sich rapide zu verschlechtern. Selbst in den Wohngebieten des Mittelstands drohten hohe Preise, Korruption in den Ämtern und eine steigende

Kriminalitätsrate die seit dem August mit den Kriegsanstrengungen einhergegangenen bürgerlichen Tugenden zu zersetzen. Angesichts der Entbehrungen von vier Kriegswintern und der verbitterten, mißtrauischen Stimmung in der Bevölkerung schien es fraglich, ob der Burgfrieden hielt.

Es war der 15. Oktober 1915: Nach Einbruch der Dunkelheit, kurz nach sechs Uhr abends, begannen mehrere hundert Leute Steine in das Schaufenster von Assmanns Milchgeschäft in der Niederbarnimstraße 27 in Berlin zu werfen. Zwei Stunden später gingen in der Filiale der Firma Assmann in der Boxhagener Straße 24b Scheiben zu Bruch. Kurz darauf wurde die Polizei zur Gabriel-Max-Straße gerufen, wo drei weitere Scheiben eingeschlagen worden waren. Diese spärlichen Fakten eröffneten den Tagesbericht der Polizei über die Stimmung der Berliner an diesem Tag und führten ein neues Gefahrenelement an der Heimatfront ein (es war der Tag, an dem die 335. Verlustliste veröffentlicht wurde). Im Winter war es nicht mehr ungewöhnlich, auf dem Bürgersteig sich sammelnde Menschen zu sehen, die sich wütend über die »Geldschneiderei« von konzessionierten Einzelhändlern beklagten, die drohten, die Geschäfte zu plündern, und im Namen des geplagten Volkes ein Eingreifen der Regierung verlangten.[105] Die Regierung reagierte auf diese Proteste mit bemerkenswerter Bereitwilligkeit; fast umgehend erließen die Berliner Militärbehörden Vorschriften für den Butterverkauf.[106]

Leider verminderte die ausgeweitete Rationierung nicht das Problem der hohen Preise. Nicht nur lagen die Rationen unter dem Niveau des Verbrauchs in Friedenszeiten – im Lauf des Jahres 1916/17 erhielten die Deutschen weniger als ein Drittel des Fleisches, ein Siebtel des Fetts, die Hälfte des Mehls und knapp dreiviertel der Menge an Kartoffeln, die sie 1913 verzehrt hatten –, auch schlechte Ernten und Schwarzhändler sorgten dafür, daß selbst diese Hungerrationen die Geschäfte nicht erreichten. Die Ernte von 1915 war verheerend schlecht ausgefallen, und die von 1916 und 1917 erbrachten kaum mehr als die Hälfte des Gesamtertrages von 1913, eine Katastrophe, die den Winter schlimmer als jeden anderen in der bewegten Geschichte Deutschlands im 20. Jahrhundert machte.[107] Morgens wie abends bildeten sich lange Schlangen vor den Läden. Kinder blieben der Schule fern, nur um die Plätze in den dichtgedrängten, mit den Füßen scharrenden, immer länger werdenden Schlangen zu sichern, eine Tätigkeit, die rasch als »Polonaise tanzen« bezeichnet wurde. Wenn die Vorräte ausverkauft waren, mußten Scharen von Käufern unverrichteterdinge zu leeren Küchenschränken, kalten Küchen und weinenden hungrigen Kindern zurückkehren. Zunehmend kompliziertere Abstufungen der Rationierung wurden erdacht, um Facharbeiter, Kleinkinder und Schwangere zu ernähren, und genauere Vorschriften sollten sicherstellen, daß die Läden die Nachbarschaft und keine Hamsterer versorgten. Doch solche Maßnahmen eröffneten bloß weitere Betrugsmöglichkeiten und verwirrten und enttäuschten die Verbraucher.

Keine Phase des Krieges war so schlimm wie der Steckrübenwinter 1916/17. Im ersten Kriegsjahr war die Kartoffel allmählich an die Stelle des Brotes getreten, zuerst als Zusatz zum Kriegsbrot, einfach »K-Brot« genannt, dann als Hauptnahrungsmittel. Nach zwei Jahren jedoch waren selbst Kartoffeln schwer zu bekommen, und übrig blieben nur Steckrüben. Die Steckrübe war eine bittere, unangenehm schmeckende Wurzel, der die Leute leicht überdrüssig wurden und welche die Bauern als Viehfutter aufzubewahren gehofft hatten. Aber Anfang 1917 erschien die Steckrübe als Grundlage für Suppe und Kaffee und tauchte als Hauptgericht, Gemüse und sogar als Steckrübenpudding wieder auf. Ohne Zucker oder Fett war es nahezu unmöglich, ein wohlschmeckendes Gericht zuzubereiten, ungeachtet einer Flut von Steckrübenrezepten und Steckrübenkochbücher (Berlins Nationaler Frauendienst brachte mit den 200 800 Exemplaren von »Steckrüben statt Kartoffeln« seine am weitesten verbreitete Schrift in Umlauf). »Bei uns hier in Hamburg«, schrieb eine Frau an ihren Sohn an der Front, »sieht es traurig aus, schon fünf Wochen keine Kartoffeln, Mehl und Brot knapp ... man geht hungrig zu Bett und steht hungrig wieder auf... Nur die ewigen Rüben, ohne Kartoffeln, ohne Fleisch, alles in Wasser gekocht.«[108] Im Februar 1917 wurden selbst Steckrüben rationiert. Die Entbehrungen des Winters setzten sich im Frühling und Sommer fort. Noch im Juli 1917 konnten Käufer auf dem Viktoria-Markt in Berlin-Lichtenberg nicht eine einzige Kartoffel noch sonst ein Gemüse kaufen; alles war auf dem Schwarzmarkt gelandet.[109]

Als sei die Ernährungslage noch nicht schlimm genug, erwies sich der Winter als der kälteste seit Menschengedenken. Die meisten Deutschen wärmten sich mit ein paar Handvoll rationierter Kohlen pro Tag; nur die Reichen hatten sich im Sommer schon einen Kohlenvorrat anlegen können. In Nürnberg ging 35 000 Haushalten die Kohle aus, bevor der Winter endete. Zum erstenmal seit 100 Jahren schlossen die Schulen und verkündeten »Kälteferien«. Ein gehäuftes Auftreten von ernsten Erkrankungen und hohe Sterblichkeitsziffern aufgrund von Tuberkulose und Lungenentzündung waren das unvermeidliche Ergebnis des Steckrübenwinters. Die Bevölkerung blieb gesundheitlich so anfällig, daß im Jahr 1918 175 000 Männer und Frauen an Grippe starben.

Die Regierung, unfähig, für Lebensmittel zu sorgen, verlor an Ansehen. Das Vertrauen, daß »das Vaterland uns nicht verhungern lassen wird«, wie es 1914 vorgeherrscht hatte, war geschwunden. Die Menschen, die sich vor den Geschäften, den Rationierungsämtern und um die öffentlich angeschlagenen Verlustlisten ansammelten, begannen die Regierung offen zu kritisieren. Als die Polonaisen immer länger wurden, bildete sich ein inoffizieller, unzensierter öffentlicher Raum.[110] Jeden Tag wurden »die da oben«, die Reichen, die Mächtigen, die Profiteure, die Generäle, die Bürokraten, Gegenstand bitterer Bemerkungen in den Brot- und Kartoffelschlangen. »Das stinkt zum Himmel«, war am 6. Februar 1917 vor Theodor Ruess' Lebensmittelladen in der Schillerstraße in München zu hören, »aber wir Frauen können nichts tun, und unsere Männer trauen sich nicht.«[111]

In Wirklichkeit aber veränderten sich die politischen Haltungen auf dramatische Weise. Zivilisten gierten nach Informationen, tauschten beim Schlangestehen Gerüchte aus, strömten auf Bahnhöfen zusammen, um die letzten Bekanntmachungen zu lesen, kauften ein Paar Schritte weiter an einem Kiosk Zeitungen, gingen denselben Weg zurück, um den letzten Güterzug durch die Stadt rollen zu sehen – ein unruhiges öffentliches Verhalten, das erkennen ließ, daß von einem Augenblick auf den anderen alles geschehen konnte. Schließlich überwog eine Atmosphäre der Ungewißheit, des Zweifels, des Unglaubens. Der gesamte Erwartungshorizont verschob sich: Nicht nur traute man der Regierung nicht mehr, auch die wildesten Gerüchte über das Elend an der Front, das üppige Leben der Offiziere und Industriellen sowie über bevorstehende Friedensverhandlungen schienen jetzt glaubwürdig.[112] Wichtiger noch war die Tatsache, daß die Hausfrauen die Dinge selber in die Hand nahmen. Während die Deutschen gegen die Franzosen, die Briten und die Russen kämpften, rackerten die deutschen Frauen sich ab, um das Überleben ihrer Familien sicherzustellen.[113]

Konnten sich die sehr Reichen Ausflüge auf den Schwarzmarkt leisten, wo die meisten Güter zum vielfachen Vorkriegspreis erhältlich waren, lernten Arbeiter- und Mittelstandsfamilien, den Marktplatz links liegenzulassen und direkt zum Erzeuger zu gehen. Mit Beginn des Jahres 1916 schwärmten immer mehr Städter in das Umland aus, um Lebensmittel direkt von den Bauern zu kaufen oder einfach Gemüse und Kartoffeln von den Äckern zu stehlen, und jeden Abend kehrten sie zurück, Taschen oder Rucksäcke gefüllt mit Butter, Eiern, Kartoffeln und manchmal einem Hähnchen oder einer Ente. Die Militärbehörden versuchten, dem Hamstern Einhalt zu gebieten, weil es die Autorität des Staates untergrub, die Nahrungsmittelversorgung unterbrach und die Bauern erst recht dazu ermutigte, einen noch größeren Teil ihrer Erzeugnisse den Einkäufern der Regierung vorzuenthalten. (Nach der Schätzung eines Experten landete am

Ende des Krieges vielleicht ein Siebtel der Gesamtproduktion an Getreide, Mehl und Kartoffeln, ein Drittel der Milch, Butter und Käseprodukte und nahezu die Hälfte der Eier, Fleischwaren und des Obstes auf dem schwarzen Markt.)[114] Doch nachdem die Leute einmal das Vertrauen in das Rationierungssystem verloren hatten, konnte die Regierung wenig tun, und Tausende brachen jeden Tag zu Hamsterfahrten auf.

Die heimlichen Reisen, die früher im Schutz der Dunkelheit und auf abgelegenen Landstraßen unternommen worden waren, ähnelten jetzt Wochenendausflügen, bei denen ganze Familien offen mit der Eisenbahn fuhren. »Auf den Eisenbahnen herrschten zeitweise geradezu anarchische Zustände«, berichtete das 2. Armeekorps im Juli 1917.[115] So unglaublich es erscheinen mag, Eisenbahnbeamte setzten als vorbeugende Sicherheitsmaßnahme gegen Überfüllung sogar Extrazüge für diese am Sonntagabend heimkehrenden Hamsterer ein.[116] Auf Bahnhöfen wurden Polizisten postiert, doch ihre Beschlagnahmungen änderten wenig, so daß jene wütenden Bürger, die das Pech hatten, erwischt worden zu sein, sie nur als vollkommen willkürlich ansahen. Das Hamstern verlor seinen üblen Ruf. Für die schwergeprüfte Zivilbevölkerung waren die Ausflüge Akte der Verzweiflung, aber auch abenteuerliche Streiche gegen uniformierte Beamte und störrische Demonstrationen von Selbstvertrauen.

Hausfrauen fuhren allein aufs Land oder schlossen sich zu gemeinsamen Aktionen zusammen und forderten Lebensmittel, um ihre Familien am Leben zu erhalten. Zu den ersten Hungeraufständen kam es im Oktober 1915 vor der Assmann-Filiale in Lichtenberg nahe Berlin, als wütende Kunden das Milchgeschäft wegen Preistreiberei angriffen. Im Frühjahr 1916 machten es die Auswirkungen der schlechten Ernte von 1915 den Käufern schwer, überhaupt noch bezahlbare Lebensmittel zu finden. Die Polizei berichtete von häßlichen Vorfällen in fast jeder größeren Stadt. Diese Aktionen liefen verblüffend ähnlich ab. In fast allen Fällen waren die Hauptpersonen Arbeiterfrauen, Halbwüchsige und oft genug Soldaten, die auf Heimaturlaub waren; organisierte Interessengruppen oder Gewerkschaften spielten so gut wie keine Rolle. Zu Hungeraufständen kam es immer dann, wenn enttäuschte Bürger aus den langen Schlangen vor Assmann- oder Ruess-Geschäften ausscherten und sich zusammenrotteten, um in Gruppen von Geschäft zu Geschäft zu ziehen, von den Inhabern die Herausgabe der Waren zu fordern oder zu Protestkundgebungen vor das Haus des Bürgermeisters oder das Rathaus zu marschieren. In Leipzig, wo es Mitte Mai 1916 überhaupt keine rationierten Lebensmittel gab, wüteten Arbeiter, schlugen Hunderte von Schaufenstern ein und kippten Dutzende von Oberleitungsbussen um. Zu diesen Aufständen kam es während des ganzen Sommers und Herbstes, zumal immer mehr Deutsche entschlossen waren, sich selber zu helfen, der Polizei gegenüberzutreten, ja sie sogar mit Abfall, Steinen und Flaschen anzugreifen. Was in Berlin als örtliche Vorkommnisse zwischen Verbrauchern und Einzelhändlern begonnen hatte, eskalierte zu einer allgemeinen Konfrontation von Bürgern und Staat. Es dauerte nicht lange, und die Rufe nach »Brot« wurden von Forderungen nach »Frieden« begleitet.

Die Reichsregierung war in ständiger Sorge, die Lebensmittelknappheit könnte in politischen Protest umschlagen. Anfang 1915 registrierte die Polizei in den Arbeitervierteln der Hauptstadt ein wachsendes Verlangen nach Frieden. Karl Liebknecht, der im Dezember 1914 als einziger Abgeordneter die Kriegskredite abgelehnt hatte, beflügelte die kleine Antikriegs-Opposition. Am 18. März 1915 warteten etwa fünfzig Frauen vor dem Nordeingang des Reichstagsgebäudes, um Liebknecht zuzuwinken und zu grüßen; ein paar Wochen später war die Zahl auf mehr als tausend angewachsen.[117] Ein Jahr später, Ende Juni 1916 (gerade als die 586. Verlustliste veröffentlicht wurde), rief die Verurteilung Liebknechts wegen Hochverrats »große und kleine Demonstrationen in verschiedenen Stadtvierteln« hervor.[118] Die Opposition gegen den Krieg stellte bei den Berliner Arbeitern zweifellos eine starke Unterströmung dar.

Da die Hungeraufstände 1916 und 1917 mit dem Entschluß von Kriegsgegnern zusammenfielen, mit der SPD zu brechen und die Unabhängige Sozialdemokratische Partei zu gründen, verbindet man gemeinhin die beiden Entwicklungen. Es steht außer Zweifel, daß die Entbehrungen an der Heimatfront zur Kriegsmüdigkeit beitrugen. Im dritten Kriegsjahr waren Militärs, Bürgermeister und sogar Sozialdemokraten verblüfft über den Verfall der Staatsmacht. Angesichts von Hamsterfahrten und gewalttätigen Unruhen auf Marktplätzen schien jedermann davon überzeugt, politisch völlig rechtmäßig zu handeln. »Jetzt meinte man die Gendarmen, wenn man vom Feind sprach« – auf den letzten Seiten seines Romans über die Heimatfront faßte Ernst Glaeser die klassische vorrevolutionäre Situation zusammen, in der die Regierung sich dem Volk entfremdet hat.[119]

Ungeachtet aller Entbehrungen brachen jedoch überraschend wenige Deutsche wirklich den Burgfrieden. Die Anziehungskraft der Unabhängigen Sozialdemokratischen Partei zum Beispiel und das Ausmaß öffentlicher Unruhen waren ziemlich begrenzt. Von bedeutenden Hochburgen in Mitteldeutschland abgesehen, erfreute sich die Unabhängige Sozialdemokratische Partei erst nach dem Ausbruch der Novemberrevolution 1918 breiter Unterstützung. Die meisten Sozialdemokraten in Berlin und sicherlich die große Mehrheit außerhalb Berlins unterstützten grollend weiterhin den Krieg und hielten jedenfalls an der offiziellen sozialdemokratischen Linie fest, daß die deutschen Soldaten Verteidiger und keine Angreifer seien. Selbst der bedeutsame Streik im Januar 1918, bei dem Hunderttausende von Munitionsarbeitern die Arbeit niederlegten und für den Frieden demonstrierten, blieb weitgehend auf die Hauptstadt beschränkt und ragt als eine bemerkenswerte Konfrontation ohne einschneidendes Nachspiel heraus. Außerdem war der Winter 1917/18 nicht annähernd so schwierig wie der vorige, die Rationen waren größer, es gab Kartoffeln und Brot zu kaufen, und in den Suppenküchen wurden weniger Mahlzeiten ausgegeben. Auch besserte sich die allgemeine Stimmung angesichts der deutschen Frühjahrsoffensive im März 1918. Am aufschlußreichsten ist, daß die Einschreibungszahlen für die siebte und achte Kriegsanleihe im Herbst 1917 und im Frühjahr 1918 hoch blieben. Es ist erstaunlich, wie lange das deutsche Volk die Entbehrungen des Krieges hinnahm.

Weitaus folgenreicher für die künftige Richtung Deutschlands waren weniger die Vaterlandspartei oder die Unabhängigen Sozialdemokraten als die allgemeine Durchhaltestimmung, der Entschluß, durch Selbstvertrauen und energisches Engerschnallen des Gürtels den Krieg zu überstehen. Dieser Wille zum »Durchhalten« glich in keiner Weise der optimistischen Stimmung im August 1914, als der Kaiser noch verhieß, zu Weihnachten siegreiche Soldaten heimzubringen. Diese Stimmung war härter, skeptischer und sprunghafter. Arthur Holitscher schrieb von »dumpfen Monaten zwischen wacher Ohnmacht und Träumen«: »Szenen von Luftkämpfen, Träume von wilden Kriegshandlungen wirbelten aus dem Alltag empor, tönten den Tag mit Unwahrscheinlichkeit, wie der Tag die Träume mit dem Alb der Heeresleitungsberichte durchsetzte und verdarb. Das Positive schlug auf den Magen. Mangel an Kalorien. Ein neues Element war ins Leben geraten, das ›Durchhalten‹.«[120]

Der Geist des Durchhaltens bewirkte, daß sich die Anstrengungen des deutschen Volkes verstärkten: die Standhaftigkeit gewöhnlicher Soldaten, die Entschlossenheit der Freiwilligen an der Heimatfront und die spartanischen Tugenden von Führern wie Hindenburg. Dies war eine erkennbar neue Auffassung des Burgfriedens, obwohl sie weder die annexionistischen Kriegsziele der Regierung guthieß noch die Person des Kaisers feierte. Der Steckrübenwinter hatte zur Folge, daß die deutsche Politik eine deutlich erkennbare populistische Tendenz annahm.

Es ist bemerkenswert, daß die Kartoffel- und Brotschlangen, die inzwischen mehr und mehr das äußere Bild deutscher Städte prägten, ein Gefühl nationaler Einigkeit förderten. Verhärmte Arbeiterfrauen riefen, wenn sie Schlange standen oder sich zum Protest versammelten, allgemeines Mitleid hervor. In ihrer Eigenschaft als Verbraucher verkörperten sie nicht nur die größere Opferbereitschaft der Zivilbevölkerung und überbrückten dadurch die soziale Kluft zwischen Arbeiterklasse und Mittelstand, sondern sie sanktionierten auch die Umwandlung Deutschlands in einen Staat mit mehr sozialer Verantwortung, der die Auswirkungen der freien Marktwirtschaft mildern mußte, um die Gesundheit aller Deutschen zu erhalten. Obgleich es dem Kaiserreich letzten Endes nicht gelang, die Kontrollfunktion wahrzunehmen, welche die Öffentlichkeit eigens für es geschaffen hatte, und es inmitten allgemeiner Schuldzuweisungen zusammenbrach, waren sowohl die umfangreichen sozialen Aktivitäten während der folgenden Weimarer Republik als auch die beharrliche Betonung des Volkes (wenngleich rassisch definiert) fünfzehn Jahre später im Dritten Reich Vermächtnisse der politischen Wiederherstellung der Heimatfront, bei welcher der Staat »dem Volk« etwas schuldig blieb.[121]

Die Lektion des Durchhaltens war, daß die Deutschen sich selber helfen und organisieren mußten. Es war nicht immer eine erbauliche Lektion. Angesichts der Unfähigkeit der Regierung, die öffentliche Versorgung sicherzustellen, blieb das Wohlfahrtssystem provisorisch, und private Interessenverbände mußten das Versagen wettmachen. Folglich kam auf jede Freiwillige des Frauendienstes ein Wochenendhamsterer, auf jede Suppenküche ein schwarzer Markt. Wenn der Krieg die organisatorischen Fähigkeiten der Deutschen weiterentwickelte, so geschah das zum Teil durch die Bildung sozialer Gruppen, denen deutlich bewußt war, was ihnen fehlte und was andere bekamen. Der Steckrübenwinter und das Hilfsdienstgesetz vertieften soziale und wirtschaftliche Ressentiments.

Es waren in erster Linie die Hungerrationen, die Arbeiterfamilien zwangen, sich zu organisieren. Die Hungeraufstände von 1916/17 waren bloß die dramatischsten Episoden eines

Prozesses der Mobilisierung, der die Arbeiter, bislang politische Parias, in eine mächtige Wählerschaft verwandelte. Angesichts aller energischen Aktivitäten der Unabhängigen gegen den Krieg wird oft vergessen, daß die Sozialdemokratische Partei und insbesondere die freien Gewerkschaften aus dem Krieg stärker hervorgingen, als sie es bei Kriegsbeginn gewesen waren. Die Sozialdemokraten kämpften hartnäckig für eine geregelte Verteilung der Lebensmittel, für besondere Lebensmittelzuteilungen an Mütter und Kleinkinder und für die Rechte der Mieter. Obgleich der Ruf der Partei bei eingefleischten Sozialisten wegen ihrer keineswegs eindeutigen Verstrickung in die Kriegsanstrengungen getrübt war, gewann die Partei beträchtliches Ansehen, weil sie die Interessen der Verbraucher verfocht. In den letzten Kriegsmonaten machte die sozialistische Presse den Verlust an Lesern, den sie 1914 erlitten hatte, mehr als wett. Auch die Zahl der Parteieintritte stieg. Im Gegensatz dazu hatte die Konzentration der Unabhängigen Sozialdemokraten auf den Krieg zur Folge, daß die Radikalen keine Sozialpolitik entwickelten und folglich kaum über eine soziale Basis verfügten, wenn sich das auch nach der Revolution ändern sollte.[122]

Gleichzeitig verhalf das Hilfsdienstgesetz den Gewerkschaften zu einem indirekten, aber gewichtigen Mitspracherecht in den Fabrikkomitees. Die Folge war, daß die Mitgliederzahl nach 1916 in die Höhe schnellte, Daß die freien Gewerkschaften sich an politischen Streiks gegen die Regierung nicht beteiligten, fiel angesichts der Vorteile, welche die Organisation bot, kaum ins Gewicht. Der Krieg hatte die Sozialdemokratische Partei und die freien Gewerkschaften zu wirksamen und mächtigen Interessengruppen der Arbeiter gemacht.

Gleichwohl kam das Hilfsdienstgesetz nur solchen Arbeitern zugute, die sich gutbezahlte Stellungen in den Munitionsfabriken gesichert hatten. Eine beträchtliche Minderheit von Arbeitern – etwa ein Drittel, zumeist in kleineren Handwerksbetrieben Beschäftigte – und besonders die Familien, deren Ernährer an der Front standen, kamen nicht in den Genuß der hohen Löhne, die 1917 und 1918 wieder gestiegen und in einigen Fällen das Niveau von 1913 übertroffen hatten. »Plötzlich gab es innerhalb der Arbeiterklasse Reich und Arm«, schreibt Klaus-Dieter Schwarz in seiner Arbeit über Nürnberg im Weltkrieg, und sie lebten oft Tür an Tür: eine Familie, wo der Vater und der älteste Sohn in der Kriegsindustrie gutes Geld verdienten, und eine junge Ehefrau, die arbeitslos war, weil sie vier Kinder zu versorgen hatte und unter elenden Umständen von der Hand in den Mund leben mußte. Für die Munitionsarbeiter war der Krieg die Gelegenheit, soziale Anerkennung und politische Macht zu erringen. Erst im letzten Kriegsjahr, als die Bemühungen, in Preußen eine Wahlrechtsreform durchzusetzen, ins Stocken gerieten und das Reich Sowjetrußland einen eklatant annexionistischen Frieden aufzwang, fiel es diesen Arbeitern zunehmend schwerer, sich eine glückliche Friedenszeit und den Übergang zur Monarchie eines liberalen Volkes vorzustellen. Auf der anderen Seite hatte der Krieg nur Schmerz und Entbehrung gebracht. Durch die chaotische Lebensmittelversorgung und die Ungleichheiten des Rationisierungssystems waren die Armen noch machtloser als zuvor und um so eher geneigt, mit der Unabhängigen Sozialdemokratischen Partei zu sympathisieren.[123]

Das Hilfsdienstgesetz beseitigte auch viele wirtschaftliche Unterschiede zwischen Arbeitern und Bürgern. Die Einkommen von Büroangestellten und Beamten im öffentlichen Dienst büßten infolge der Inflation während des Krieges nahezu die Hälfte ihrer Kaufkraft ein, während Munitionsarbeiter die ihren verbesserten. Da die Höhe des Einkommens kein Maßstab mehr für Statusunterschiede war, erwuchsen Ängste, die Gesellschaft könnte ohne Unterschied nivelliert und der redliche Mittelstand proletarisiert werden. Während sich der Mittelstand über die Privilegien der Reichen und Mächtigen bitter beklagte, besonders über die Ungerechtigkeiten des Steuersystems der Regierung, hegte er zugleich Groll gegen die organisierte Arbeiterschaft. In seinen Augen waren Arbeiterbewegung und Großindustrie gleichermaßen unheilvolle Bedrohungen seiner wirtschaftlichen Sicherheit. Infolgedessen begannen Wählerkreise der Mittelschicht Interessengruppen zu organisieren, um eine wirksamere politische Vertretung zu erreichen. Am Ende des Krieges hatten Gruppierungen von Büro- und Behördenangestellten, deren Gründung das Hilfsdienstgesetz erlaubte, ihren traditionellen Widerstand gegen gewerkschaftliche Organisierung und Streiks größtenteils aufgegeben. Beamte im öffentlichen Dienst, Landwirte und der »alte« Mittelstand von Ladenbesitzern und Handwerkern waren nicht so leicht zu organisieren, doch im letzten Kriegsjahr hatten durchsetzungsfähige Sprecher von Interessengruppen begonnen, lautstark die Tugenden des Selbstbewußtseins zu preisen.[124] Auch Kriegerwitwen und verkrüppelte Veteranen verschafften sich Gehör.

Infolge der Strapazen des Krieges schien die deutsche Gesellschaft langsam in militante Gruppierungen zu zerfallen; die Opferbereitschaft des Burgfriedens schien einem eigennützigen Durchhalten um jeden Preis zu weichen. Beispiellose Korruption in der Bürokratie, Akte mutwilliger Zerstörung und Eigentumsdelikte heizten die verbitterte, aggressive Stimmung in der Bevölkerung auf. Eine Generation von Sozialhistorikern hat beschrieben, wie ökonomische Mängel, die Neuverteilung der Hilfsquellen, stärkerer Dirigismus der Regierung und neue partnerschaftliche Beziehungen zwischen Industrie und Gewerkschaft die sozialen und ökonomischen Unterschiede vertieften und das Kaiserreich deutlich als brüchige Klassengesellschaft enthüllten. Die Staatsbürger sahen sich zunehmend als Mitglieder spezieller wirtschaftlicher Wählergruppen und traten mit scharf abgegrenzten Interessengruppen an den Staat heran. Diese diffuse, nach links tendierende Unzufriedenheit hilft bei der Erklärung des plötzlichen Zusammenbruchs des Kaiserreichs in der Novemberrevolution von 1918. Das am besten organisierte Element, die Arbeiterklasse, wurde in der Durchsetzung ihrer Interessen zunehmend kämpferischer, während der schwächer organisierte Mittelstand sich gegen eine unfähige und geschwächte Bürokratie wandte. Erst als klar war, daß die Deutschen den Krieg nicht gewinnen konnten, zerfiel die Autorität des Staates, und den Sozialdemokraten blieb es überlassen, die Scherben aufzulesen.[125]

Dennoch sollte gesteigertes Eigeninteresse nicht mit völliger Auflösung verwechselt werden. Es ist keineswegs klar, daß die bürgerliche Gesellschaft am Vorabend der Revolution aus den Fugen geraten war. Erstens leitete sich die Mobilisierung sozialer und ökonomischer Gruppen in vieler Hinsicht davon ab, daß der Burgfrieden die kollektiven Fähigkeiten des deutschen Volkes so stark betonte. Der August 1914 hatte die Beziehung zwischen Gesellschaft und Staat gründlich verändert und im Volk Hoffnungen auf politisches Mitspracherecht geweckt, die organisierte Interessengruppen zu verwirklichen suchten. Mit anderen Worten: Obwohl der Steckrübenwinter die wirtschaftlichen Risiken verstärkte, hatte der Burgfrieden den unbeabsichtigten Effekt, daß er öffentliche Forderungen nach Anerkennung legitimierte.

Die Deutschen beschworen weiterhin die Idee der Solidarität von 1914 und die griffige Formel vom öffentlichen Interesse. Bestimmte Gruppen brachten ihre wirtschaftlichen und politischen Forderungen zum Ausdruck und beurteilten die Handlungen des Staates unter dem Gesichtspunkt der im Krieg mit der Volksgemeinschaft verbundenen kollektiven Rechte. Viele Deutsche berichteten von ihrer Desillusionierung am Ende eines Krieges, der zunehmend als »gutes Geschäft« für wenige und als ein ziemlich »böser Schwindel« für die Mehrheit betrachtet wurde – man braucht bloß einen Blick auf bissige Briefe vom Schlachtfeld und wütende Proklamationen an der Heimatfront zu werfen. »Ich wurde am dritten Tag der Mobilmachung eingezogen, voller Ideale, in Treue zum Handlungsgehilfenverband«, schrieb ein Büroangestellter im Mai 1917, »aber was ich von seiten unserer Offiziere erlebte, hat meinen Idealismus längst abgetötet.«[126] Manche Politiker waren sicher, »den Schock ihres Lebens zu erleben«.[127]

Doch dieses Gefühl, betrogen worden zu sein, wirkte sich nicht als Negierung, sondern als neuerliche Bestätigung der Notwendigkeit aus, auf einer weniger bevormundenden Politik zu bestehen, die sich an den Interessen aller Deutschen orientierte. Das Argument, die Entbehrungen des Krieges hätten den »Burgfrieden« aufgehoben, ist eine Vereinfachung, weil es sich auf die Ressentiments von Bürgern und Soldaten konzentriert und die zunehmend republikanischen Formen übersieht, in denen diese Ressentiments vertreten wurden. In Wirklichkeit steigerte die Revolution, als sie 1918 tatsächlich erfolgte, das öffentliche Interesse an der Volksgemeinschaft. Die langen Schlangen vor Assmanns Molkereigeschäft hatten eine ähnliche Wirkung. Und obgleich die sozialistische Linke und die nationalistische Rechte sehr unterschiedliche Vorstellungen von der deutschen Zukunft hatten, entwarfen sie ihre Politik mit dem Blick nach vorn. Beide gingen von den Erfahrungen des Krieges aus, um neue staatliche Pflichten und neue weitergefaßte Kategorien der Staatsbürgerschaft zu entwickeln.

Außerdem überlagerten unmittelbar wirtschaftliche Interessen keineswegs andere Bedürfnisse der Bürger, nicht einmal in dem harten Kampf um Lebensmittel, Kohlen und in der Auseinandersetzung mit einer wenig entgegenkommenden kaiserlichen Bürokratie. Trotz der Flut von Publikationen, die Sonderinteressen dienten, und zorniger Absichtserklärungen ist es wichtig, daran zu erinnern, daß die Interessengruppen nicht als unbestrittene Gewährsleute sprachen. Gewöhnliche Wähler teilten niemals das zielgerichtete Interesse der Funktionäre am Arbeitsmarkt, an der Inflation und den Verordnungen der Regierung. Im Alltag blieb der Burgfrieden, in dem die Deutschen einander eher als Bürger denn als Parteigänger sahen, eine mächtige Erinnerung. Die Deutschen hatten sich selbst als kompaktes, nationales Element entdeckt, das unabhängig von der Monarchie existierte und sich auf die Leistungen gewöhnlicher Bürger und Soldaten gründete. Wenn man an die Umwälzung des Krieges denkt, genügt es nicht, die schmerzhaften Verluste an der Front oder die schweren Entbehrungen daheim aufzulisten;[128] der Krieg brachte auch verlockende Vorstellungen von nationaler Solidarität hervor, welche die Politik der Nachkriegszeit weitgehend bestimmen sollten.

Alles in allem löste das im Sommer 1914 und im Winter 1916/17 sich abspielende wechselseitige Zusammenwirken von nationalistischen Menschenansammlungen, Interessengruppen und langen Schlangen vor Lebensmittelgeschäften eine »demokratische Flut« aus, welche die letzten vier Jahre des Kaiserreichs in den Augen der Konservativen zur »ungeheuerlichsten aller Revolutionen, die jemals den Erdball erschütterten«, machte und die für die Weimarer Republik und das Dritte Reich erforderliche Grundlage schuf.[129] Der Krieg hatte die buntscheckigen Gruppen, die in der Nacht zum 25. Juli 1914 am Bismarckdenkmal patriotische Lieder sangen, in eine zunehmend streitbare Öffentlichkeit verwandelt, die ihr nationales und wirtschaftliches Schicksal aus eigener Kraft zu bestimmen begann, stärker auf ihre Fähigkeit zur Selbsthilfe vertraute und von den politischen Institutionen des Kaiserreichs jedenfalls weniger denn je beeindruckt schien. Für die politische Zukunft Deutschlands war jetzt das Volk zum Maß aller Dinge geworden, die große Außenseiterrepublik der Soldaten, Arbeiter und Verbraucher.

November 1918

Krügers

Soldaten, Arbeiter und Bürger am Tag der Revolution, dem 9. November 1918, auf dem Potsdamer Platz in Berlin

»Steh auf, Arthur, heute ist Revolution!« Mit dieser ungewöhnlichen Ankündigung rüttelte Cläre Casper-Derfert Arthur Schöttler wach und reichte ihm einen Stapel Flugblätter zum Verteilen, als die Frühschicht zur Arbeit in der Munitionsfabrik in der Kaiserin-Augusta-Allee eintraf. Ein paar Stunden später, um neun Uhr, strömten Arbeiter aus der Fabrik, und mit ihnen marschierten Cläre und Arthur zum Reichstag.[1] Ein paar Kilometer entfernt brach die gesamte Belegschaft der Allgemeinen Elektrizitätsgesellschaft in der Brunnenstraße auf, schloß sich mit Kameraden der Firma Berliner Maschinenbau in der Scheringstraße zusammen und zog von Norden her zur Stadtmitte. Bei den Daimlerwerken in Marienfelde, bei Borsig, bei Siemens & Halske, in der Argus-Motorenfabrik in Reinickendorf und in Dutzenden anderer Fabriken legte man die Arbeit nieder. Kurz bevor die Nachmittagsausgabe in Druck ging, erfuhr das *Berliner Tageblatt*, daß sich Angestellte der Akkumulatorenfabrik in Oberschöneweide, bei Mix & Genest und Kraussler & Co. dem Generalstreik angeschlossen hätten. Kolonnen von Arbeitern marschierten zur Stadtmitte, die zum erstenmal nicht von der kaiserlichen Polizei abgeriegelt wurde. Am Samstag morgen kam der Verkehr völlig zum Erliegen; wo Straßenbahnen sich immer noch durch die proletarischen Massen bewegen konnten, brachten Demonstranten, welche die elektrischen Leitungen durchschnitten, sie rasch zum Stehen.

Am gleichen Morgen gewann der Führer der Berliner Sozialdemokraten, Otto Wels, Heeresbataillone für sich, die in der ganzen Stadt stationiert waren. Vor der Alexanderkaserne in der Prinz-Friedrich-Karl-Straße kletterte er auf einen alten

Lastwagen, um seinen Aufruf vorzutragen. Daß kein Offizier des Schützenbataillons Naumburg einschritt, um den Sozialisten festzunehmen, ist bemerkenswert, denn die Kaserne galt als besonders kaisertreu. Sie war Schauplatz einer der berüchtigtsten Reden des Kaisers gewesen, der dort 1901 vor den Soldaten sagte, sie müßten bereit sein, die eigenen Familien niederzuschießen, wenn es gelte, die Autorität des Kaisers zu verteidigen. Es war eine dramatische Wendung der Dinge. Tausende von Menschenleben, argumentierte Wels am Morgen des 9. November, stünden auf dem Spiel. Nur die Abdankung des Kaisers könne der völligen Vernichtung der Nation Einhalt gebieten. Es sei Zeit, Frieden zu schließen, drängte Wels die Soldaten; Treue gegen die Hohenzollern müsse der Treue zu Deutschland Platz machen. Der einzig vernünftige Schritt sei, sich unter dem Banner der Sozialdemokratischen Partei zu sammeln, um einen Bürgerkrieg zu vermeiden und einen freien »Volksstaat« zu gründen. Wels' auf Ausgleich bedachte Äußerungen überzeugten die Soldaten, die sich in die Straßen ergossen und den nachmittäglichen Demonstrationen einen festlichen Anstrich gaben. Soldaten und Arbeiter verbrüderten sich Unter den Linden, tauschten rote Armbinden aus und hielten Plakate in die Höhe mit der Aufschrift »Brüder, nicht schießen!«.[2]

Aus der Kaiserin-Augusta-Allee, der Brunnenstraße, der Scheringstraße strömten die Demonstranten in der Stadtmitte zusammen. Kolonnen von Fabrikarbeitern faßten Tritt mit Trupps von Soldaten und kleineren Gruppen revolutionärer Matrosen, die mit der Eisenbahn aus den Kriegshäfen Kiel und Wilhelmshaven gekommen waren. Beobachter betonten die zahlreichen Frauen, die an der Seite der Männer in der Kriegsindustrie arbeiteten, und von vielen Kindern, die wegen der Grippeepidemie schulfrei hatten; die Kälteferien waren den Grippeferien gewichen. Selbstgemachte rote Fahnen kontrastierten mit dem tristen Braun und Blau der Marschierenden.

Um zehn Uhr morgens, so erinnerte sich der deutsche Reichskanzler Prinz Max von Baden, erreichte uns »die

Nachricht, daß ein Zug von Tausenden von Arbeitern« zum Reichstag marschiere. Berlins Innenstadt wurde belagert.

Nie zuvor hatten die Sozialisten im Regierungsviertel demonstriert, vor dem Schloß, Unter den Linden entlang, über den Potsdamer Platz. 1890, während der verzweifelten Hungerdemonstrationen der Stadt, 1910, während der riesigen Wahlrechtsproteste, und erneut 1914, am Vorabend des Krieges, war es Jagows Polizei oder den kaiserlichen Regimentern immer gelungen, die sozialdemokratischen Marschierer abzudrängen, bevor sie in Sichtweite des Schlosses kamen. Doch an diesem ungewöhnlichen Novembertag 1918 schmolz die militärische Macht einfach dahin. Gruppen von Arbeitern, Soldaten und andere junge Leute hielten sich, wie 1914 die Volksmenge, vor dem Schloß auf. Und zwischen dem Schloßplatz und dem Königsplatz, auf der Route der farbenfrohen Umzüge, die sich am Vorabend des Kriegs vor mehr als vier Jahren zum Bismarckdenkmal bewegt hatten, flitzten die von den Revolutionären beschlagnahmten Militärlastwagen, Autos und Motorräder hin und her. Die meisten Demonstranten versammelten sich jedoch vor dem Reichstag, in dem sich die Büros der sozialdemokratischen Reichstagsfraktion und ihres Führers Friedrich Ebert befanden.

Der belagerte Kanzler begriff sofort, daß die Revolution des Volkes gesiegt hatte. Um Blutvergießen zu vermeiden, ließ Prinz Max von Baden seine ursprüngliche Absicht fallen, die vom Kaiser versprochene Abdankung sicherzustellen und mit der geordneten Übergabe der Macht an Friedrich Ebert und die Sozialdemokraten seine Amtstätigkeit zu beenden. Statt dessen setzte der Kanzler kurz vor Mittag einfach die Nachrichtenagentur Wolff von der Absicht des Kaisers abzudanken in Kenntnis und schuf dadurch vollendete Tatsachen, die eine Flut von Extrablättern hervorrief, welche die Nachricht weltweit verbreiteten. Kurze Zeit später übergab er die Regierungsämter an Ebert. So dramatisch die in letzter Minute zwischen dem Reichskanzleramt und dem kaiserlichen Stab in Spa geführten Telefongespräche und die ungesäumte Übergabe der Macht an Deutschlands führenden Sozialisten auch waren, so lieferten sie dem Aufstand in den Straßen doch nicht die großartige Geste des Triumphes, die er brauchte. So erklärte der Sozialdemokrat Philipp Scheidemann, den man aus den Erfrischungsräumen des Reichstages geholt und auf einen Balkon in der zweiten Etage gedrängt hatte, um zu den auf dem Königsplatz versammelten Massen zu sprechen, wohlüberlegt das alte Regime für tot und begrüßte die neue deutsche Republik: »Das deutsche Volk hat auf der ganzen Linie gesiegt.«[3] Wenn Ebert über diese einseitige, ohne die Zustimmung einer demokratisch gewählten Nationalversammlung abgegebene Erklärung auch erbost war, so hatte Scheidemann doch einfach auf die Menge geschaut und die Ereignisse als das eingeschätzt, was sie waren.

Der Berliner Schriftsteller Harry Graf Kessler, ein echter Kosmopolit, der diese Jahre deutscher Geschichte mit unvoreingenommenem Blick ein wenig bekümmert verfolgte, wertete den 9. November als einen »der denkwürdigsten, furchtbarsten Tage der deutschen Geschichte«. In nur wenigen Stunden war die alte Ordnung zerfallen. In dem, was sich im Reichstag zutrug, erblickte Kessler eine Wiederholung der russischen Revolution, »ein Film aus der russischen Revolution, Taurisches Palais« (ursprünglich von Katharina der Großen für ihren Liebhaber Potemkin erbaut, aber 1917 Sitz der provisorischen Regierung). »Gruppen von Soldaten und Matrosen liegen und stehen auf dem mächtigen roten Teppich … hier und da schläft einer auf einer Bank lang hingestreckt.« »Überall Zigarettenstummel, fortgeworfene Papierstücke, Staub, Straßendreck auf den Teppichen«, bemerkte er bei einem erneuten Besuch in diesem Haus des Volkes.[4]

In den vom Kaiser verlassenen Prunkgemächern des Schlosses herrschte ein ähnliches Durcheinander, hausten Einheiten revolutionärer Garden. Vom Nordbalkon des Schlosses verkündete Karl Liebknecht seinen Anhängern »eine freie sozialistische Republik«, doch die meisten Revolutionäre standen weiter loyal zu Scheidemann und den

Sozialdemokraten. (Die Verbrüderungsparole der Sozialdemokratie – »Kein Bruderkampf!« – die am nächsten Tag die Schlagzeile des *Vorwärts* bildete, richtete sich nicht nur an die kaiserlichen Garden der Stadt, sondern auch an die große Mehrheit der Fabrikarbeiter. Im Gegensatz dazu fand der zornige Aufruf von Liebknechts Spartakus-Zeitung *Rote Fahne*, die sogenannten Regierungssozialisten, Patrioten des 4. August wie Wels, Scheidemann und Ebert, von der Macht zu verjagen, kaum ein Echo.)

Unerhört war auch, was sich im mächtigen Ziegelbau am Alexanderplatz, dem Hauptquartier der Polizei, abspielte. Radikale Unabhängige Sozialisten stürmten das Gebäude nachmittags um halb zwei, entwaffneten die Beamten und ernannten einen der Ihren, Emil Eichhorn, zum Polizeipräsidenten. Berlin sei vollkommen in den Händen revolutionärer Arbeiter und Soldaten, faßte das *Berliner Tageblatt* am nächsten Tag zusammen: »Gestern morgen … war alles noch da« – der Kaiser, der Reichskanzler, der Polizeipräsident –, »gestern nachmittag existierte nichts mehr von alledem.«[5] Die Revolution schuf die erste deutsche Republik, obgleich die neue Demokratie stets durch die Tatsache kompromittiert blieb, daß ihre führenden Staatsmänner ungeachtet des öffentlichen Widerstandes ohne Verzug die Bedingungen der Alliierten akzeptierten und später den Versailler Vertrag unterzeichneten. Dennoch entschieden von nun an Wahlen und parlamentarische Koalitionen, Lobbyismus und politische Propaganda über das Schicksal Deutschlands.

Die Novemberrevolution war sicherlich eine der friedlichsten in der Geschichte. Der Sturz der Monarchie hatte nur fünfzehn Menschenleben gefordert. Das allein wäre ein Grund zum Feiern gewesen, und bürgerliche Beobachter rechneten diese Tatsache der Revolution hoch an.[6] Bei den Paraden gab es wenig Jubel, nur hin und wieder sorgte die rote Fahne für einen Farbfleck. Der sinnlose Krieg hatte zu viele Leben gekostet, und an der Heimatfront hatte man zu viele Entbehrungen erlitten, um in anderer als nüchterner Stimmung zu sein. Unter den Linden fanden keine lebhaften Umzüge statt, und am Bismarckdenkmal wurden nicht wie im Juli 1914 Lieder gesungen. Hatten damals Patrioten gehofft, ihre Stimmen zu erheben und sich freiwillig für die nationale Sache zur Verfügung zu stellen, so waren die Revolutionäre von 1918 damit beschäftigt, illegitime Macht zu beseitigen. 1914 versammelten sich Bürger auf dem Schloßplatz, um Beifall zu spenden, 1918 taten sie es aus Trotz. Und doch unterstrichen beide Versammlungen den volkstümlichen Charakter moderner Politik. Sie machten deutlich, in welchem Ausmaß spontane Volksabstimmungen auf der Straße Institutionen des 20. Jahrhunderts Autorität verliehen. Die Novemberrevolution offenbarte unstreitig eine umfassendere Mobilisierung des Volkes als die Augusttage. Die Demonstrationen waren nicht auf die Großstädte beschränkt; sie waren von Ereignissen in Provinzstädten, in Kiel und in Wilhelmshaven, entfacht worden.

Obgleich die Sozialdemokraten bereits Anfang Oktober einer Mitte-Links-Regierung unter der Kanzlerschaft von Prinz Max von Baden beigetreten waren, steckten politische Reformen in einer Sackgasse, blieben die Friedensbedingungen unsicher und schienen die Arbeiter mehr und mehr den radikalen Unabhängigen zuzuneigen, die eine kompromißlose Revolution erstrebten. Das waren gefährliche Umstände, unter denen jeder lokale Vorfall sich national auszuwirken drohte. In den ersten Novembertagen meuterten Matrosen in Kiel (sie weigerten sich, dem Befehl der Admiralität zu folgen, zum letzten Gefecht gegen die britische Flotte auszulaufen) und übernahmen zusammen mit Arbeitern und Reservisten eine Reihe von Hafenstädten an Nord- und Ostsee: Wilhelmshaven, Bremen, Cuxhaven, Hamburg, Lübeck. Umgehend bestätigten die örtlichen Sozialisten, daß der lang erwartete Augenblick gekommen sei: »die Revolution marschiert! Was in Kiel geschah, wird sich in ganz Deutschland ausbreiten!«[7]

Zur selben Zeit trafen Revolutionäre in Berlin Vorbereitungen für einen Generalstreik, der am 11. November beginnen sollte, obgleich es unklar war, wieviel Einfluß die Unabhängigen hatten oder ob genug Arbeiter auf die Straße gehen würden. Die Aufgabe, der sich die reguläre Sozialdemokratische Partei gegenübersah, »als Regierungspartei sich dem öffentlichen Druck zu widersetzen, als Volkspartei ihn anzuführen«, wie es ein Historiker präzise formulierte,[8] war in der Tat schwierig. Um eine gewisse Kontrolle über die Ereignisse wiederzugewinnen, stellte die Partei am 6. November ein Ultimatum, das ihr weiteres Verbleiben im Kabinett an folgende Bedingungen knüpfte: Abdankung des Kaisers, sofortige parlamentarische Reform in Preußen und Aufhebung des Kriegsrechts. Zwei Tage später jedoch überrollten Entwicklungen außerhalb der Hauptstadt die Verhandlungen total. Die Revolution kam mit dem Zug von Kiel nach Lübeck, Hamburg und Bremen. Scharen meuternder Matrosen folgten den Fahrplänen der kaiserlichen Eisenbahn, bestiegen Züge, um Offiziere aufzuspüren und zu entwaffnen, und fuhren weiter nach Köln, Braunschweig, Hannover und Frankfurt.[9] Für Prinz Max von Baden waren die Nachrichten vom 8. November schlecht. Abtrünnige Sozialisten hatten Bayern und Braunschweig zu Republiken erklärt und lokale Arbeiter- und Soldatenräte in ganz Westdeutschland Rathäuser besetzt.[10]

> 9 Uhr vormittags: Magdeburg schwere Unruhen. 1 Uhr mittags: Im Bereich des stellvertretenden Generalkommandos des VII. Armeekorps drohen Unruhen auszubrechen. 5 Uhr nachmittags: Halle und Leipzig rot. Abend: Düsseldorf, Haltern, Osnabrück, Lüneburg rot; Magdeburg, Stuttgart, Oldenburg, Braunschweig, Köln rot. 19 Uhr 10 abends: stellvertretendes Generalkommando in Frankfurt a. M. abgesetzt.

Die Beseitigung der militärischen Kommandostellen in Köln hatte besondere Bedeutung, weil die Stadt als Brückenkopf zu den Heeren an der Westfront fungierte. Diese erstaunlichen Entwicklungen waren den Arbeitern in Berlin zumindest teilweise bekannt: Delegierte der Fabriken berichteten führenden Sozialdemokraten spät in der Nacht des 8. November, daß die Basis der Partei darauf dränge, auf die Straße zu gehen, und nur auf das Zeichen der Partei warte. »Jetzt ist es Zeit, die Führung zu übernehmen«, stimmte Philipp Scheidemann seinen Genossen zu, »sonst wird Anarchie ausbrechen.« Am frühen Morgen des 9. November kam die Berliner Parteiorganisation im Gebäude des *Vorwärts* in der Lindenstraße zusammen und rief für neun Uhr einen Generalstreik aus, der unmittelbar nach der Frühstückspause beginnen sollte.[11] Um diese Zeit weckte Cläre Arthur.

Einen Tag später, am 10. November, waren die meisten großen Kommunalverwaltungen in Deutschland in den Händen von Arbeiter- und Soldatenräten. Wolgast in Pommern nahm die Wendung der Dinge erst am 12. November zur Kenntnis, als örtliche Arbeiter sich auf dem Marktplatz versammelten. Bis zum 14. November gab es auf der nahen Ferieninsel Rügen kein Anzeichen dafür, daß etwas Schwerwiegendes geschehen war. Und in Teilen der ländlichen Region westlich des Rheins blieb die Revolution beinahe unbemerkt.[12] Gleichwohl hätten Reisende ziemlich tief in ländliche Gegenden vordringen müssen, um einen Ort zu finden, der von der Revolution unberührt war. In Bayerns vorwiegend landwirtschaftlichen Regionen Schwaben und Mittelfranken zum Beispiel entstanden in 65 der 119 ziemlich kleinen Gemeinden mit etwa 1500 Einwohnern revolutionäre Räte.[13] Am Ende des Monats hatten sich in Hunderten von Städten im ganzen Reich Arbeiter im Namen der neuen Republik versammelt und revolutionäre Räte gebildet. Kein anderes öffentliches Ereignis in der deutschen Geschichte, nicht einmal die Julikrise 1914, hatte das nationale Podium so vollständig besetzt oder so viele Teilnehmer angezogen wie die Novemberrevolution.

Die große Reichweite der Revolution war nur eines ihrer verblüffenden Kennzeichen. Zudem traf sie die meisten Menschen überraschend. Die Revolution schien mit einem

Schlag dazusein und holte die Staatsmänner ein. Plötzlich war es »zu spät« – wie Ebert es ausdrückte –, »die Kugel war ins Rollen gekommen«.[14] Selbst Militante mußten dem lang erwarteten Ereignis hinterherlaufen, das von einem Tag auf den anderen eintrat: »Steh auf, Arthur, heute ist Revolution!« Nichtsozialisten gewahrten in der plötzlichen Wendung der Dinge einen bedrohlichen Aspekt, und sie sahen in dem größtenteils spontanen Aufstand eine von einem einzigen politischen Willen beflügelten gut inszenierten Aktion. Die schiere Zahl der Menschen auf den Straßen verstärkte den Eindruck, die Revolution sei eine gewaltige, unaufhaltsame Macht. Die Revolution war ein Massenschauspiel: Arbeiter waren aus allen Richtungen zur Stadtmitte Berlins marschiert. Versammlungen, Märsche, Besetzungen und später Plakate, Fahnen, Transparente verliehen der Novemberrevolution eine unübersehbare öffentliche Präsenz. Demonstrationen dieser Art waren in Deutschland immer noch neuartig genug, um Bilder eines allgemeinen »Aufstandes der Massen« zu beschwören, der die bürgerliche Gesellschaft zertrümmern würde. Die in der Kriegszeit latente Feindseligkeit gegenüber den Sozialdemokraten nährte die Furcht, das Leben werde verrohen, sobald die Linken erst an der Macht waren.

»Bürger verdunkelten ihre Fenster und verriegelten ihre Türen«, erinnerte sich Goslars Provinzzeitung zehn Jahre später.[15] Immer wieder stellten bürgerliche Kommentatoren die Novemberrevolution als eine fremdartige Macht dar, die sich unvermittelt und mit großer Kraft bewege. In nur wenigen Tagen hatte der erzkonservative Junker Elard von Oldenburg-Januschau eine Welt einstürzen sehen, »die alles, was in meinem Leben von Bedeutung war, begrub«. Noch Jahre später konnte er keine Worte finden, um sein Entsetzen über die Revolution auszudrücken.[16] Selbst ein Liberaler wie Harry Graf Kessler empfand den 9. November zum Teil als »furchtbar«. Die meisten Deutschen des Mittelstands, urteilte die rechte *Deutsche Zeitung*, hätten angesichts des Klassenfeindes

»wie ein verängstigter Hühnerhaufen« reagiert, nicht bereit, sich zu verteidigen, unfähig zum Gegenangriff.[17]

Das war keinesfalls überraschend, denn Deutschlands gekrönte Häupter hatten ihre Throne aufgegeben, ohne Konterrevolutionären etwas zu hinterlassen, wofür zu kämpfen sich gelohnt hätte. Die Historiker scheinen der gleichen Meinung zu sein; in ihren Büchern sind die Hauptakteure eher proletarische Räte und feurige sozialistische Redner denn Handwerker im blauen Kittel oder heimkehrende Veteranen. Das herkömmliche Bild des Deutschlands von 1918 zeigt die Nation von Grund auf geteilt in ein entschlossenes Proletariat, das einen passiven, im großen und ganzen reaktionären Mittelstand verdrängt. Diese Polarisierung schuf die Voraussetzungen für den Bürgerkrieg 1919/20, dämpfte bürgerliche Sympathien für den Staat, der bald die Weimarer Republik genannt wurde (die Nationalversammlung tagte erstmals im geschützten Weimar, um Unruhen in der Hauptstadt zu entgehen), und half letztlich den Sieg der scharf antimarxistischen Nationalsozialisten 1933 vorzubereiten.

Doch bei genauerem Hinsehen lassen sich weit mehr Bewegungen als die einer grundsätzlichen Scheidung zwischen einer aktiven Linken und einer gequälten Rechten entdecken. Vor allem war die Position der Arbeiter weder so einmütig noch so radikal, wie es Prinz Max von Badens telegrafische Zusammenfassung nahelegt: »Düsseldorf, Haltern, Osnabrück rot; Magdeburg, Stuttgart, Oldenburg, Braunschweig, Köln rot.« Die Ereignisse machen deutlich, daß mit »rot« alles gemeint war, von den Kommunisten des Spartakusbundes um Karl Liebknecht und Rosa Luxemburg über die eher bodenständigen Unabhängigen Sozialisten, die in irgendeiner Form die »Basisstruktur« der revolutionären Arbeiter- und Soldatenräte zu erhalten suchten, bis hin zu den Mehrheitssozialdemokraten, die auf die Durchsetzung demokratischer Reformen innerhalb der bestehenden politischen Institutionen, namentlich der parlamentarischen Parteien und des Reichstags, fixiert waren. Von Ort zu Ort trat die Novemberrevolution in anderer Gestalt auf. Gleichwohl gingen wenige Revolutionäre so weit wie die Unabhängigen Sozialisten Neuköllns, die die gepflegte Berliner Vorstadt zur sozialistischen Republik erklärten und die Sozialisierung von Banken und Fabriken vorschlugen, ehe die Mehrheitssozialdemokraten die Ordnung wiederherstellten.

Angesichts der Drohungen, das Privateigentum zu enteignen, und der wehenden roten Fahnen neigten die Bürger des sozialistischen Jahrtausends dazu, an den Ausbruch zu denken und zu vergessen, daß die meisten Arbeiter- und Soldatenräte durchgreifende politische Veränderungen vermieden und die städtischen Verwaltungsbeamten auf ihren Posten beließen. Die Mehrheit der Sozialisten erstrebte Gerechtigkeit: eine gründliche Reform des Wahlrechts, um jedem Bürger eine gleichwertige politische Stimme zu geben, die Einrichtung von Konsumläden, die Anerkennung freier Gewerkschaften und eine Erneuerung der städtischen und staatlichen Bürokratie, um Arbeitern oder ihren Vertretern ein Mitspracherecht bei der Verteilung staatlicher Sozialleistungen zu sichern. Die Mehrheit der Novemberrevolutionäre billigte die sozialdemokratische Position, daß die endgültige Form des neuen Staates von der Konstituierung einer demokratisch gewählten Nationalversammlung erwartet werden müsse. Wann immer Abgesandte der Räte sich in der Hauptstadt versammelten – ob am 10. November aus dem Großraum Berlin oder zwischen dem 16. und 21. Dezember aus dem ganzen Reich –, wurden die Radikalen entscheidend überstimmt.

Diese Mäßigung erklärt unter anderem die weitgehende Zusammenarbeit der revolutionären Räte mit der kaiserlichen Bürokratie, nicht zuletzt um die Versorgung mit Lebensmitteln, Kohle und anderen lebensnotwendigen Dingen sicherzustellen. In diesem Licht gesehen, basierten die Anstrengungen der Arbeiterräte im November 1918 auf den im Zuge des Burgfriedens zustande gebrachten Ad-hoc-Vereinbarungen zur Zusammenarbeit zwischen Sozialdemokraten und städtischen und militärischen Behörden, obwohl sie das Gleichgewicht der Macht zugunsten der Arbeiter verschoben.[18] Hörte man auf die Stimme der Revolution, konnte man überschwengliche Appelle an das Volk und ständige Beschwörungen der Rechte des Volkes vernehmen, Echos der Aufrufe der Augusttage und der zivilen Dienste im Krieg.

Währenddessen waren die Angestellten in Büros, Beamte im öffentlichen Dienst, Ladenbesitzer und Handwerker, die Deutschlands städtischen Mittelstand ausmachten, mitnichten untätig. Auch sie traten in Erscheinung, schufen sich ihre eigenen Räte, Bürgerräte, gründeten Interessengruppen und belebten politische Parteien neu. Ende November fügten von der Westfront heimkehrende uniformierte Veteranen der politischen Landschaft neue Elemente hinzu. Auf die militärische Demobilisierung folgte rasch die politische Mobilisierung. Es ist paradox, daß viele mittelständische Deutsche die Revolution ablehnten, jedoch gleichzeitig ihre Nutznießer waren und sie dazu benutzten, Forderungen nach politischen Reformen und sozialer Anerkennung erneut zu stellen. Mit anderen Worten: Der November 1918 bot, wenn auch unter schwierigen Bedingungen, eine Gelegenheit, endlich die Erneuerungen in Angriff zu nehmen, die der August 1914 erstmals angemahnt hatte.

Befürworter wie Gegner der Weimarer Republik erweiterten beharrlich die Grenzen der Teilhabe am öffentlichen Leben. Organisation war das Schlagwort, Härte die Parole der Zeit. Wie die Arbeiterklasse organisierte sich auch der Mittelstand, machte Propaganda und demonstrierte. Dabei sah man sich jedoch unweigerlich immer mehr Gegnern gegenüber, denen man mit wachsender Feindseligkeit und Unversöhnlichkeit begegnete. So erzeugte die Novemberrevolution ebensoviel niedrige Gesinnung wie Gemeinsinn. Es sind die meistens nicht im Einklang mit liberalen Grundsätzen und parlamentarischen Handlungsweisen stehenden, sondern dem deklamatorischen Stil und der eigennützigen Praxis der Demokratisierung entsprechenden wütenden Erklärungen der Souveränität, die sich als der verblüffendste Zug der Weimarer Politik erweisen und den November 1918 mit den patriotischen Bewegungen des Juli 1914 und der Mobilisierung durch die Braunhemden im Januar 1933 verbinden. Es lohnt sich, einen zweiten Blick auf Berlin am Ende des Krieges zu werfen.

Die Ereignisse des 9. November lösten am Rande der Revolution der Arbeiter hektische Aktivität aus. Den republikanischen Demonstranten vor dem Reichstag schlossen sich ziemlich viele Berliner aus dem Bürgertum an. Käthe Kollwitz reihte sich im Tiergarten in einen solchen Demonstrationszug ein und beobachtete später, wie ein junger Offizier auf einen revolutionären Soldaten zuging, ihm die Hand schüttelte und erklärte, daß die vier Jahre an der Front nicht so schlimm gewesen waren wie der Kampf daheim mit »Vorurteilen und Überlebtem«.[19] Zeitgenössische Fotos zeigen zahlreiche gutgekleidete Bürger, die – mit Hut und Schlips, offenkundig nicht zur morgendlichen Frühschicht der Fabriken gehörend – zwischen Soldaten und Arbeitern Unter den Linden marschieren.[20] Tags darauf, am Sonntag, 10. November, brachte der Bund Neues Vaterland, ein progressives Gegenstück zur Vaterlandspartei, das sich der Unterstützung liberaler Intellektueller erfreute, Tausende gutgekleidete Bürger auf dem Königsplatz zusammen.

Beim Abendessen heckten radikale Schriftsteller wie Kurt Hiller und René Schickele großartige Pläne aus, requirierten Versammlungsräume für Clubs wie den Bund Neues Vaterland und die »Aktivisten«, mit der Absicht, neben den Arbeiter- und Soldatenräten die politischen Themen des Tages zu diskutieren. Sie kamen Harry Graf Kessler bei einem Besuch am 12. November wie die jakobinischen Clubs in der Französischen Revolution vor.

Zu Hillers Unglück hatten die Aktivisten keine wirkliche Macht; sie wurden nach fünf Tagen aus dem Reichstag gescheucht, freilich nicht ohne zuvor ihre freiwilligen Dienste für die »Weltrevolution« angeboten zu haben, ein Ideal, das sich als ein Gemisch aus Sozialismus (die Ablösung kapitalistischer Betriebe durch Arbeiterkooperativen), Pazifismus (weltweite Abrüstung) und Elitedenken (Intellektuelle als politische Ratgeber) darstellte. Nachdem sie den Club als »Rat der geistigen Arbeiter« wiederbegründet hatten, gelang es Hillers Mitstreitern, Büros in Charlottenburg zu mieten. Doch ihr erstes öffentliches Auftreten am 2. Dezember geriet zur Katastrophe, als Hiller prominente Gäste wegen ihrer früheren Unterstützung des Krieges als Massenmörder beschimpfte. Danach erlosch das Interesse an dem Rat rasch.[21] Freilich verschleiern diese Grotesken leicht die breite Unterstützung für einen politischen Neubeginn auf seiten des Berliner Bürgertums. Ein Blick in die wichtigsten Zeitungen der Hauptstadt wie das *Berliner Tageblatt* und die *Berliner Morgenpost* zeigen, daß Kollwitz, Hiller und der junge Offizier nicht nur für sich selber gesprochen hatten.

Während sich Hiller und die Künstler und Schriftsteller an seiner Seite mit ihren Bemühungen, sich den revolutionären Arbeitern anzuschließen, zurückgewiesen sahen, traten zugkräftigere Organisatoren auf den Plan, die die Interessen des Mittelstands auf eine weniger versöhnliche Art zur Sprache brachten. Nur drei Tage nach der Revolution am 12. November rief der Hansa-Bund, eine einflußreiche Vereinigung liberaler Geschäftsleute, mit einer Erklärung in Berliner Zeitungen die Bürger auf, eigene Bürgerräte zu bilden und öffentliche Versammlungen abzuhalten, um ihre Interessen zu fördern und dem Sozialismus sowjetischer Prägung Widerstand zu leisten. Das Ergebnis war eine Flut von Aktivitäten, denen man lange keine Beachtung geschenkt hat. In den bürgerlichen Vororten wie Friedenau und Tempelhof etablierten sich Räte, Berufsgruppen und freiwillige Vereinigungen traten ihnen bei, und am 18. November schloß sich die erstaunliche Zahl von 2000 Vertretern im Bürgerrat von Groß-Berlin zusammen.

In der Erkenntnis, daß politische Macht in einem »demokratischen Volksstaat« von der »Größe und der Macht der Organisation« abhing, traten auch individuelle Berufsgruppen offen in die politische Arena. Mit einem Schlag artikulierten sich die unterschiedlichsten politischen Interessen und Neigungen. Am 11. November machte sich im Berliner Vorort Neukölln ein Beamtenrat zum Sprecher des öffentlichen Dienstes; tags darauf gründeten Beamte unterer Ränge einen Bund, den ersten von zahlreichen im Regierungsbezirk.[22] Die Anwälte organisierten sich am 13. November, die Journalisten vier Tage später. Am 16. November versammelten sich etwa 2000 Ingenieure, Chemiker und Architekten in der riesigen Rheingoldhalle am Potsdamer Platz und traten dem Berufsverband der Techniker bei.[23]

Während dieser revolutionären Wochen war das »Rheingold« offensichtlich völlig ausgebucht. Am 26. November fanden sich mehr als 800 praktische Ärzte und Chirurgen zu einer »außerordentlich gut besuchten Versammlung« im »Rheingold« zusammen, um offiziell einen Ärzterat zu gründen, der sich um Probleme der örtlichen Gesundheitspflege kümmern und Berufsinteressen schützen sollte. »Niemand wird sich um uns kümmern, wenn wir es nicht selber tun«, spiegelte die pragmatische Haltung der Delegierten wider.[24] Am 17. November zogen mehr als 10 000 linksorientierte Büroangestellte in den Zirkus Busch und drängten sich davor, draußen auf dem Domplatz, um ihre Unterstützung der Revolution zu bekunden. Einen Tag später reagierten, wenn auch vorsichtiger, vierzehn nichtsozialistische Gruppen auf die Umwälzung. Auf zwei Mammutversammlungen im Deutschen Hof in der Luckauer Straße bestanden sie auf organisatorischer Gleichstellung mit Arbeitern.

Am selben Abend schimpfte in den Germaniasälen in der Chausseestraße eine stürmische Versammlung von Bäckern über die von der Regierung verhängten Kriegsverordnungen und die Lohnforderungen von aufmuckenden Lehrlingen. Die Versammlung ging zu Ende, ohne daß man Übereinstimmung erzielte, denn die Handwerker zerstritten sich wegen der Beschuldigungen, die gegen Innungsmitglieder erhoben wurden – sie hatten angeblich Mehl, das für Hundekuchen bestimmt war, für Mehl höherer Qualität ausgegeben –, und über anschließende Forderungen aus dem Plenum, einen neuen Exekutivausschuß zu wählen.[25] Die Berliner Bäckermeister waren insofern typisch, als sie die Entschlossenheit des Mittelstands widerspiegelten, in der neuen demokratischen Ordnung eine wirksame Vertretung ihres Berufsstandes zu erreichen. Das zuversichtliche Gefühl, gemeinsam ein Ziel zu verfolgen, beflügelte diese frühen Versammlungen im »Rheingold«, den Germaniasälen und dem Deutschen Hof. Auch der zornige, abwehrende Ton war charakteristisch, wenn Mitglieder korrupte und cliquenbildende Führer, die staatlichen Regulierungen der Kriegswirtschaft und die wachsende Bedrohung durch eine organisierte Arbeiterschaft angriffen. Im Lauf der folgenden vierzehn Jahre rückten Interessengruppen von populistischen, ja egalitären Positionen ab und nahmen düsterere und aggressivere antisozialistische Haltungen an. Eines war klar: Im Verlauf des Krieges und der Revolution hatten die Deutschen eine regelrechte »Redewut« entwickelt, eine Besessenheit, öffentlich zu sprechen, wie ein geplagter Vorsitzender es ausdrückte.[26] Diese ausgeprägte Wahrnehmung von Interessen wie in den Jahren 1918/19 hatte es in der deutschen Geschichte bis dahin nicht gegeben.

Nachdem die Wahlen zur Nationalversammlung auf den 19. Januar 1919 festgesetzt worden waren, traten die Führer der bürgerlichen Parteien, die in den ersten Wochen der Revolution fast unsichtbar geblieben waren, an die Öffentlichkeit und sahen sich überraschend großen und begeisterten Menschenmengen gegenüber. Die Berliner Demokraten sorgten am 17. November für eine gutbesuchte Diskussionsveranstaltung im Lehrervereinshaus. Ein paar Tage später schlossen sich 500 Einwohner von Steglitz, einem durch und durch bürgerlichen Vorort im Süden der Hauptstadt, der neugegründeten Deutschen Demokratischen Partei an, einer tatkräftigeren Nachfolgerin der kleinen Fortschrittspartei der Kaiserzeit. Im gepflegten Friedenau war das Rathaus zu klein, um alle Bürger zu fassen, die zur Gründung eines Ortsvereins der Demokratischen Partei zusammengekommen waren. Zehntausende kamen am

Sonntagnachmittag des 1. Dezember zur ersten größeren Versammlung der Partei in der Hauptstadt. Tatsächlich erschienen so viele Leute, daß die Organisatoren zwei parallele Veranstaltungen abhalten mußten, eine im Zirkus Busch, die andere in einem Vortragssaal der nahen Effektenbörse.[27] Vom späten November bis Mitte Januar besuchten Tausende von Berlinern jedes Wochenende politische Versammlungen, vor allem viele Frauen waren entschlossen, weiterhin das öffentliche Ansehen, das sie während des Krieges gewonnen hatten, geltend zu machen.

Politiker und Lobbyisten waren nicht die einzigen, die durch die Hauptstadt hasteten. Beobachtern der Revolution fiel sogleich ins Auge, daß man auf den Straßen mit einemmal keine Offiziere mehr sah, die während des Krieges ein vertrauter Anblick gewesen waren. Ungezählte Gerüchte über Offiziere, die auf den Straßen und Bahnhöfen belästigt worden waren, kursierten in der Stadt. Harry Graf Kessler, immer ein aufmerksamer Beobachter, sah am 15. November auf dem Potsdamer Platz »zum ersten Male seit der Revolution wieder einen Offizier mit Achselstücken«.[28]

Gegen Ende des Monats waren überall Offiziere und Uniformen zu sehen, da die riesige Armee der Westfront stetig demobilisiert wurde und die Männer heimkehrten. Vierzehn Tage lang kamen vom frühen Morgen bis spät in die Nacht 800 000 Soldaten durch Köln und weitere 500 000 durch Frankfurt. Und zu ihrer Überraschung wurden die Heimkehrer von Tausenden von Zivilisten begrüßt, die Fähnchen schwenkten, sie mit Blumen überschütteten und mit Zigaretten und Wein beschenkten. »Nie zuvor hat Köln solch ein eindrucksvolles militärisches Schauspiel gesehen«, erinnerte sich ein Lokalhistoriker. Viele Truppen hatten nichts außer den zerschlissenen Felduniformen und Kommißstiefeln, ein deutlicher Beweis dessen, was diese Divisionen durchgemacht hatten. Das Drum und Dran der neuen Ordnung – rote Fahnen auf Rathäusern, Transparente mit der Aufschrift »Lang lebe die Revolution«, von unbekannten Kommissaren im

Auftrag neumodischer Arbeiter- und Soldatenräte gehaltene Reden – verstärkte das Gefühl der Fremdheit bei den Heimkehrern. Sicherlich sympathisierten viele Soldaten mit der Revolution. Doch zahlreiche Einheiten marschierten mit trotzigem Schritt ein. Sie trugen patriotische Bänder und Kokarden, schmückten ihre Wagen mit Girlanden und den schwarzweißroten Fahnen des Kaiserreichs. Wiederholt zwangen sie örtliche Behörden, die »roten Fetzen« von staatlichen und städtischen Gebäuden zu entfernen. Als Anfang Dezember die erste Welle demobilisierter Truppen Berlin erreichte, war klar, daß Tausende von heimkehrenden Kriegsteilnehmern eine unerwartete politische Macht darstellten.[29]

Einheiten aus Bayern, Sachsen, Baden und Württemberg trafen am 10. Dezember zu einer prächtigen Begrüßungsparade in Berlin ein. Im Bereitstellungsraum auf dem Heidelberger Platz in Wilmersdorf machten Straßenhändler glänzende Geschäfte mit dem Verkauf von schwarzweißroten Fahnen und Bildern deutscher Monarchen, die abgesetzt worden waren. Tausende von Kindern umringten die mit Zweigen von Immergrün, Blumen und Reichsflaggen geschmückten Geschütze. In neuen, mit Lilien geschmückten Uniformen und begleitet von Militärkapellen, zogen die Mannschaften und Offiziere durch ein Spalier jubelnder Bürger über die Berliner Straße, den Kaiserwall bis zum Tiergarten und zum Pariser Platz. Dort, im Schatten des Brandenburger Tores, begrüßte Friedrich Ebert, der Vorsitzende des Rates der Volksbeauftragten, die Soldaten, die, wie er betonte, »unbesiegt«[30] von der Front zurückgekehrt seien. In den folgenden Tagen strömten fortwährend Einheiten auf dem Weg in die Heimat durch die festlich geschmückte Stadt. Käthe Kollwitz, geriet am 12. Dezember am Prenzlauer Berg in einen dieser Züge: »Kanonen, Pferde, Helme, alles bekränzt mit buntem Papier, Tannen und Bändern. Es sah so schön aus …«[31] Auf der anderen Seite der Stadt war der sechzehnjährige Ernst von Salomon von den Soldaten fasziniert:[32]

»Die Augen lagen tief im Schatten des Helmrandes, gebettet in dunkle, graue, scharfkantige Höhlen. Nicht rechts, nicht links blickten die Augen. Immer geradeaus, als seien sie gebannt von einem schrecklichen Ziel ... O Gott, wie sahen diese Männer aus! Diese ausgemergelten, unbewegten Gesichter unter dem Stahlhelm, diese knochigen Glieder, diese zerfetzten, staubigen Uniformen! Schritt um Schritt marschierten sie, und um sie herum war gleichsam unendliche Leere ... dies waren ja gar nicht Arbeiter, Bauern, Studenten... dies waren Soldaten ... die dem geheimen Anruf des Blutes gehorchten ... die eine harte Gemeinsamkeit erfuhren ... und die im Kriege eine Heimat fanden ... Darum, darum wollen sie nicht zu uns gehören. Darum dieser stumme, gewaltige, gespenstische Einmarsch.«

Salomon war gewiß nicht der einzige, dessen Phantasie die Rückkehr der Fronttruppen aufrührte, bei dem sie einen regelrechten Kult des Frontsoldaten auslöste und eine romantisierende Ästhetik der Gefahr erzeugte. Bezeichnender war vielleicht die Reaktion des umherwandernden Graf Kessler, der Unter den Linden einer heimkehrenden Division begegnete: »Die Soldaten alle im Stahlhelm ... Protzen und Geschütze mit Girlanden geschmückt, zahllose schwarzweißrote Fahnen« waren zu sehen, jedoch »keine einzige rote«. Wiederum »rechts und links eine ungeheure Menschenmenge«. Kessler »schnitt das Schauspiel ins Herz«: »Ruhmbedeckt, aber unglücklich« zog dieses Heer ein.[33] Schwer zu sagen, wie viele Deutsche Salomons Erregung oder Kesslers Melancholie teilten. Unzweifelhaft aber hatte die Heimkehr der Fronttruppen der Revolution ein wenig von ihrem Getöse geraubt.

Die Demobilisierung der Armee Ende November und Anfang Dezember fiel mit wachsenden Spannungen zwischen den Sozialdemokraten und den Unabhängigen in der Frage der exakten Rolle der Revolutionsräte und der Festsetzung der Wahlen zur Nationalversammlung zusammen. Die Heimkehrer stellten fest, daß sie gleich wieder antreten sollten, diesmal wegen der revolutionären Kämpfe in der Heimat. In Kassel und Bremen zum Beispiel hofften die Bürgerräte vergeblich darauf, sich die Anwesenheit bewaffneter Soldaten zunutze zu machen, um Arbeiterräte aufzulösen. Ebert begrüßte die Anwesenheit verläßlicher Truppen und die Unterstützung, die sie seinem moderaten politischen Kurs zukommen ließen, wollte aber mit den bizarren Unternehmungen der Rechten, die am 6. Dezember in seinem Namen unternommen wurden, nichts zu tun haben.

Höchst unwahrscheinlich ist die später von den Kommunisten aufgestellte Behauptung, es habe eine ausgedehnte Verschwörung gegeben, die Revolution scheitern zu lassen. Gleichwohl ist der Zusammenhang zwischen der Demobilisierung der Westfront und der Mobilisierung einer nationalistischen Front unverkennbar. Den ganzen Dezember über war Berlin in ein Meer von schwarzweißroten Fahnen getaucht. Rote Fahnen waren eingeholt worden, und Patrouillen bürgerlicher Freiwilliger marschierten durch die wohlhabenden Viertel Dahlem und Wilmersdorf. Natürlich wollten die meisten Soldaten einfach Weihnachten zu Hause sein, hegten private Wünsche und enttäuschten die konterrevolutionären Pläne, die alte Ordnung in irgendeiner Form wiederherzustellen. Gleichwohl sorgte der ruhige Marsch von Tausenden von Soldaten durch die Straßen der Stadt für Spannung und Wachsamkeit. Zwei Tage vor Weihnachten traf an der Ecke Unter den Linden/Wilhelmstraße eine der letzten heimkehrenden Divisionen auf eine extrem linke Gegendemonstration von Kriegsversehrten, die Plakate mit der Aufschrift »Wo ist die Ludendorff-Spende?« und »Wir wollen die Schuldigen hinauswerfen, die uns in Elend und Not führten« hochhielten. Der Zusammenstoß, so ein Augenzeuge, machte »offenbar auf die Heimkehrenden einen tiefen Eindruck. Alle Gesichter waren ernst, die Stimmung gedrückt.«[34] Zwei sehr unterschiedliche Kriegserfahrungen standen sich plötzlich gegenüber, ein Vorspiel des grausigen Bürgerkrieges, der im Winter und Frühjahr 1919 um sich greifen sollte.

Um sich des Problems unzuverlässiger Reservisten zu entledigen, hatten Armeegeneräle, wie sich herausstellte, bereits vor Ablauf des Jahres 1918 mit Unterstützung der nervösen sozialdemokratischen Regierung die ersten Freikorps gegründet, vorgeblich um das Vaterland vor Zerrüttung und Plünderung zu schützen, in Wirklichkeit aber um die radikale Linke zu vernichten.[35] Einer der ersten Freiwilligen war der junge, leicht zu beeinflussende Ernst von Salomon.

Die deutsche Revolution war keine geschlossene Bewegung, die geduldig leidende Proletarier Unter die Linden und an die Macht schwemmte. Die Arbeiter waren uneinig, und zu ihnen gesellten sich revolutionäre Soldaten, meuternde Matrosen und radikale Intellektuelle, die alle eigene politische Ziele verfolgten. Gleichzeitig stellten sich Gruppierungen der bürgerlichen Mittelschicht mit verblüffender Geschwindigkeit auf die neuen Verhältnisse ein, organisierten Bürgerräte, spezielle Interessengruppen und paramilitärische Verbände. Wenn die Rückkehr Tausender von Kriegsteilnehmern von der Westfront auch nicht das Ende der Revolution bedeutete, so bewirkte sie doch, daß sich deren Stoßkraft verlangsamte und sich ihre Richtung änderte. Jede neue Welle politischer Mobilisierung im Herbst 1918 veränderte erneut die Liste revolutionärer Forderungen und zorniger Schuldzuweisungen.

In einer glänzenden Zeichnung hat der Lieblingskünstler der Berliner, Heinrich Zille, dieses vergängliche Palimpsest eingefangen. An einer schmutzigen Mauer sind immer noch zerschlissene Ränder vorrevolutionärer Texte zu entziffern: eine Anzeige für eine patriotische Kriegsausstellung und eine von Hindenburg, Ludendorff und Graf von Hertling, dem Vorgänger des Reichskanzlers Prinz Max von Baden, unterzeichnete amtliche Bekanntmachung. Auch die Namen von Ebert und Scheidemann lassen sich auf dem Rest eines Plakates erkennen, das aus den ersten Tagen der Revolution stammen muß und mit der Ankündigung einer Versammlung des Spartakusbundes in den Moabiter Arminiushallen am 18. Dezember überklebt ist. Zwei nebeneinandergesetzte Strichzeichnungen bilden die oberste Schicht und kommentieren die revolutionären Wirren auf sehr verschiedene Weise. Eine stellt eine Figur dar, die die Deutschen auffordert, ihre »junge Freiheit« nicht in sinnlosen Bruderkämpfen zu »erdrosseln«, die andere beschwört eine fremdländische, offensichtlich slawisch-bolschewistische Bedrohung von »Heimat«, Haus und Herd. Handgeschriebene Kreidebotschaften zeigen spontanere Reaktionen: »Heil Liebknecht! … Nieder mit Ebert.«

Zilles deutscher Herbst bringt Zorn, Verleumdung und Unruhe auf den Punkt. Außerdem ist die Zeit raschen Veränderungen unterworfen. Patriotische und revolutionäre Empfindungen kommen und gehen, Regen und Wind haben nur Spuren übriggelassen. Diese Revolution hat einen melancholischen Aspekt, ihr mangelt es an umfassenden und hochherzigen Gesten. Und doch hat Zille auch die mit neuer Energie aufgeladene öffentliche Sphäre dargestellt. Eine kraftvoll mobilisierte politische Landschaft hat ihre Spuren auf der Sandsteinmauer hinterlassen. Sogar Passanten kritzelten ihre Botschaften darauf. Gerade dieses Gefühl, sich selber Vollmacht erteilen zu können, ist es, das die deutsche Revolution für alle sozialen Gruppen zu einem so einschneidenden Ereignis macht. Dem November 1918 mangelte die Einstimmigkeit und nationale Zielsetzung des August 1914, aber Krieg und Revolution förderten die Suche nach neuen politischen Formen.

Neuanfänge

Der sozialistische Charakter der Revolution, der in den neuen Arbeiter- und Soldatenräten so deutlich zum Vorschein kam, die kraftvollen Straßendemonstrationen und die allgegenwärtigen roten Fahnen versetzten die deutsche Mittelschicht ganz eindeutig in Unruhe. Von Anfang an malten unversöhnliche Revolutionsgegner der Rechten das Schreckgespenst einer Diktatur des Proletariats an die Wand. Im Lauf des Jahres 1919, als sich der Protest der Arbeiterklasse in militanten Streikaktionen und bewaffneten Aufständen entlud, verstärkten sich antisozialistische Gefühle. Doch die Einstellung der bürgerlichen Mittelschicht zur Revolution war nicht allein von Furcht bestimmt. Das Verblüffende am November 1918 ist die Tatsache, in welch großem Ausmaß Begriffe wie Volksgemeinschaft, Volksstaat und Volkspartei in der nichtsozialistischen und sogar in der nichtliberalen Presse zirkulierten. Mit diesem Vokabular wurde anerkannt, daß die Einigkeit, die notwendig war, um der sozialistischen Linken gegenüberzutreten, nur in einer fortschrittlichen Form zu erzielen war. Man sprach auch viel über den August 1914, flüchtige Erinnerungen an deutsche Einigkeit standen in krassem Gegensatz zu den schrecklichen Streitigkeiten des November 1918, waren aber auch ein ständiger Hinweis auf das neue Deutschland, das sich damals in Umrissen gezeigt hatte. Die Revolution bot die Möglichkeit, der Ad-hoc-Solidarität des Burgfriedens eine feste politische Form zu geben. Einer der Hauptgründe für die politische Unbeständigkeit der Weimarer Republik, als Millionen von Wählern die Partei wechselten, ist jedenfalls in der Empfänglichkeit der Wählerschaft für das Vokabular der Augusttage und für die »überparteilichen« Appelle unter Berufung auf Nation und Volk zu suchen.

Die Abdankung des Kaisers, der Sieg der Sozialisten und die Annahme der alliierten Waffenstillstandsbedingungen – diese rasch aufeinanderfolgenden Ereignisse versperrten nicht den Weg in die Zukunft. Im Gegenteil, der Zusammenbruch des Kaiserreichs verlieh dem konservativen Journalisten Max Hildebert Boehm das Gefühl von »Raum – Spielraum und Perspektive politischen Strebens«. Nach vorn blickend, sah er »die strahlende weite Fläche von Wiesen und Feldern«. Boehm war nicht der einzige, der in jenem Herbst über offenes Gelände stapfte. In Jena rief der einflußreiche Verleger Eugen Diederichs der Revolution ein »freudiges Ja« zu, »denn wir spüren, daß der wahre deutsche Geist in den engen bürokratischen Schranken des alten Regimes erstickt war«.[36] Es sei endlich Wirklichkeit geworden, schrieb Wilhelm Stapel, ein Sprecher des überaus chauvinistischen Deutschnationalen Handlungsgehilfenverbandes: »Der Weg ist frei, das Ziel zu erreichen, das unsere Propheten vor langer Zeit verkündeten.«[37] Ähnliche Ideen fanden in unterschiedlichen Umschreibungen Ausdruck. In Berlin schwelgte René Schickele im Licht der Novembersonne, das »unvergeßlich bleiben« würde.[38] Ein neuer Tag war angebrochen, wenn auch der 9. November 1918 in Berlin kalt und grau war. Selbst bei denen, die das sozialistische Programm der Regierung nicht befürworten konnten, gab es wenig Sympathie für das Kaiserreich, an das sich viele als eng, starr und dunkel erinnerten.

Ein großer Teil der bürgerlichen Presse gab diesen Gefühlen Ausdruck, lobte zumindest zu Anfang den Ordnungssinn der Revolutionäre und verdammte die kaiserlichen Eliten wegen ihres Betruges am deutschen Volk, weil sie Sonderinteressen gedient und die Wahlrechtsreform unterdrückt hätten.[39] Beobachtern war auch völlig klar, daß der Revolution nirgendwo im Reich Widerstand entgegenschlug. Daß so viele Beamte im öffentlichen Dienst weiter ihre Pflicht taten und im großen und ganzen mit den Arbeiter- und Soldatenräten zusammenarbeiteten, zeigt nur um so deutlicher, wie morsch die Monarchie geworden war. Am 9. November flossen nur wenig Tränen. In einigen Gemeinden überwog bei den Mittelständlern sogar eine festliche Atmosphäre. Celle, ein Verwaltungszentrum, war vielleicht die Ausnahme, denn am ersten Sonntag der Revolution spielten nicht eine, sondern »zwei Kapellen, eine aus örtlichen Reservisten, die andere aus Matrosen zusammengesetzt, passende Melodien«, und ein »Flugzeug, mit Flaggen und Wimpeln geschmückt, kreiste über der laut applaudierenden Menge«. Selbst die »lange Reihe von Demonstranten machte mächtigen Eindruck«. Typischer war die Universitätsstadt Göttingen, wo die Bürger die Revolution hinnahmen, aber wenig Begeisterung zeigten. »Sie hatte wenig Erhebendes oder Bewegendes an sich«, urteilte ein Lokalhistoriker.[40]

Gleichwohl war bei liberalen und selbst bei konservativen

Wählern die Überzeugung weit verbreitet, daß es keinen Sinn hatte, zu den alten Verhältnissen zurückzukehren. Im bayerischen Nördlingen drückte ein nationalliberaler Justizrat die unter Nichtsozialisten vorherrschende Ansicht aus, wenn er behauptete, daß ein »wirklich freies Referendum« die »Monarchie zweifellos ablehnen und einen Volksstaat befürworten« würde.[41] Nach den revolutionären Unruhen von 1919 hätte der Jurist seine Meinung vermutlich geändert, aber Ende 1918 traf sie zu. Die dreiundfünfzigjährige Bertha Haedicke, Frau eines Leipziger Homöopathen und eine Verwandte der Gebensleben in Braunschweig, einer weitverzweigten Familie, die uns in der Folge als Zeugin dienen wird, hatte wenig Sympathie für die »törichten Gesetze« des neuen Regimes, trotzdem entsprang ihr Verdruß angesichts der sozialistischen Revolution der Erkenntnis, daß die Deutschen sich ihre Rechte selber verschaffen müßten. »Alles verläßt sich auf die da ›oben‹«, schrieb sie Ende November an ihre ältere Schwester, »und da hat alles versagt, der Kaiser an der Spitze, die Regierung, der Reichstag, die ganze Politik. Wenn doch das deutsche Volk jetzt endlich seine Geschicke selbst in die Hand nehmen wollte!« In den Augen dieser ausgesprochen nationalistisch gesinnten Familie bot die Revolution die Möglichkeit, »die ganze Politik« zu erneuern.[42] Kein Wunder, daß Heinrich Manns vernichtendes Porträt des wilhelminischen Deutschlands, der Roman *Der Untertan*, mit 75000 allein im Dezember 1918 verkauften Exemplaren über Nacht ein Bestseller wurde.

Warum vermißten so wenige Leute den Kaiser? Seine übereilte Abreise aus Berlin ins militärische Hauptquartier in Spa und dann sein Verschwinden aus Deutschland kosteten ihn ziemlich viele Sympathien. Überdies hatten der wachsende Groll gegen den Staat und die Kriegswirtschaft seine Autorität geschwächt. Auf viele vernünftige Deutsche hatte er bereits vor dem Krieg einen ungehobelten und unberechenbaren Eindruck gemacht. Doch in Wirklichkeit war das allgemeine Vertrauen in die Hohenzollern und die anderen deutschen

Monarchien durch die umfassende Wiedergeburt der Nation in dem Begriff »Volk« untergraben worden. Von Kriegsbeginn an war »das Volk« ohnehin im Aufsteigen begriffen. In Anbetracht der strapaziösen Kriegsanstrengungen gewöhnlicher Soldaten, Arbeiter und Mütter verblaßte das Charisma des Monarchen, während das Volk in einem »neuen strahlenden Glanz« leuchtete, wie Wilhelm Stapel es melodramatisch ausdrückte.[43] Versteckt im militärischen Hauptquartier im belgischen Spa, trat der Kaiser im Verlauf des Krieges zunehmend in den Hintergrund, während neue Helden und militärische Führer – das aus dem Bürgertum stammende Fliegeras Max Immelmann, der schneidige Oswald Boelcke, der bescheidene Befehlshaber Hindenburg – ganz nach dem Geschmack des Volkes waren. Ungeachtet der Schwierigkeiten, die er mit sich brachte, hatte der Krieg den gewöhnlichen Deutschen auch eine neue, aktivere politische Rolle gegeben. Begriffe wie Volk und Volksgemeinschaft, die während des Krieges und auch in der Revolution umliefen, bestätigten diese grundlegende Tatsache. So ließ die erzkonservative *Kreuz-Zeitung* am 12. November das Motto ihrer Titelseite »Vorwärts mit Gott für König und Vaterland« fallen und ersetzte es durch »Für das Deutsche Volk«. Ein paar Tage später erschien die *Deutsche Tageszeitung* ohne den Untertitel »Für Kaiser und Reich«.[44] Konservative begannen, sich ein Deutschland ohne den Kaiser vorzustellen.

Was bedeutete »Für das deutsche Volk« wirklich? In erster Linie war es die Berechtigung für eine weitaus intensivere Beschäftigung mit politischen Dingen, als es bislang der Fall gewesen war. Vor dem Krieg wurden das Leben der Bürger und die parlamentarischen Parteien noch in starkem Maße von den örtlichen Honoratioren kontrolliert, doch die Mobilisierung im Krieg, die wachsende Macht der Sozialdemokraten und die zaghaften Aktivitäten mittelständischer Interessengruppen stellten diesen Zustand in Frage. Es wird oft vergessen, daß die klassenbezogenen Wahlgesetze nicht nur Arbeiter, sondern auch viele mittelständische Deutsche von der

Teilnahme an Landtagswahlen ausschloß, ein Verbot, das nach 1914 weithin Unwillen erregte. Frauen wirkten erst nach der Revolution uneingeschränkt in der nationalen Politik mit. Daß Bürger zwischen November und Dezember 1918 örtliche Versammlungshallen füllten, um aktuelle Ereignisse zu erörtern, Bürgerräte und andere Berufsverbände und Ortsvereine von Parteien zu gründen, signalisierte den neuen, zunehmend volksnahen Gehalt des öffentlichen Lebens. Politiker anerkannten diesen Gesichtspunkt, wenn sie das Wort »Volk« in die neuen Namen der liberalen und konservativen Parteien einfügten: so die Deutsche Volkspartei und die Deutschnationale Volkspartei. Demokraten, Liberale und Nationalisten waren zwar uneins über Deutschlands Zukunft, doch sie begrüßten die Gelegenheit, als Gleichberechtigte am politischen Leben teilzunehmen.

Als der 19. Januar, der Tag der Wahl zur Nationalversammlung, näherrückte, fand in Kleinstädten und kleinen Gemeinden, die vor dem Krieg so gut wie kein politisches Leben gekannt hatten, ein intensiver Wahlkampf statt. Bürger strömten in Versammlungshallen und Wirtshaussäle und füllten sie bis zum letzten Platz. Auf die offiziellen Wahlreden folgten von lautstarken Sozialisten, Monarchisten, Demokraten und Liberalen entfachte Diskussionen, so daß die Versammlungen oft bis spät in die Nacht dauerten. Und die Zuhörer, weit davon entfernt, still dazusitzen, trampelten, zischten und spendeten den Rednern Beifall. Schreien, Johlen und Fluchen gehörten zum Repertoire. In den folgenden Tagen setzten sich die Debatten in den Spalten der Lokalblätter fort.

Dieses ursprüngliche Interesse hielt an, während die Mitgliederzahlen der Parteien in den Jahren 1919 und 1920 in die Höhe schnellten und selbst in den kleinsten Gemeinden Ortsvereine gegründet wurden. Die Parteien waren vordringlich daran interessiert, eine möglichst breite Basis zu mobilisieren und Angestellte, Schreibkräfte, Lebensmittelhändler und kleine Beamte ebenso zu gewinnen wie Anwälte, Ärzte und Kaufleute, eine im politischen Leben der Vorkriegszeit, das ungeachtet aller Veränderungen nach der Jahrhundertwende weiterhin von prominenten Personen bestimmt wurde, durchaus unübliche Zusammensetzung. Wann immer es möglich war, wurden auch national gesinnte Arbeiter, die deutsche Entsprechung zu den britischen »Tory-Arbeitern«, gewonnen. Außerdem nahmen Frauen ebenso wie Männer an öffentlichen Versammlungen teil und traten Parteien bei, eine Tendenz, die sich nicht nur aus der formellen Zulassung zu Wahlen, sondern auch durch das mitreißende Engagement des Nationalen Frauendienstes im Krieg erklärt. Im Gegensatz zu ihren Pendants aus der Vorkriegszeit strebten die Parteien eine Massenbasis an, traten öffentlich viel stärker in Erscheinung, führten Straßendemonstrationen an und warben ähnlich wie die Sozialdemokraten vor anstehenden Wahlen aktiv um Stimmen.

Im Sommer 1919 verfügte die größte mittelständische Partei, die prorepublikanische Deutsche Demokratische Partei, über 900 000 Mitglieder, die in mehr als 2000 Ortsvereinen organisiert waren. Im folgenden Jahr gewann ihre Hauptrivalin, die Deutsche Volkspartei, nahezu 400 000 Mitglieder in 2181 Ortsvereinen. Gleichzeitig bemühte sich die monarchistische Deutschnationale Volkspartei, ihren organisatorischen Einflußbereich über das ostelbische Kernland hinaus auf große und kleine Städte auszudehnen. Bei den Wahlen zur Nationalversammlung im Januar 1919 errangen die protestantischen Mittelstandsparteien ein Drittel der Stimmen (die Demokraten erhielten 18,6 Prozent, die Deutsche Volkspartei 4,4 Prozent und die Deutschnationalen 10,3 Prozent; zusammen mit den 19,7 Prozent der katholischen Zentrumspartei reichte das aus, um eine Mehrheit der Sozialdemokraten und Unabhängigen Sozialisten zu verhindern). »Der Erfolg der Deutschnationalen ist nicht überwältigend«, räumte Bertha Haedicke ein, frischgebackenes Parteimitglied in Leipzig, doch er genügte ihr augenscheinlich, um darauf zu vertrauen, daß »die Zukunft uns gehört«.[45] Trotz der roten Fahnen und des Geredes von Sozialismus wäre das Bild der Novemberrevolution unvollständig, nähme man die allgemeine Mobilisierung nicht zur Kenntnis, die Männer *und* Frauen, Arbeiter *und* Bürger, Stadt *und* Land, Sozialisten *und* Nationalisten mitriß.

Die Mobilisierung der Interessen

Keine statistische Zahl aus dem ersten Jahr der deutschen Revolution ist eindrucksvoller als das Wachstum der sozialistischen Freien Gewerkschaften. Zwischen Anfang Oktober und Ende Dezember 1918 verdoppelte sich nahezu die Mitgliederzahl und stieg auf 2 858 053 Arbeiter; drei Monate später stand die Marke bei 4 677 877 und erreichte Ende 1919 mit 7 338 132 fast die dreifache Größe der Gewerkschaften vor dem Krieg.[46] Aufgrund des Hilfsdienstgesetzes von 1916 und des Stinnes-Legien-Abkommens vom Oktober 1918, mit dem Arbeitgeber Gewerkschaften als kollektive Verhandlungspartner anerkannten, entwickelten sich die Freien Gewerkschaften zu den zugkräftigsten und sachkundigsten Vertretungen der Arbeiterklasse. Obwohl die Gewerkschaftsführer Mühe hatten, häufige gewalttätige Ausbrüche sozialen Protestes einzudämmen, und versuchten, die Bereitschaft zu spontanen Streiks, die Deutschland 1919 aufwühlten, zu besänftigen, waren sie die wirklichen Nutznießer des Aktivwerdens der Fabrikarbeiter. In Anbetracht dieser Zahlen hatten sich die »vaterlandslosen Gesellen« von 1914 in die Körperschaft der »Großgewerkschaft« verwandelt. Gleichzeitig erzielten Ladenbesitzer, Handwerker, Beamte, Angestellte und Bauern eigene Erfolge in ihrem Streben nach Organisation. Jedenfalls ist die Ausbreitung von Interessengruppen das deutlichste Anzeichen für die politische Macht, welche die Mittelschichten nach der Novemberrevolution gewonnen hatten.

Wann immer die Deutschen während des Krieges und der Revolution für sich selber sprachen, taten sie es am lautesten als Vertreter spezieller sozialer und wirtschaftlicher Interessen. Versammlungssäle und Marktplätze hallten von den hartnäckigen Forderungen wider, die Postbeamte, Volksschullehrer, Verkaufsfahrer und Gastwirte erhoben, ein Aufruhr der Basis, der an die Taktik der Arbeiter erinnerte und die bürgerliche Politik umformte, indem er ihr einen betont populistischen Zuschnitt gab. Dort, wo man es am wenigsten erwartet hätte, schossen wirtschaftliche Interessengruppen aus dem Boden, eine Weiterführung der »Verrätisierung«, das heißt der zwangsweise Zusammenschluß von Künstlern, Ärzten, Musikern, Seeleuten und selbst von Prostituierten, der in den ersten Wochen nach der Revolution so augenfällig war.[47] Jedes Grüppchen, vom Bund der Kriegsblinden bis zur Vereinigung der Zeitungsverkäufer und zum Bund deutscher Kantinenpächter, beanspruchte eine Interessenvertretung, ein Büro, ein Telefon, eine regelmäßig erscheinende Publikation, um soziale Anerkennung und, mit Glück, parlamentarische Protektion zu erreichen. Interessenvertretungen organisierten nicht nur mehr und unterschiedliche Arten von Wählergruppen als vor dem Krieg, sondern wandten auch militantere politische Taktiken an. Die Mobilisierung der Interessen ist eines der bemerkenswertesten Kennzeichen des deutschen politischen und sozialen Lebens nach 1918.

Niemals in der deutschen Geschichte organisierten sich binnen eines einzigen Jahres so viele Leute in Interessengruppen oder erweckten dahinsiechende Organisationen zu neuem Leben, wie im Lauf des Jahres 1920. Zu den beinahe sechs Millionen Arbeitern, die den Freien Gewerkschaften beitraten, kamen nicht weniger als vier Millionen Angestellte, Beamte, Bauern und Handwerker, die sich neu organisierten. Berufe, die bislang keine Vertretung hatten, wie die der Chemiker, Laboranten oder Bühnenarbeiter, gründeten stimmgewaltige Interessengruppen. In den letzten Wochen des Jahres 1918 wurden 45 neue Beamtenorganisationen gegründet. Gleichzeitig vereinigten sich verstreute Gruppen in mächtigen Bünden. Der neugegründete Deutsche Beamtenbund wies 1919 eineinhalb Millionen Mitglieder auf. 90% der organisierten Angestellten wurden von einem der drei Dachverbände vertreten: dem sozialistischen Allgemeinen Freien Angestelltenbund (1920: 450 000 Mitglieder), dem Christlichen Gewerkschaftsbund der Angestellten (300 000) und dem Deutschnationalen Handlungsgehilfenverband (250 000).[48] Im Zuge einer Bewegung, die ein Historiker die »zweite Mobilisierung auf dem Land« nannte, wurden Tausende von Kleinbauern in örtlichen Landwirtschaftskammern, in Bauern-bünden und in neueren militanten Gruppierungen wie der Freien Bauernschaft aktiv.[49] Allein in Westfalen wurden bis 1919 130 inaktive Landwirtschaftskammern wiederbelebt; gegen Ende des Jahres hatte die Mitgliederzahl das Niveau der Vorkriegszeit um 50 Prozent überschritten.[50] Bei den Handwerksmeistern, deren überwiegende Mehrheit in Innungen organisiert war, wuchs die Mitgliederzahl von 625 000 im Jahr 1919 kontinuierlich im Lauf der folgenden sieben Jahre auf 935 000. In Süddeutschland wies der Verband deutscher Gewerbevereine, in dem vorwiegend Handwerker organisiert waren, 1919 etwa 200 000 Mitglieder auf. Viel kleiner, aber durchsetzungsfähiger war der 1919 gegründete Nordwestdeutsche Handwerkerbund, der 50 000 Mitglieder zählte.[51]

In Hunderten deutscher Städte versammelten sich mittelständische Gruppen so wie der Oldenburger Gewerbe- und Handelsverein von 1840, der im Januar 1919 zusammenkam, um die neue politische Landschaft zu erörtern. Die Ära der »Königsmacher« sei vorbei, behauptete der Vorsitzende, die Mitglieder müssen sich auf sich selber verlassen und sich den neu organisierten politischen Parteien anschließen, wenn sie die öffentliche Politik beeinflussen wollen. »Hinein in die Parteien«, forderte er. Oldenburgs führende Zeitung stimmte ihm zu und führte aus, die Parteipolitik sei das Ergebnis eines Darwinschen Kampfes zwischen Interessengruppen; nur die stärkste, hartnäckigste erlange politischen Einfluß.[52] Die Angestellten verfolgten dieselbe Strategie. Berufliche Organisation mußte mit politischer Mobilisierung einhergehen. Dem Deutschnationalen Handlungsgehilfenverband zufolge sollte jedes Mitglied »als Mitglied, Funktionär, Kandidat oder Abgeordneter durch aktive Mitarbeit in den Parteien die Prinzipien des Verbandes geltend machen«.[53] Die Schlagwörter der neuen deutschen Demokratie sprechen für sich: »Arzt, hilf dir selbst« oder »Wer am lautesten schreit, bekommt am meisten« oder »Jedes Mitglied muß Stellung beziehen«. Binnen eines Jahres hatten die Ärzte sich in der Tat selbst geholfen, die Buchbinder hatten geschrien und die Kleinbauern Stellung bezogen.[54]

Im Vergleich zu den Vorkriegsjahren war der Einfluß des Mittelstands im Reichstag bemerkenswert. Die bürgerlichen Parteien verdankten ihren großen Mitgliederbestand den energischen Bemühungen von Interessengruppen wie Landwirtschaftskammern, Angestelltenverbänden und den Handwerkerbünden, die bei den Reichstagswahlen 1919 und abermals im Juni 1920 sowie bei Hunderten von Landtags- und Kommunalwahlen in den Wahllisten überdurchschnittlich repräsentiert waren. Außerdem richteten die Parteien vorzugsweise Appellen an Berufsgruppen, um Wähler anzusprechen. Diese Aufmerksamkeit spiegelte die Anforderungen wider, die sich aus den neuen Aufgaben demokratischer Politik ergaben.[55] Wenn jemand wie der Reichstagsabgeordnete Gustav Budjuhn seinen Anspruch auf eine erneute Nominierung durch die Deutschnationale Volkspartei mit einer ellenlangen Liste oft haarklein beschriebener Gruppen, mit denen er in Verbindung stand, begründen konnte – darunter die Vereinigung Deutscher Modelleisenbahnhändler, die Dachorganisation Deutscher Uhrmacher, der Bund Deutscher Metzger und der Bund Deutscher Brauer –, war klar, daß die Vertreter des Mittelstands ihre Lektion gelernt hatten.[56] Es besteht kein Anlaß, diese Mobilisierung der Interessen als antimodern oder als mit Demokratie unvereinbare Engstirnigkeit anzusehen.

Die Wähler verlangten auch eine aggressivere politische Strategie. Handwerker zum Beispiel hatten sich traditionell in getrennten Handwerkerinnungen organisiert und die Mitgliedschaft in halböffentlichen Verwaltungskörperschaften, den Handwerkskammern, oder in Unternehmerverbänden als bevollmächtigte Vertretungen der Innungen erworben. Das Selbstgefühl eines Handwerkers, ob Metzger, Bäcker oder Klempner, war folglich ausschlaggebend. Der neugegründete Handwerkerbund organisierte den einzelnen Handwerker unabhängig von seinem Gewerbe und erreichte dadurch eine viel breitere Basis, vergrößerte seine Möglichkeiten, die Regierung herauszufordern, Stimmen abzugeben oder in anderer Form Wähler zu mobilisieren. »Im Zeitalter der Demokratie herrschen Massen«, erklärte die *Nordwestdeutsche Handwerkszeitung*: »Wenn Deutschlands Handwerker in der Politik oder der Wirtschaft weiterhin eine Rolle spielen wollen, müssen sie sich zu einer entschlossenen und entsprechend geschulten Masse vereinigen.«[57] Auf ähnliche Weise trennte sich im Rheinland und in Bayern der Bund der Landwirte von älteren Landwirtschaftskammern und Kleinbauernverbänden, organisierte kleine Landbesitzer, ohne Rücksicht auf Unterschiede zwischen Katholiken und Protestanten, und verteidigte mit beachtlicher Vehemenz bäuerliche Interessen gegen Regierungsbeamte.

Sowohl der Handwerkerbund als auch der 1919 entstandene Deutsche Landbund wählten die Sozialdemokratische Partei als Vorbild: Der Mittelstand setzte nicht nur Hoffnungen in die kämpferische Organisation der Arbeiter, er übernahm von ihr auch eine zunehmend demokratische Organisationsstruktur, in der Vorstände den Mitgliedern verantwortlich waren. Und wie die sozialistischen Arbeiter schreckten die mittelständischen Gruppierungen vor Streiks nicht zurück; kampfbereite Angestelltengewerkschaften traten 1919 während der Flut von Angestelltenstreiks auf. Unter dem Druck ihrer schlechtbezahlten Mitglieder erkannte selbst der biedere Deutsche Beamtenbund die Rechtmäßigkeit eines Streiks »als letzte Zuflucht« an, was beim großen Eisenbahnerstreik im Februar 1922 deutlich wurde. Der Deutsche Landbund erhielt für seine Drohung, die Nahrungsmittellieferungen an die Städte zu bestreiken, massive Unterstützung von seiten westdeutscher Bauern.[58]

Für den deutschen Mittelständler war die nützlichste politische Folge der Revolution seine (oder ihre) neu erworbene Mitgliedschaft in einer wirtschaftlichen Interessengruppe. In großen und kleinen Städten wetteiferten wiederbelebte Ortsgruppen älterer Organisationen mit selbstbewußteren Gruppen, die viel mehr Menschen erreichten als je zuvor. Wählerschichten wie Eisenbahn- und Postbedienstete, Büroangestellte und Handwerker, die sich früher still verhalten hatten, gewannen in bürgerlichen Parteiorganisationen noch nie dagewesenen Einfluß. Ungeachtet ihrer rhetorischen Panikmache in bezug auf die sozialistische Bedrohung hatten die Wähler des Mittelstands ein beträchtliches Gewicht, mit Sicherheit mehr als vor dem Krieg. Auf die Dauer spielten Interessengruppen im parlamentarischen Prozeß eine so dominierende Rolle, daß Oswald Spengler Deutschlands neue Demokratie geringschätzig als »Interessentenhaufen« und die Politik als »die Fortsetzung der Privatgeschäfte mit anderen Mitteln« bezeichnete.[59] In den Augen des Geschichtsphilosophen und vieler Vertreter der konservativen Rechten wurde die postrevolutionäre Politik von egozentrischen wirtschaftlichen Gebilden, den sogenannten Ständen, gemacht, die das öffentliche Leben allein durch das Prisma bestimmter gemeinsamer Rechte und Gruppenansprüche betrachteten.

Der von dem Soziologen Emil Lederer bereits 1912 erkannte Prozeß, durch den eine »moderne wirtschaftliche Entwicklung« alle »vorher passiven Interessen ins Leben rufen« und »politische Ideen durch wirtschaftliche Interessen ersetzen« würde, wurde durch die berüchtigte deutsche Inflation beschleunigt.[60] Die seit Beginn des Krieges galoppierende Geldentwertung traf die sozialen Gruppen ganz unterschiedlich, bescherte Gläubigern, Mietern und Gehaltsempfängern grundverschiedene Erfahrungen und rechtfertigte insofern ihre Betonung des »Eigeninteresses«. Den Bauern bot die Inflation der frühen zwanziger Jahre gute Möglichkeiten, die Knappheit von Lebensmitteln auszunutzen, den Arbeitern, der Regierung Lohnzugeständnisse abzuringen, oder den

Beamten, um Sondervergütungen nachzusuchen. Überdies kostete die strenge fiskalische Stabilisierungspolitik, die 1924 folgte, Tausende von Angestellten ihre Posten. Die Arbeitslosigkeit unter den Angestellten schnellte auf die höchsten Werte seit der Revolution und sank vor der endgültigen Katastrophe, als die Inflation den Höhepunkt erreichte, nur gelegentlich unter 10 Prozent. Außerdem wirkte sich der Mangel an Krediten für handwerkliche und bäuerliche Kleinbetriebe verheerend aus. Durch jede weitere wirtschaftliche Verschlechterung erfuhr die Ausweitung einer Politik der Interessengruppen eine Bestätigung.

Für die großen bürgerlichen Parteien – die beiden liberalen Parteien, die Deutsche Demokratische Partei und die Deutsche Volkspartei, und die konservative Deutschnationale Volkspartei – war die Inflation eine politische Katastrophe. Sie alle wurden von innerparteilichen Kämpfen zerrissen, als Berufsgruppen darum kämpften, mehr Einfluß zu gewinnen. Die Landtags- und Reichstagswahlen von 1924 offenbarten außerdem die wachsende Anziehungskraft der kleinen, aber zahlreichen Sonderinteressen verpflichteten Parteien, die rücksichtslos gegen etablierte Politiker in Berlin und deren unablässigen Kuhhandel im Reichstag zu Felde zogen. Die Wirtschaftspartei, welche die Unterstützung der Besitzer kleiner Vermögen, Ladenbesitzer und Handwerker genoß, erzielte bei den Reichstagswahlen 1924 3,3 Prozent der Stimmen. Auf lokaler Ebene waren die Erfolge ihrer Zweigorganisation noch größer (8,3 Prozent in Braunschweig bei den Landtagswahlen 1924; 10 Prozent bei den sächsischen Landtagswahlen 1926). Gleichzeitig erschwerte ein Sammelsurium von Bauernparteien, Kandidatenlisten der Hausbesitzer, Mietervereine und Angestellten- und Beamtenlisten es etablierten Parteiführern zunehmend, die Lokalpolitik zu steuern. Das Vertrauen der Öffentlichkeit in ihre Fähigkeiten, sich für die Interessen des Mittelstands einzusetzen, zerbröckelte mehr und mehr, denn seit 1924 gewannen die Splitterparteien bei jeder Kommunal-, Landtags- und Reichstagswahl bis 1930, dem Jahr des nationalsozialistischen Durchbruchs, immer mehr Stimmen.

Die Inflation zählt zu den traumatischsten Ereignissen in der deutschen Geschichte. Sie machte ein schwaches parlamentarisches System noch schwächer und engte den künftigen Spielraum der Weimarer Regierungen für eine bessere soziale Gesetzgebung ein. Selbst nach ihrem Abklingen mit Beginn einer neuen Währungsordnung Ende 1923 hatten die deutschen Bürger weiterhin das Gefühl, in einem permanenten Notstand zu leben. Sie waren gegenüber Werten, die sich vielleicht als hohl erwiesen, mißtrauisch und schnell bereit, Loyalitäten aufzukündigen, die früher nicht hinterfragt worden waren. Die republikanischen Tugenden verkamen rasch zu einem gewissermaßen rein solipsistischen Eigeninteresse.

Doch die Ausrichtung auf wirtschaftliche Interessen war nicht ganz so engstirnig, wie es auf den ersten Blick erscheinen mag. Über den Beruf lernten Millionen von Deutschen, gemeinsame Interessen zu formulieren, schwächende Trennlinien zwischen den Sparten zu überwinden und das hohe, für ein Überleben in einer kapitalistischen Wettbewerbsgesellschaft notwendige Organisationsniveau zu erreichen. Der Gemeinschaftsgeist lieferte auch das Vokabular, um Ansprüche zu artikulieren. Die Berufung auf berufliche Interessen spiegelte die Bedeutung wider, welche der Mittelstand Arbeit und Verdienst beimaß, was überlieferte Ranghierarchien und wilhelminische Verhaltensnormen aushöhlte. Die Vorstellung der Gemeinsamkeit fand Anklang, weil sie sich sowohl der klassenmäßigen Exklusivität des Marxismus wie der »Big business«-Kultur des Kapitalismus widersetzte. Sie war die logische Ableitung der Idee vom »Volksstaat«, die seit Kriegsbeginn im Schwange war.

Darum ist es ein Irrtum, die Inflation mit einem völligen Zusammenbruch der Politik gleichzusetzen. Da sie, insbesondere die verschärfte Inflation in den Jahren 1922/23, so durchgreifende Wirkungen zeitigte, über alle Menschen gleichermaßen Leid brachte und ihr Auftreten in der allgemeinen Vorstellung so sehr mit dem Versailler Vertrag verknüpft war, deckte sie das von allen Deutschen geteilte nationale Schicksal auf, schweißte nationalen Charakter und nationales Leiden zusammen und trieb dadurch Pläne zur nationalen Rettung voran. Daß hoffnungslose Bedingungen in Vorbedingungen für eine Erneuerung umgewandelt wurden, ist für die Jahre zwischen den Kriegen keinesfalls untypisch.

Konterrevolution

Im Frühjahr 1919, nach der Niederschlagung kommunistischer Aufstände in Berlin, Bremen und München und Auflösung der Generalstreiks in Halle, Magdeburg und Braunschweig, hätten die bewaffneten rechten Freikorpsmänner unter Umständen »die wichtigste Macht in Deutschland« sein können, mutmaßt der Historiker Robert Waite.[61] Selbst wenn diese Spekulation überzogen sein mag, ist es bemerkenswert, wie rasch sich die konterrevolutionären Kräfte gesammelt hatten. Nachdem sich die Freikorps durch Deutschland gemordet hatten und sich schließlich auflösten, ließen sie ein lockeres Bündnis von Geheimorganisationen, Veteranengruppen und Schützenvereinen zurück, die Hitlers entstehende SA oder Sturmabteilung einschloß. Zur selben Zeit förderten Landesregierungen die Bildung von lokalen Einwohnerwehren, um Gesetz und Ordnung aufrechtzuerhalten, so daß 1919 und 1920 mehr als eine Million Männer für paramilitärische Aktionen angeworben waren. Waffen gab es an jeder Ecke, die Kriegsteilnehmer waren wieder in Uniform und hatten ihre Gewehre unter Dielenbrettern – all das bezeugte die Mobilisierung, die überall im Reich in Hunderten von Gemeinden stattgefunden hatte.

Es überrascht nicht, daß die Remilitarisierung, die man für notwendig hielt, um die Republik vor den Linken zu schützen, den Staat einer noch größeren Gefahr von rechts aussetzte. Nur wenige Jahre nach der Etablierung der Demokratie war eine nationalistische Bewegung entstanden, die republikanischen Prinzipien entschieden feindselig gegenüberstand. Der langsame Niedergang bis zu Hitlers Machtübernahme 1933 setzte bereits ein paar Wochen nach der Novemberrevolution ein. Gleichwohl sind die paramilitärischen Verbände nicht die schlichten Handlanger der Reaktion, als die sie oft hingestellt werden. Bei genauerer Betrachtung läßt sich eine populistische Tendenz zu einem radikalem Nationalismus erkennen.

Im Frühjahr 1919 wurden die Freikorps von den Bürgern in den Städten als Befreier begrüßt, wo sie die Generalstreiks kämpferischer Arbeiter niederschlugen. Doch sie waren kaum Vorbilder für eine nachrevolutionäre Politik. Solange die Widersacher der Weimarer Republik im Halbschatten der Legalität operierten, war die Republik nicht in großer Gefahr. Die geheimen Verschwörungen, die dreisten Morde an prominenten Republikanern wie dem Führer der Zentrumspartei Matthias Erzberger (1921), dem Außenminister Walther Rathenau (1922) und die Putschversuche der Freikorps (1920) und der Nationalsozialisten (1923) offenbarten ein im Grunde elitäres Politikkonzept, dessen Befürworter sich seit 1914 gegen den Strom der Entwicklung stemmten.

Diese Abenteuer gaben vielleicht einen guten Lesestoff ab, aber sie machten keine gute Politik. Der Kapp-Putsch im März 1920 war von Anfang an ein Fehlschlag; Erich Ludendorff versagte als Politiker der Weimarer Zeit jämmerlich; und sogar die Freikorps gerieten größtenteils in Vergessenheit. Erst 1933 wurden die Freikorpskämpfer weitgehend als Faschisten *avant la lettre* anerkannt und öffentlich als politische Helden gefeiert. Aus diesem Grund erschienen die meisten großen historischen Darstellungen der Freikorpsbewegung und die Erinnerungen ihrer Kämpfer nach 1933.[62] Die Freikorps waren vor allem deshalb »die Vorhut des Nationalsozialismus«, weil die Nazis sie dazu machten. Obwohl viele Freikorpskämpfer schließlich den Weg zu den Nationalsozialisten fanden, spielten die beiden Gruppen recht verschiedene Rollen. Die Nationalsozialisten waren Organisatoren, die Freikorpsmänner waren Rebellen, und wenn die Nazis den Antimarxismus und die körperliche Brutalität der Freikorpsleute teilten, so fehlte ihnen doch deren prahlerische Verachtung der bürgerlichen Gesellschaft und ihre Selbststilisierung als Außenseiter.

Die Freikorpskämpfer ähnelten stark den Romantikern des 19. Jahrhunderts, wie sie Carl Schmitt beschreibt, interessant wegen ihrer inneren Freiheit, doch wirkungslos, weil unpolitisch.[63] An einer Straßenecke in Berlin stehend, war Ernst von Salomon von den harten Gesichtszügen der Frontsoldaten beeindruckt. Der Anblick ihrer von den Gefahren des Krieges gezeichneten Gesichter trieb ihn dazu, sich am nächsten Tag zum Freikorps zu melden. Die meisten Freikorpskämpfer müssen ähnlich empfunden haben, denn ihre Entscheidung schien eher von ästhetischen denn von politischen Erwägungen geleitet. Nach eigenem Eingeständnis suchten die Freiwilligen das Abenteuer, nicht die Erlösung. »Ich möchte nie wieder nach Hause«, erinnerte sich Friedrich Siebert bei Kriegsende: »Mein ganzes Leben möchte ich auf diesen Landstraßen gehen, diesen Himmel absuchen, die Welt nach Planquadraten und Divisionsschnitten messen und die Tageszeiten nach der Stärke des Artilleriefeuers schätzen … mein Deutschland fängt da an, wo die Leuchtkugeln aufsteigen, und hört hier auf, wo der Zug nach Köln abgeht …«[64]

Für die Freikorpskämpfer war Politik einfach Kriegführen mit anderen Mitteln. Jedenfalls war der Übergang vom Krieg zum Bürgerkrieg nahtlos, wie das Resümee von Friedrich Wilhelm Heinz verrät: »Mit 16 Jahren Kriegsfreiwilliger im Garde-Füsilier-Regiment. Mit 18 Jahren aktiver Leutnant im Infanterie-Regiment 46. Somme, Flandern, Tankschlacht, Märzoffensive, Abwehrschlachten, Grenzschutz, Ehrhardt-Brigade, Kapp-Putsch, Oberschlesien, Schwarze Reichswehr, Ruhrkrieg, Feldherrnhalle.«[65] Und für den Großteil der Freikorpskämpfer, die junge Schulabgänger waren, die sogenannte Generation von 1902, war der Eintritt eine Möglichkeit, sich ein Kriegserlebnis zu schaffen, das ihnen versagt geblieben war. Der kämpferische Einsatz war die Hauptsache, während politische Interessen so gut wie keine Rolle spielten. Während des Kapp-Putsches wußten die Männer des Freikorps Hindenburg nicht einmal, auf welcher Seite sie kämpfen würden.[66] Als er von einem britischen Offizier gefragt wurde, warum seine Leute nach Berlin marschiert seien, erwiderte ein erstaunter Hauptmann: »Weil ich es ihnen befohlen habe! Genügte das nicht?«[67] Gewiß, die meisten Freiwilligen haßten die Sozialisten, aber diese Feindseligkeit lief kaum auf ein politisches Programm hinaus. Wollten sie den exilierten Kaiser zurückhaben? »Ein verwirrter Freiwilliger stammelte: ›Nein. Das nicht, das nicht...‹ ›Was war dann der Sinn des Ganzen?‹ Die Frage machte den Freiwilligen verlegen. Er wiederholte sich die Frage und erwiderte schließlich: ›Der Sinn? Der Sinn? Sinn ist nur in der Gefahr. In die Ungewißheit zu marschieren, ist für uns Sinn genug, weil das den Forderungen unseres Blutes entspricht.‹«[68]

Hagen Schulze hat die Freiwilligen der Freikorps zutreffend als Nihilisten beschrieben.[69] Sie verfügten über keine deutliche Vorstellung von Gesellschaft, hatten die Städte vergessen, aus denen sie kamen, und verachteten die Bürger, die sie »befreiten«. Folglich waren sie einfach keine glaubwürdige politische Kraft. Nur in einem Punkt waren sie typisch für die Deutschen der Nachkriegszeit. Die Freikorps waren nicht nostalgisch – vom Kaiser sprechen die Männer kaum. Aus ihrer Sicht hatten der Krieg und die Revolution eine phantastische, schreckliche Welt geschaffen, die jede Rückkehr ins Jahr 1913 unmöglich machte. Dieses Abenteurertum veranschaulicht die weit verbreitete Erkenntnis, daß die alten politischen Formen sich überlebt hatten.

Möglicherweise bedeutsamer und weitaus zahlreicher als die Freikorps waren die Einwohnerwehren, die im ganzen Reich in Städten und Dörfern als Reaktion auf proletarische Plünderungen und Arbeiterstreiks gegründet wurden. Da unverhältnismäßig viele Kriegsteilnehmer die Verantwortung für die örtliche Sicherheit übernahmen, hatten die Einwohnerwehren das Zeug zu einer neuen politischen Kraft, die aus der Erfahrung des Krieges heraus Deutschland neu erschaffen wollte. Die Selbstverteidigung stärkte das Selbstvertrauen und sammelte Patrioten unter dem Banner eines selbstlosen Kampfes für die nationale Befreiung. Angeblich über den Parteien und sozialen Trennlinien stehend, sollten die Einwohnerwehren als grundlegendes Modell für die politische und soziale Einheit der Nation dienen. Die Berliner Organisatoren hatten nichts weniger im Sinn als die Wiederbelebung des Burgfriedens.

Das ganze Gerede über nationale Befreiung getreu dem Vorbild der Erfahrungen von 1813 artete natürlich rasch in Wettern gegen die Alliierten und die vorgetäuschte Demokratie aus, die sie dem deutschen Volk auferlegt hatten. Wie James Diehl zusammenfassend sagt, war »das vorgeblich ›unpolitische‹ Programm der Einwohnerwehren … hochpolitisch«; und es enthielt alle Merkmale einer autoritären politischen Ordnung, welche die Errungenschaften der demokratischen Revolution rückgängig zu machen gedachte.[70] Die antidemokratischen und antisozialistischen Tiraden klangen vertraut, doch das Beharren auf Selbsthilfe vor Ort unterschied sie von den Phantasien anderer Rechter wie Kapp und Salomon. Die Einwohnerwehren glichen eher einer Truppe von Heimatbündlern als einem Exekutivausschuß von Honoratioren oder einer Elite marodierender Söldner, und das verlieh ihnen Züge einer sozialen Offenheit und Volksverbundenheit, die man gewöhnlich nicht mit der deutschen Rechten in Verbindung bringt.

Daß 1919 und 1920 so viele Einwohnerwehren gegründet wurden, macht deutlich, wie weit sich das revolutionäre Gleichgewicht der Macht zugunsten des Mittelstands verschoben hatte. Auf den ersten Blick stellten die eine Million Deutsche, die den Wehren beitraten und mit insgesamt 660 000 Gewehren bewaffnet waren, ein eindrucksvolles Gegengewicht zu den revolutionären Arbeitern dar. Doch wie sich herausstellte, waren die Einwohnerwehren nicht die schwerbewaffnete Streitmacht, die begeisterte Verfechter sich ausgemalt hatten. Hier und da hatten die Wehren Erfolg: In Kiel zum Beispiel, wo die Revolution zuerst ausgebrochen war, finanzierten wohlhabende Bürger einen gut organisierten Freiwilligen Ordnungsbund mit über 8000 Mitgliedern. Auch wehrten Dorfwehren erfolgreich die Invasion hungriger Großstädter an den Wochenenden ab. In vielen Städten wurden Arbeiter- und Soldatenräte gezwungen, ihre Waffen bei Polizei- oder Militärbehörden abzugeben und sich aufzulösen. Gleichwohl beschränkten sich die Einwohnerwehren außerhalb Bayerns im allgemeinen auf den örtlichen Umkreis, und ihre Begeisterung schwand, sobald die unmittelbare Bedrohung von Haus und Herd gewichen war; ihre starre Ortsgebundenheit machte sie politisch wenig brauchbar. Mit der Zeit erschienen weniger Freiwillige zum Dienst, und die anderen litten unter Langeweile. In einigen Gebieten an der Ruhr verhinderten Sozialisten die Bewaffnung der Wehren, oder sie traten ihnen so zahlreich bei, daß die Truppe nicht mehr den Interessen der Bürger diente.[71]

Bei der größten Herausforderung der Konterrevolution, während des Kapp-Putsches im März 1920, versagten die Einwohnerwehren ebenfalls. Als Wolfgang Kapp, der als Alldeutscher im Weltkrieg traurige Berühmtheit erlangt hatte, Freikorpsabteilungen in die Hauptstadt führte und eine neue nationale Regierung ausrief, mißlang es den meisten Einwohnerwehren mit ihm zu kollaborieren oder örtliche Machtpositionen zu übernehmen. Im Westen und Norden Deutschlands überwogen in den Einwohnerwehren Handwerker, Beamte und Ladenbesitzer, die, wenn sie die Republik auch verabscheuten, wenig Sympathie für restaurative Verschwörungen hatten. Anderswo versäumten es die Putschisten, die man nicht zu Unrecht für Dilettanten hielt, die Unterstützung von Lokalpolitikern und sympathisierenden Redakteuren zu gewinnen. »Daß es absolut keine moralische Unterstützung gab … konnte man schon in den ersten Stunden spüren«, berichtete ein britischer Beobachter aus Berlin.[72]

Mit einem Generalstreik konfrontiert, brach der Putsch nach wenigen Tagen zusammen.

Die konzertierten Gegenaktionen von Sozialdemokraten, Unabhängigen Sozialisten und Kommunisten, welche die Hauptstädte der deutschen Provinzen für einige Tage lahmlegten, jagten den Bürgern Furcht ein. Sogar eher liberal gesinnte Bürger befürchteten, daß die linken Streikkomitees, die in den Orten die Kontrolle zu übernehmen trachteten, im Begriff seien, eine Diktatur des Proletariats zu errichten. Von Anfang März bis in den April herrschten um Braunschweig, in Gotha und überall an der Ruhr bürgerkriegsähnliche Zustände. Selbst in Städten, in denen die Klassen noch freundlichen Umgang miteinander gepflegt hatten, hinterließ der Kapp-Putsch tiefe Feindseligkeiten. Der Lokalzeitung zufolge waren in Goslar »die Dinge immer ruhig gewesen«, doch habe die Stadt »während der Streiks letzte Woche einen gehörigen Schock erlitten«.[73] In den folgenden Monaten sorgten Hungeraufstände, Demonstrationen aufrührerischer Arbeiter, die gegen die Ermordung von Außenminister Rathenau im Juni 1922 protestierten, und sozialistische Mehrheiten in den Landtagen von Sachsen und Thüringen dafür, daß die Bürger gereizt und abwehrbereit blieben.

Trotz des gescheiterten Kapp-Putsches schienen im späten Frühjahr 1920, als Landtagswahlen einen kräftigen Rechtsruck anzeigten, die Gegner der Weimarer Republik gut erholt. Nichts gefährdete die Weimarer Republik mehr als die tiefe Kluft zwischen Linken und Rechten. In Tausenden von Gemeinden, vorwiegend im protestantischen Norden, hatten die achtzehn Monate zwischen dem Ausbruch der Novemberrevolution und den Folgeerscheinungen des Kapp-Putsches ausgereicht, um die sozialistische Arbeiterschaft und die bürgerlichen Nationalisten in zwei einander bekämpfende und sich zunehmend radikalisierende Lager zu spalten. Vom Geist des Burgfriedens blieb kaum etwas übrig, obgleich die Beziehungen zwischen den Klassen im katholischen Süden und Westen und in den großen Städten lockerer waren. Nur die

Deutsche Demokratische Partei versuchte, zwischen der Sozialdemokratie und dem Bürgertum zu vermitteln; sie büßte bei den Reichstagswahlen im Juni 1920 mehr als die Hälfte ihrer Wählerschaft ein. In den kleinen und mittleren Städten, wo noch immer die meisten Deutschen wohnten, waren die Demokraten dezimiert worden.

Zur gleichen Zeit verflocht sich der Kampf gegen die Sozialisten zunehmend mit dem Kampf um die Nation. Die schwierigen Bedingungen von Krieg und Frieden brachten etwas hervor, das Ernest Renan einmal das »tägliche Plebiszit« des Nationalismus genannt hat, bei dem der abstrakte Staat, der Steuern erhob und Gesetze erließ, als lebendiges, atmendes, verwundetes kollektives Wesen erschien. Angesichts des Ausmaßes der Mobilisierung im Krieg und der Erfahrung massenhaften Sterbens ist es nicht überraschend, daß sich der einzelne als Teil des Körpers der Nation fühlte. Bauern, Arbeiter und Angestellte, bemerkt Martin Broszat, kehrten 1918 »verändert« heim: »Der Krieg hatte sie aus dem gewohnten Gang episch-provinziellen Lebens herausgerissen, in die ›große Welt‹ und in schicksalhafte nationale Zusammenhänge hineingestellt.«[74] Die Folge war, daß Kriegsheimkehrer selbst in den kleinsten Städten eine größere politische Rolle spielten. Fahnenweihen und Gedenkfeiern durchsetzten das Alltagsleben, und Kriegslieder – »Siegreich wollen wir Frankreich schlagen« war besonders beliebt – bereicherten das Repertoire von Gesangvereinen. Die harten Bedingungen des Versailler Vertrags, die Schaffung des polnischen Korridors (1919), die Teilung Schlesiens (1921) und die Besetzung des Ruhrgebietes durch die Franzosen (1923) kränkten die Deutschen zutiefst: Sammlungen wurden veranstaltet, kleine Kinder zur Erholung aufs Land geschickt, und die Marktplätze füllten sich mit zornigen Protestlern aller Parteien. Zunehmend von der Einheit der Nation besessen, die böse verstümmelt erschien, dachten die deutschen Nationalisten immer mehr in absoluten und rassischen Kategorien. Sie verschärften den Ton, beschworen apokalyptische Bilder von Gefahr und

Errettung und ergingen sich in bösartigen Angriffen gegen sogenannte nichtdeutsche Elemente – gegen Sozialisten, Polen und zunehmend gegen Juden –, die der nationalen Erneuerung im Weg stünden.

Dutzende von nationalistischen Gruppen nahmen an der paramilitärischen Ausbildung teil und verbreiteten düstere antisozialistische Propaganda. Die Leute besuchten eifrig Vorträge, um etwas über bolschewistische Verschwörungen und sozialdemokratische Missetaten zu erfahren. Konservative Zeitungen überhäuften rechte Pamphletisten, die republikanische Amtsinhaber wie Ebert und Erzberger in Mammutprozessen verspotteten, mit Aufmerksamkeit. Ein alternatives Verlagswesen entstand aus dem Nichts, das Hunderte von Pamphleten, Postkarten und Bilderbüchern ausspie, in denen die angeblichen Grausamkeiten der Revolutionäre im einzelnen wiedergegeben wurden. Im Dezember 1918 druckte Eduard Stadtler, ein produktiver Propagandist der Antibolschewistischen Liga, 50 000 Exemplare von *Der Bolschewismus und seine Vernichtung*; ein wenig später erfreute sich sein Machwerk *Der Bolschewismus und das Wirtschaftsleben* einer Auflage von 100 000. In München brachten die künftigen Nationalsozialisten Alfred Rosenberg und Dietrich Eckart 100 000 antisemitische Broschüren unter das Volk. Der berüchtigte Rassist Theodor Fritsch gab zwischen November 1918 und März 1919 nicht weniger als zwei Millionen Broschüren heraus. Der Deutschvölkische Schutz- und Trutzbund behauptete 1920, er habe in nur einem Jahr insgesamt 7 642 000 Exemplare Propagandamaterial verteilt. Zilles Sandsteinmauer wurde über und über mit antisemitischen Tiraden, patriotischen Deklarationen und skurrilen Anklagen gegen das parlamentarische Regime bedeckt.

Doch trotz all dieser Geschäftigkeit blieb die nationalistische Opposition zersplittert. Weder die Einwohnerwehren noch die Freikorps hatten eine Zukunftsvision zu bieten, und exzessive Angriffe auf Sozialisten, Bolschewisten und Juden ersetzten kein politisches Programm. Die juristischen Auseinandersetzungen, zu denen verleumderische Gegner der Republik den Präsidenten Ebert pausenlos zwangen, produzierten viele Schlagzeilen, bewirkten aber keinerlei wirkliche Fortschritte. Während die Bürger auf geselligen »Deutschen Abenden« Kräfte sammelten, trafen sich die Nationalisten in der Regel im Stillen und privat und beließen es größtenteils dabei, die Vergangenheit zu glorifizieren – den Reichsgründungstag, den Sedantag, den Bismarcktag, die Augusttage. Die verheerenden Auswirkungen der Nachkriegsinflation machten diese Lähmung um so quälender, als der Verlust der wirtschaftlichen Sicherheit die Vorkriegszeit nicht nur in rosigem Licht erscheinen ließ, sondern außerdem ihre Unerreichbarkeit bestätigte. Die bloße Rhetorik des Nachkriegsnationalismus bekräftigte die Ziellosigkeit der Konterrevolution Anfang der zwanziger Jahre.

Nach so viel Schmach und Verrat in der Vergangenheit schien es jetzt, als könne alles passieren und nichts sei sicher und unverrückbar. Eine verkehrte Welt hatte rechtschaffene Patrioten zum Scheitern gebracht und zugelassen, daß »Novemberverbrecher« siegten. Diese verzerrte Optik sprach der Weimarer Republik die Rechtmäßigkeit ab, doch sie verwirrte auch die Nationalisten, die weder genau wußten, ob sie Monarchisten waren oder nicht, noch, ob die Welt von 1913 wiedererstehen solle oder könne.

Die viele Plakatkleberei bestätigte ebenso wie der massenhafte Andrang in den Veranstaltungen, daß der öffentliche Raum nun sehr stark bevölkert war. Seit 1914 und verstärkt seit 1918 waren in Gemeinden und Stadtvierteln Freiwilligenbünde wie Pilze aus dem Boden geschossen. Erstmals eröffneten politische Parteien Büros mit Telefonnummern und regulären Öffnungszeiten, für die sie Halbtagskräfte einstellten, und waren dadurch selbst in kleinen Städten in einem vor dem Krieg unvorstellbaren Maße präsent. Auch Einzelhändler, Bäcker und Büroangestellte organisierten sich in wirtschaftlichen Interessengruppen mit Hunderten von Ortsvertretungen. Die öffentlichen Aktivitäten bekamen durch das geschäftige gesellige Leben von Turnern, Volkskundlern, Sängern und Kirchgängern, die ungezählte Vereine gründeten und wiederbelebten, neuen Auftrieb. Nationalistische Gruppen verschiedener Observanz wurden aktiver, während ihre Gegenspieler aus der Vorkriegszeit, zum Beispiel der Flottenverein, größtenteils nur in den Großstädten beheimatet gewesen waren. Eine buntscheckige Schar selbsternannter Volkstribunen, religiöser Propheten und Antisemiten, machte sich ebenfalls bemerkbar.

Ein Blick in die Adreßbücher von 1913, 1919 und 1925 enthüllt die zunehmende Dichte des Vereinslebens in der Provinz. Wo es vor dem Krieg zwei Vereine gegeben hatte, waren es 1919 drei und Anfang der dreißiger Jahre vier. In Marburg, Celle und Uelzen, um einige beliebige Beispiele zu nennen, hatte der Krieg die Bürger angespornt, Hilfsdienste zu organisieren, patriotische Kampagnen vorzubereiten und Selbsthilfegruppen zu gründen, eine Tendenz, die durch die Revolution noch verstärkt wurde. Nach 1918 lockerten die Vereine ihre gesellschaftlichen Begrenzungen, nahmen den Postboten, den Kontoristen und den Gemüsehändler auf. Höhere Beamte, wohlhabende Kaufleute und Akademiker besetzten weiterhin die Führungspositionen, doch nicht mehr in dem Maße wie vor dem Krieg. All das bezeugt die weitreichenden Auswirkungen egalitärer Ideen nach der Novemberrevolution.[75]

Das Vereinsleben brachte die Bürger enger zusammen, so, wie die »alternative Kultur« der sozialistischen Bewegung die politische Loyalität der Arbeiter einband. Sommerfeste, Vereinsjubiläen, Wettbewerbe von Turnern und Sängern waren für Städter aller Schichten willkommene Gelegenheiten, zusammenzukommen. In Gifhorn, Goslar oder Northeim fanden sowohl der Männergesangverein, der Turnerbund, die freiwillige Feuerwehr, das Schützenkorps als auch die Handwerkerzünfte, Kleinhändlervereinigungen oder Veteranenvereine immer wieder Gelegenheiten, um ihre farbenprächtigen Kostüme anzulegen, Fahnen und Wimpel zu entrollen und durch die Stadt zu paradieren. Diese Demonstrationen bürgerlicher Geselligkeit nährten ein umfassendes Gefühl bürgerlicher Identität und bewahrten die Gemeinschaft davor, zur Gänze in soziale Kasten und wirtschaftliche Cliquen zu zerfallen.[76]

Die Vereine organisierten die Bürger auch in Opposition zu örtlichen Sozialisten, wie erbitterte Streitigkeiten darüber belegen, welche Lieder (patriotische oder volkstümliche) man bei Gemeindefesten singen oder welche Fahnen (kaiserliche oder republikanische) man aufziehen solle. Jeden geselligen Verein gab es fast ausnahmslos zweifach, wobei beide gemeinsame Interessen verfolgten, die Mitgliederschaft des einen sich jedoch aus Arbeitern und die des anderen Vereins aus Bürgern zusammensetzte. Gemeinden wiesen zwei Kanuclubs auf, zwei Fahrradvereine, zwei Laienspielgruppen und in Goslar sogar zwei freiwillige Feuerwehren. Immer mehr Bürger fanden ihre politische Orientierung in dem regen Vereinsleben, fühlten sich dort aufgehoben und blieben den ausgesprochen nationalistischen Themen treu. Es war nicht zu übersehen, daß sich die Bürger an der Basis mit beispielloser Energie organisierten.

1924 gab es Anzeichen, daß diese geselligen Aktivitäten eine einheitlichere politische Gestalt annahmen. Die lebensfähigsten patriotischen Vereinigungen, die aus den zerstreuten Überresten der Freikorps und Einwohnerwehren hervorgingen, waren der Stahlhelm und der Jungdeutsche Orden, die sich zu bedeutenden politischen Kräften entwickelten, weil sie das spießbürgerliche gesellige Leben in der Provinz nicht verwarfen, sondern absorbierten. Anders als ihre Vorgänger, die Freikorps, zeigten der Stahlhelm und der Jungdeutsche Orden eine sympathische Offenheit, boten allen Patrioten, ob sie nun Beamte, Veteranen oder Bürger des Mittelstands waren, die Mitgliedschaft an. Bezeichnend war auch, daß sie sich gegen Frauen, die eigene Hilfsdienste gründeten und patriotische Feiern besuchten, offener zeigten.[77] Die Aktivitäten des Stahlhelms drehten sich um die schwarzweißrote Reichsflagge. Flaggenweihen waren Höhepunkte für Stahlhelm-Mitglieder, und sie wurden rasch zu hochgeschätzten Ereignissen im Gemeindeleben. Blaskapellen und Gesangvereine sorgten für Musik, dazu kamen militärische Traditionsverbände und Turnerschaften, so daß sie eher den Eindruck einer Familienfeier als den eines Kriegsgottesdienstes erweckten. Aus Braunschweig beschrieb Elisabeth Gebensleben, die Gattin eines Ingenieurs, das neue Schauspiel auf den Straßen der Stadt. Am 27. April schrieb sie: »Eben zieht ein Trupp junger Leute hier vorbei, sie singen: ›Hakenkreuz am Fahnentuch, mit schwarzweißrotem Band‹.« Fünf Tage später berichtet sie, ihr vierzehnjähriger Sohn Eberhard habe »heute nachmittag ... Wahlaufrufe für die Deutschnationale Volkspartei auf den Straßen verteilt«. Ihre Tochter Irmgard, die in Northeim wohnte, freute sich Mitte des Sommers auf die Fahnenweihe am Sonntag und auf den Tanz: »Überall herrscht große Aufregung ... alle Traditionsverbände kommen, sogar die Schützenvereine.« Ein paar Wochen später hatte Irmgard, wie sie schreibt, auf einem Deutschen Nationalistischen Abend mit einem »großen Blonden« getanzt, während Elisabeth von einer »wundervollen Stahlhelmfeier« in Braunschweig schwärmte und Eberhard sich anschickte, noch eine weitere große Versammlung zu besuchen.[78]

»Deutsche Tage« oder »Stahlhelmtage« wie der, den Elisabeth Gebensleben so wundervoll fand, zogen aus nahe gelegenen Städten Tausende von Patrioten an. Die militärische Staffage – Märsche, Bewegung, Frontlinien – ließen die nationalistische Geselligkeit politisch selbstbewußt und zukunftsorientiert erscheinen. Diese großen öffentlichen Versammlungen lieferten die überzeugende sichtbare Bestätigung der geschätzten Volksgemeinschaft, des romantisch-nationalistischen Ideals, von dem so viele Bürger ihre politische Orientierung bezogen. Der Jungdeutsche Orden erreichte den Höhepunkt seiner Popularität 1922 oder 1923, als er etwa 100 000 Mitglieder aufwies, während es der eindrucksvollere Stahlhelm gegen Ende der zwanziger Jahre auf etwa 500 000 brachte.[79] Doch diese Zahlen geben die ungeheure politische Macht, über die diese beiden Gruppierungen verfügten, und die treibende Rolle, die sie bei der Mobilisierung der bürgerlichen Gemeinschaft spielten, nur annähernd wieder. Ihre nationalistische Politik und ihre soziale Offenheit machten sie zu den Erben der »Solidarität von unten«, die einst den Burgfrieden ausgezeichnet hatte. Sie waren das Produkt des neuen, nicht des alten Deutschlands. Im übrigen verstärkte sich ihre antisemitische Tendenz.

Örtliche Aktivitäten wie Parteiversammlungen, Kampagnen von Interessengruppen und Stahlhelm-Aufmärsche zeigen, daß aus den Nachkriegsjahren viel mehr resultierte als nur die Begründung einer formalen Demokratie. Zwar standen die Deutschen aus guten oder schlechten Gründen der Weimarer Republik gleichgültig gegenüber, doch sie blieben weder untätig noch apathisch. Das eigentliche Ergebnis der Revolution war weniger die parlamentarische Regierung, die sie etablierte, als die Organisation und Aktivierung Tausender von Wählern, die sie ermöglichte. Das neue Deutschland kann man am besten in der unspektakulären Mobilisierung von Interessengruppen, Veteranenverbänden, Parteibüros und in den hundert Stimmen vernehmen, die sich selbstbewußt erhoben, mochten sie nun illiberal oder chauvinistisch sein. Es ist ein trauriges, aber unwiderlegliches Paradoxon, daß die feindseligen Diffamierungen des Präsidenten der Republik ebenso ein Indiz für die Demokratisierung waren wie die Präsidentschaft des gutwilligen Friedrich Ebert selbst.

Januar 1933

SA-Leute und Sympathisanten in der Berliner Wilhelmstraße am
Tag der Ernennung Hitlers zum Reichskanzler am 30. Januar 1933

Stiefel, die im Marschtritt über Asphaltstraßen donnerten, immer lauter wurden, Jubelgeschrei, das die winterliche Stille übertönte, Fackeln und Scheinwerfer, die die Dunkelheit durchdrangen – die *New York Times* sprach später von »einer gigantischen Demonstration, wie Berlin sie noch nicht erlebt hat«, zumindest nicht seit dem Novembernachmittag vor etwa vierzehn Jahren, als Friedrich Ebert 1918 »die Massen Revue passieren ließ«.[1]

Man schrieb Montag, den 30. Januar 1933. Adolf Hitler, gerade zum deutschen Reichskanzler ernannt, stand am Fenster mit Blick auf die Wilhelmstraße und ließ eine neue, größere, bedrohlichere Version von Deutschlands Massen Revue passieren. Da der Bericht der *Times* auch kommunistische Flugblätter, Messerstechereien und Schüsse erwähnte, blieb bei amerikanischen Lesern nicht der Eindruck zurück, das deutsche Volk hätte einmütig hinter den Nazis gestanden. In der Tat sagten die meisten Beobachter in Deutschland und im Ausland eine weitere Runde erbitterter Wahlkämpfe und mörderischer Straßenkämpfe voraus. Aber niemand konnte das gewaltige Ausmaß des faschistischen Aufmarsches übersehen.

Während des ganzen Nachmittags nach der Rundfunkmeldung von Hitlers Ernennung kurz nach dreizehn Uhr verstopften Schaulustige die Wilhelmstraße, wo die Reichskanzlei und Hitlers Hotel, der Kaiserhof, lagen. Übertragungswagen der Wochenschau parkten überall auf der Straße, und ihre Kameras und Scheinwerfer gaben dem großen Ereignis aufregenden Glanz. Am frühen Abend versammelten sich Mitglieder der nationalsozialistischen paramilitärischen Verbände

SA (Sturmabteilung) und SS (Schutzstaffel) wie auch die des nationalistischen Stahlhelm im nahen Tiergarten zu einer Parade und zogen in voller Uniform durch das Brandenburger Tor und über die Wilhelmstraße in den alten Stadtkern Berlins.

Was man nicht erwartet hatte, waren die schier unzähligen zivilen Jubler, die ebenfalls zusammenströmten. In dieser angeblich »roten« Stadt standen Tausende von Berlinern und feierten Hitler und Hindenburg, den Präsidenten der Republik. »Heil«-, »Hoch«- und »Hurra«-Rufe erschallten zwischen Gruppen, die »Deutschland, Deutschland über alles«, die »Wacht am Rhein« oder die Nazihymne, das »Horst-Wessel-Lied« sangen. Um besser sehen zu können, kletterten Jungen auf Bäume und Denkmäler, Zuschauer erstiegen die Mauern der günstig gelegenen englischen Botschaft, und ein paar erklommen sogar das Brandenburger Tor. Als sich die Parade in Bewegung setzte, war das Geschrei der Menge, wie der *Berliner Lokal-Anzeiger* schwärmte, ohrenbetäubend.

Botschafter André François-Poncet wurde Zeuge des Schauspiels, das er von den Fenstern der französischen Botschaft am Pariser Platz beobachtete. Er lieferte die beste Beschreibung:

> »Die Fackeln bilden einen einzigen Feuerstrom, einen Strom, dessen Wellen ununterbrochen aufeinander folgen, einen schwellenden Strom, der mit herrischer Macht in das Herz der Hauptstadt dringt. Und von den Männern im braunen Hemd und in hohen Stiefeln, die diszipliniert in Reihen marschieren und mit gleichmäßigen Stimmen aus voller Kehle kriegerische Lieder singen, geht eine unerhörte Begeisterung, eine dynamische Kraft aus. Die Zuschauer, die Spalier bilden, werden von dieser Begeisterung erfaßt. Sie brechen in lang anhaltende Rufe aus ... der Feuerstrom zieht an der Französischen Botschaft vorüber, von wo ich seiner leuchtenden Spur mit den Blicken folge ...«[2]

Als die uniformierten Parteimitglieder in die Wilhelmstraße einbogen, schlossen sich ihnen Gruppen von Zivilisten an und ließen Hitler und Hindenburg hochleben, die, in das strahlende Licht der Scheinwerfer getaucht und von der Bewunderung des Publikums umbrandet, sich der Menge an verschiedenen Fenstern zeigten. »Immer mehr Fahnen, immer wieder Märsche, immer wieder Wälder erhobener grüßender Arme. Stunden geht das so. Stundenlang dasselbe Bild.« Berlins Naziblatt *Der Angriff* übertrieb kaum.[3] Dieses eine Mal suchte der Herausgeber, Propagandachef Joseph Goebbels, nach Worten. »Aufbruch! Spontane Explosion des Volkes. Unbeschreiblich«, notierte er im Telegrammstil in seinem Tagebuch.[4] Es war nach Mitternacht, bis alle Marschierenden das Regierungsviertel durchquert und sich zum Schloß begeben hatten, das vor weniger als zwanzig Jahren Schauplatz so vieler Hochrufe auf den Kaiser gewesen war. Am nächsten Tag brachte Herbert Seehofer im *Völkischen Beobachter* die Verbindung zu den »Augusttagen« auf den Punkt: »Damals wie heute die lodernden Zeichen der Volkserhebung. Damals wie heute der Bann gebrochen, die Dämme eingerissen, das Volk steht auf.« Elisabeth Gebensleben, die in Braunschweig in einer Wochenschau die Parade sah, stellte die gleiche Verbindung her.[5] Das einzige, inmitten der braunen Uniformen und schwarzen Stiefel indessen noch sichtbare, Überbleibsel der Monarchie war der Sohn des Kaisers, »Auwi« – August Wilhelm –, der neben dem Grafen Helldorff, dem SA-Führer von Berlin, vor dem Hotel Bristol in der Wilhelmstraße stand. Am Abend des 30. Januar hat der deutsche Nationalismus vielleicht gesiegt, eine süße Rache für Versailles, doch es war eine völlig andere, revolutionärere Art von Nationalismus als die aufwendige Prachtentfaltung des kaiserlichen Deutschlands. Fast eine Million Berliner beteiligten sich an dieser außergewöhnlichen Demonstration der Treue zu einer Partei, die versprach, den sentimentalen Trödel der Vorkriegszeit und das Durcheinander der Weimarer Demokratie zu beseitigen und einen energischen und starken Rassenstaat aufzubauen, ein wirklich neues Deutschland für das 20. Jahrhundert.

Natürlich unterstützten nicht alle die Nationalsozialisten.

In einer Straßenbahn, die im nächtlichen Verkehr zum Anhalten gezwungen wurde, sah ein junger Mann »viele Menschen und das Theater« – »Da rutschte es mir so raus, da hab ich gesagt: ›Armes Deutschland.‹ Und da hat der Trambahnführer sich umgedreht, hat mir die Hand geschüttelt und hat gesagt: ›Ich denke auch so!‹«[6] Armes Deutschland, denn auf das Konto des Naziregimes sollten viele unschuldige Opfer kommen. In dieser Nacht schon erhielten die Botschaften dringende Anrufe ausländischer Bürger, die man zusammengeschlagen hatte, weil man sie für Kommunisten, Sozialisten oder Juden hielt.[7] Im proletarischen Norden Berlins organisierten ein paar Kommunisten eine Gegendemonstration, und später erschossen rote Straßenkämpfer den SA-Sturmführer Hans Maikowski, als er von der Parade nach Hause zurückkehrte.[8] Und nur ein paar Tage vorher hatten sich Hunderttausende von Berlinern im Lustgarten versammelt, um unter dem Motto »Berlin bleibt rot« zu demonstrieren. Gleichwohl schienen die Nazis größere Durchschlagskraft zu haben als ihre Gegner, die gestoppt, attackiert und aus dem Feld geschlagen worden waren. Der Kampf auf den Straßen dauerte während der nächsten Wochen an, aber seit der Nacht des 30. Januar blieben die Braunhemden immer in der Offensive.

Bei den gut organisierten politischen Armeen der Linken und der Rechten wurde der dramatische Regierungswechsel rasch publik. Wer ein Rundfunkgerät besaß oder sich mit anderen in einem Wirtshaus um ein Radio scharte, konnte mit eigenen Ohren die Live-Übertragung der lauten Beifallsrufe und der kriegerischen Musik auf der Wilhelmstraße hören – der neue Innenminister Wilhelm Frick hatte den zögernden Sendeleitern Goebbels' Live-Übertragung des »Volksjubels« aufgezwungen. Im Rundfunk verlasen ausgewählte Parteimitglieder aus allen sozialen Schichten die vorgefertigten Reaktionen »normaler Bürger«, die den neuen Reichskanzler begrüßten – eine Inszenierung, die suggerieren sollte, daß die Machtergreifung beim »Mann von der Straße« offenkundig Beifall fand.[9]

Fast über Nacht kam es in Dutzenden von deutschen Gemeinden zu Naziaufmärschen; Ende Januar 1933 brüsteten sich die Nazis mit 719 446 Mitgliedern, die in nicht weniger als 10 000 Ortsgruppen organisiert waren, für welche die Ernennung Hitlers zum Reichskanzler den Höhepunkt jahrelanger schwieriger Arbeit bedeutete.[10] In Darmstadt zum Beispiel dauerte es nur kurze Zeit, ehe die Nachricht von Hitlers Ernennung Tausende von Bürgern auf die Hauptstraßen trieb, wo sie die neue Situation erregt diskutierten. Am Nachmittag organisierten Kommunisten die erste Demonstration, auf die rasch ein Aufmarsch der Nazis und eine sozialdemokratische Versammlung folgten. In Frankfurt brachten die Mengen den Verkehr um den Schillerplatz zum Erliegen.[11] Nazifackeln erhellten die Nacht in Braunschweig, Mannheim und Coburg, das seit 1929 eine faschistische Hochburg gewesen war.

Am nächsten Tag, am Dienstag, dem 31. Januar, versammelten sich Nazis und ihre rechten Verbündeten vom Stahlhelm und lieferten sich in Breslau, Düsseldorf, Essen, Lübeck, Schweinfurt, Worms und Bad Homburg mit Kommunisten und Sozialdemokraten blutige Straßenschlachten. Während der folgenden Tage griffen Nazis und Kommunisten einander in Wirtshäusern an (Worms, Harburg, Bonn, Wilmersdorf), warfen Steine in Parteibüros (Velbert, Düsseldorf, Essen) oder verwüsteten Zeitungsredaktionen (Moers, Eisleben). Vor einem Arbeitsamt in Mannheim griffen Arbeiter Nazis an, die in Uniform erschienen. In Halle verwüsteten Nazis einen Ausschank für alkoholfreie Getränke, der von Kommunisten frequentiert wurde. Ein großer Teil der Gewalttätigkeiten geschah nachts; im Schutz der Dunkelheit überfielen einzelne Nationalsozialisten oder Kommunisten ihre politischen Feinde aus dem Hinterhalt. In der Hamburger Beierstraße wurde ein Nazi ermordet, während er in einer Bar auf der Toilette saß.

Typischer freilich waren die Siegesparaden in kleineren Städten, wie die in Northeim, die ein wenig später, am Samstag, dem 4. Februar, stattfand. Sie müsse »außerordentlich eindrucksvoll« gewesen sein, schreibt William Sheridan Allen:

»Zu den Spielmannszügen und Fahnen des Stahlhelm kamen die Fahnen, die Kapelle und die Spielmannszüge der SA hinzu.« Mehr als tausend Teilnehmer brauchten eine Viertelstunde, um die »von Zuschauern verstopften« Straßen zu passieren. Auf dem Marktplatz versammelte sich, den Zeitungsberichten zufolge, eine riesige Menschenmenge, »größer als jede, die man bisher gesehen hat«, um die Reden anzuhören. Es war nicht nur eitles Blendwerk, das den Eindruck vermittelte, daß die Stadt in der Hand der Nationalsozialisten war.[12]

Jeder Tag im Februar brachte drei oder vier Tote; die Wochenenden waren noch schlimmer. Angehörige aller politischen Lager wurden Opfer heimlicher Überfälle, doch es dauerte nicht lange, bis die Kommunisten und insbesondere die Sozialdemokraten erkannten, daß es nahezu unmöglich war, öffentliche Demonstrationen zu organisieren. Entweder verbot die Polizei kommunistische Kundgebungen (in Hamburg, Thüringen, Braunschweig und Oldenburg, desgleichen in Karlsruhe und Wiesbaden), oder die SA sprengte antifaschistische Kundgebungen (so wie am 8. Februar in Braunschweig). Außerdem steckte die Polizei mit den Nationalsozialisten unter einer Decke, wenn es galt, kommunistische Zeitungen zu verbieten (in Berlin) oder kommunistische Parteibüros zu durchsuchen (in Berlin, Halle und Magdeburg). Trotzdem fand am 3. Februar in Frankfurt eine große sozialdemokratische Demonstration gegen die Diktatur statt, und vier Tage später wurde eine weitere in Berlin abgehalten. In hessischen Kleinstädten wie Auerbach und Bensheim marschierten Republikaner am 12. Februar unter den wachsamen Augen der Polizei. Aber das waren die letzten öffentlichen Kundgebungen in Deutschland gegen den Nationalsozialismus. Sie hingen von der Zusammenarbeit mit Polizeidienststellen ab, die dazu neigten, mit den Nationalsozialisten zu sympathisieren.[13] Wo dieser Schutz entfiel, wurden öffentliche Versammlungen unmöglich. Bis Mitte Februar wurden in den Städten immer mehr Kommunisten verhaftet (fünfzig in Düsseldorf am 12. Februar), ein sicheres Zeichen, daß die staatlichen Organe auf den Kurs der Nationalsozialisten eingeschwenkt waren. Als SA-Schläger am 22. Februar im oberschlesischen Hindenburg Sozialdemokraten aus einem Versammlungssaal jagten,[14] unternahm die Polizei nichts. In Wittenberg schlossen sich SA und SS den Polizeistreifen einfach an.

So, wie sie sich der Öffentlichkeit präsentierten, schienen die siegreichen Nazis unwiderstehlich. Am 5. Februar veranstalteten sie für den ermordeten SA-Führer Maikowski und den Polizisten Josef Zaunitz, der im Kreuzfeuer ums Leben gekommen war, das größte Staatsbegräbnis, das die Hauptstadt je erlebt hatte. An einem regnerischen Wintermorgen hatten sich vor dem Berliner Dom, in einem neuen verhängnisvollen Bündnis, Hunderte von Polizisten neben 11 000 SA-, SS- und Stahlhelmmännern formiert. Alle führenden Vertreter des eine Woche alten Regimes waren anwesend, darunter Hitler persönlich. Tausende von Zuschauern drängten sich am Rand des Lustgartens und längs der Route des Trauerzuges, der sich Unter den Linden entlang, die Friedrichstraße hinauf zum Invalidenfriedhof bewegte, wo Maikowski und Zaunitz in der Nähe der großen Generäle des 19. Jahrhunderts, Scharnhorst, Gneisenau und Moltke, zur Ruhe gebettet wurden.

Durch eine Konferenzschaltung der Rundfunkstationen, wie sie bald üblich werden sollte, wurde die Zeremonie im ganzen Reich übertragen.[15] Nur fünf Tage später schien es in der ganzen Stadt von Braunhemden zu wimmeln – auf dem Wittenbergplatz, dem Gendarmenmarkt, im Kleinen Tiergarten, auf dem Küstriner Platz, vor dem Spandauer Rathaus –, als sich Parteimitglieder in dichten Knäueln auf verkehrsreichen Kreuzungen zusammendrängten, wo über Lautsprecher Hitlers Radioansprache aus dem Sportpalast zu hören war.[16] Immer wieder verwandelte der Rundfunk nationalsozialistische Aktivitäten, verschaffte einer Parade, einem Begräbnis oder einer Rede einen ungeheuren akustischen Hintergrund, der die gesamte Nation erreichte. Die Wirkung des Radios war so gewaltig, daß sehr viele Deutsche Rundfunkempfänger kauften, um am nationalen Geschehen teilnehmen zu können. »Eines Tages«, erinnert sich Martin Koller, »brachte mein Vater einen Kasten nach Hause … Er drehte an einigen Knöpfen, und die Welt brach in unser Wohnzimmer ein.« Ein paar Wochen später »verfolgte ich die Ereignisse am Tag von Potsdam … Man konnte die Glocken läuten und die Marschmusik spielen hören« und dann die Sprechchöre »der Führer, der Führer«.[17]

Im Gegensatz dazu wurde der Raum, in dem die Nazigegner operierten, immer kleiner. Sozialistische Demonstranten vermochten es nicht, ein Gefühl der Einmütigkeit zu vermitteln, sie wurden von Polizei und paramilitärischen Einheiten bedrängt und machten folglich in der Öffentlichkeit viel weniger Eindruck. Am Ende der dritten Woche des Dritten Reiches griffen Nazischläger Mitglieder der SPD und des Reichsbanners ungestraft an; ungesetzliche Verhörzentralen, Gefängnisse und Konzentrationslager übten eine brutale politische Justiz aus. Die handgreiflichen Auseinandersetzungen auf der Straße erreichten ihren Höhepunkt im Reichstagsbrand (das Feuer wurde am 27. Februar von einem kommunistischen Einzeltäter gelegt), einem für die Nazis glücklichen Zufall. Sie benutzten ihn dazu, die Kommunistische Partei zu verbieten, die Befugnisse der Polizei außerordentlich auszuweiten und darüber hinaus politischen Mitbewerbern in der letzten entscheidenden Woche vor den Wahlen am 5. März, die Hitler angesetzt hatte, um den Nazis die notwendige parlamentarische Mehrheit zu verschaffen, von der Öffentlichkeit fernzuhalten.

Die Nazis waren über das Ergebnis der Wahl ein wenig enttäuscht, das ihnen mit einer Gesamtzahl von 43,9 Prozent der Stimmen eine absolute Mehrheit verwehrte. Sowohl die Sozialdemokraten als auch die verbotenen Kommunisten schlugen sich angesichts der Atmosphäre der Einschüchterung recht beachtlich. Mit 18,3 Prozent gegenüber 20,4 Prozent im November 1932 rutschten die Sozialisten leicht ab, während die verbotene Kommunistische Partei einen Anteil von

12,3 Prozent (gegenüber 16,9 Prozent) zu halten vermochte. Infolgedessen blieb den Nazis keine andere Wahl, als sich abermals auf Alfred Hugenberg und seine konservative Deutschnationale Volkspartei, die acht Prozent der Stimmen erhielt, zu stützen, um eine Mehrheitsregierung zu bilden. Die knappe Mehrheit verschleierte jedoch die politische Machtstellung, der sich die Nationalsozialisten tatsächlich erfreuten. Einflußreiche bürgerliche Zeitungen wie der *Berliner Börsen-Courier* und der *Lokal-Anzeiger* lobten die Nazis für ihren entschiedenen Widerstand gegen Sozialismus und Marxismus und ihr jugendliches, diszipliniertes Auftreten. Und die verbliebenen liberalen Abgeordneten lieferten Hitlers Regierung zusammen mit der rechtsorientierten katholischen Zentrumspartei auf schamlose Weise die Zweidrittelmehrheit, die nötig war, um die parlamentarische Demokratie durch das »Ermächtigungsgesetz« zu demontieren.

Die wenigen bürgerlichen Gegner, die aktiv wurden, waren durch die das Regime unterstützenden Massen und mit brutalen Methoden leicht auszumanövrieren. Was im Frühjahr 1933 in Wirklichkeit nichts weniger als die Errichtung einer Diktatur war, erschien den meisten Deutschen, die sich mit der nationalen Revolution identifizierten, als gesunde Lösung, deren Ziel, das Parteiengezänk zu beenden, sie begrüßten. Selbst wenn sie sich selber nicht für ausgesprochene Nationalsozialisten hielten, sahen sie durch diese Ereignisse den politischen Kurs gerechtfertigt. Fraglos steigerte die Gewalt der Nazis gegen die Linke Anfang 1933 die Popularität des Regimes. Denn Hitler vermied dadurch einen Bürgerkrieg und schaffte eine Furcht aus der Welt, welche die politische Diskussion seit der Novemberrevolution dominiert hatte. »Um das Gespenst des Bürgerkriegs zu bannen« und die Nation durch Ausübung unumschränkter Macht zu einen, waren den Nazis »kein Unrecht und keine Unterdrückung ein zu hoher Preis«, schreibt J. P. Stern über die Stimmung 1933, »schon gar nicht, wenn diesen Preis andere – die Kommunisten, die Juden, die Slawen, schließlich das ganze übrige Europa – zu zahlen hatten«.[18] Für Konservative und Stahlhelmmänner, für konservative Arbeiter und bäuerliche Protestler wie auch für Hitlers Wähler fanden die langen Jahre der Opposition gegen die Weimarer Republik endlich im Sieg vom Januar 1933 ihren Abschluß. Es war der Augenblick, der die Schande des November 1918 auslöschte und das Versprechen des August 1914, als die Deutschen für die nationale Sache an einem Strang gezogen hatten, einlöste. Mit anderen Worten: Die Nationalsozialisten konnten auf einen allgemeineren »nationalsozialistischen« Konsens bauen, der weit über Hitlers Partei und ihre Wählerschaft hinausreichte.

Im Lauf der folgenden Monate betrieben die Nationalsozialisten die Gleichschaltung des zivilen und politischen Lebens, um eine Einparteiendiktatur zu errichten. Politische Parteien und unabhängige Gewerkschaften wurden für ungesetzlich erklärt, während die Vereine und Freiwilligenverbände, die das tragende Element des gesellschaftlichen Lebens ausmachten, entsprechend den Zwecken des Regimes nazifiziert wurden oder sich einfach auflösten. Die Presse wurde ebenfalls wirksam geknebelt. Bis zum Sommer 1933 war jeder organisierte Widerstand gegen die Nazis verschwunden. Gewiß, vielleicht jeder dritte Deutsche sympathisierte weiterhin entweder mit den verbotenen Sozialdemokraten oder den Kommunisten, und den deutschen Katholiken gelang es, einen gewissen Grad an Autonomie zu bewahren. Wirklich bestürzend ist jedoch die starke und wachsende Unterstützung, welche die Nazis in der Breite erfuhren.

Die Umstände erlaubten es den Nazis, zu drastischen Mitteln zu greifen, die wie kein anderes Phänomen in der neueren deutschen Geschichte zuvor die Politik revolutionierten. Ursprünglich eine Splitterpartei mit einem Stimmenanteil von 2,6 Prozent im Jahr 1928, versetzte die Nationalsozialistische Deutsche Arbeiterpartei (NSDAP) 1930 die Nation mit einem Anteil von 18,3 Prozent in Erstaunen, überholte die Sozialdemokraten, um 1931 die stärkste Partei Deutschlands zu werden, und vergrößerte im folgenden Jahr ihren Stimmenanteil auf 37,4 Prozent (ein Hoch vor 1933). Gleichzeitig vernichteten die Nationalsozialisten ihre politischen Gegner: Zwischen 1930 und 1933 verschwanden die liberalen und konservativen Parteien, die das Deutsche Reich seit seiner Gründung 1871 beherrscht hatten, von der Bildfläche. Einmal an der Macht, eliminierten die Nationalsozialisten gewaltsam die Sozialdemokratische Partei, die älteste Partei Deutschlands, aus dem politischen Leben. Zum erstenmal seit 1848 gab es keine Parteien oder parteiähnlichen Foren mehr, um öffentlich Politik zu gestalten.

Noch erstaunlicher war die ungeheure Popularität Adolf Hitlers, den die Nazis »unser Führer« nannten und der schließlich als »der Führer« aller Deutschen bejubelt wurde. In den Jahren unmittelbar vor dem Zweiten Weltkrieg, das heißt nach der wirtschaftlichen Erholung und dem Anschluß Österreichs im März 1938, waren vielleicht neun von zehn Deutschen »Hitleranhänger, Führergläubige«.[19] Noch folgenreicher machten den Bruch vom 30. Januar 1933 die eiligen Vorbereitungen, welche die Nationalsozialisten trafen, um in der Absicht, die deutsche Oberherrschaft zu etablieren, neue Kriege zu unternehmen. In weniger als zehn Jahren sollte das Dritte Reich dem größten Teil Europas eine tyrannische Herrschaft aufzwingen und den Mord an Millionen als rassisch minderwertig bezeichneter Zivilisten organisieren, Jahre, die unzweifelhaft die düstersten des 20. Jahrhunderts waren.

Wie können wir den blitzartigen Aufstieg der Nazis und den plötzlichen Wechsel von Bindungen an Parteien erklären? Zwischen 1928 und 1933 schlossen sich Millionen von Deutschen einer gewaltigen politischen Erhebung an, die aus dem Nichts zu kommen schien, ein Drama, das erfahrene Beobachter von Grund auf erschütterte. Nach dem ersten nationalsozialistischen Durchbruch bei den Reichstagswahlen im September 1930 reagierten die meisten Kommentatoren ungläubig auf den Wahlausgang. Es sei eine »ungeheuerliche Tatsache«, stammelte das einflußreiche *Berliner Tageblatt*, daß

»sechs Millionen und vierhunderttausend Wähler und Wählerinnen in diesem hochzivilisierten Land dem gewöhnlichsten, plattesten Scharlatanismus ihre Stimme gaben«.[20] 1932 waren mehr als ein Drittel aller Wähler ins Lager der Nazis übergelaufen. Die Partei Hitlers war die größte in Deutschland und sein Anspruch auf die Kanzlerschaft entsprechend stark, jedenfalls stark genug, um nach einem Jahr schwacher Notkabinette und zunehmender politischer Gewalt den konservativen vierundachtzigjährigen Reichspräsidenten Paul von Hindenburg zu überzeugen, seinen Abscheu vor den Nazis hintanzustellen und eingedenk seiner Vorliebe für Faschisten gegenüber Demokraten Hitler zum Kanzler zu ernennen in der Hoffnung auf Wiederherstellung von Recht und Ordnung.

Wie geriet Deutschland in diese schreckliche Situation? Im letzten Jahr der Weimarer Republik wurden auf höchster Regierungsebene, nicht zuletzt von Hindenburg, alle möglichen politischen Fehlkalkulationen angestellt. Die Hauptursache beim Zusammenbruch der Demokratie 1933 aber waren die rebellierende Macht der Nationalsozialisten und die breite Zustimmung zu ihren politischen Plänen, und ebendas muß erklärt werden. Bis heute haften sowohl dem allgemeinen Erfolg der Nazis als auch der merkwürdigen Gestalt Adolf Hitlers etwas Rätselhaftes an. Allgemein scheinen zwei gängige Erklärungen vorzuherrschen: die harten Bedingungen des Vertrags von Versailles und die schwierige wirtschaftliche Lage der Weltwirtschaftskrise. Diese Argumentation unterstellt, daß, ungeachtet der Probleme in der deutschen Gesellschaft, wenn die Alliierten vernünftiger gewesen wären und der New Yorker Börsenkrach der Weimarer Republik nicht ihre Zukunft geraubt hätte, Adolf Hitler und die Zerstörung, die er entfesselte, der Welt erspart geblieben wären. Beide Tatsachenbehauptungen sind bekannt, doch keine von beiden ist zufriedenstellend.

Ob die Friedensbedingungen von Versailles 1919 wirklich so extrem hart waren, wird von Historikern mittlerweile in

Zweifel gezogen. Deutschland behielt seine grundlegende territoriale Integrität sowie sein industrielles Potential, während sich die Garantien für die französische Sicherheit als nicht ausreichend erwiesen. Man kann auch schwerlich behaupten, daß Versailles auf irgendeine Weise für die verheerende deutsche Inflation verantwortlich gewesen wäre, die 1922 und 1923 im wesentlichen aufgrund rücksichtsloser Kreditaufnahmen während des Krieges und finanziell katastrophaler (obgleich politisch kluger) Geldausgaben vor dem Krieg außer Kontrolle geriet. Gleichwohl empfanden die Deutschen den Friedensvertrag von Versailles und die Reparationszahlungen, die er ihnen auferlegte, als extrem hart. Fast ein Jahrzehnt lang war Deutschland aus der internationalen Gemeinschaft ausgeschlossen. Dem Völkerbund trat es erst 1926 bei, und erst 1928 nahm es wieder an einer Olympiade teil. Obwohl der abschließende Zeitplan für die Reparationen während der zwanziger Jahre weiterhin ein Gegenstand von Verhandlungen blieb, war klar, daß die Deutschen bis fast zum Ende des 20. Jahrhunderts würden Zahlungen leisten müssen.

Der hohe Preis, den Deutschland für den verlorenen Krieg entrichten mußte, erschien dadurch noch höher, daß die Deutschen nie so recht glaubten, geschlagen worden zu sein. Wenn auch die von der nationalistischen Rechten vorgebrachte und 1919 von Generalfeldmarschall Hindenburg gestützte »Dolchstoßlegende« allgemein als politisch unglaubwürdig angesehen wurde, so übertrieb man doch weiterhin die Auswirkungen des alliierten Lebensmittelembargos und des amerikanischen Eintritts in den Krieg, um Deutschlands Zusammenbruch als das Ergebnis höchst außergewöhnlicher Umstände erscheinen zu lassen. »Wir haben nicht gewonnen und wir haben nicht verloren«, gibt die Meinung der meisten Deutschen wieder.[21] Auch Friedrich Ebert hatte sich im Dezember 1918 beim Empfang der Heimkehrer auf dem Pariser Platz so geäußert.

Auf den ersten Blick waren die Deutschen in den frühen dreißiger Jahren immer noch aufgebracht, und viele erwarteten von den Nationalsozialisten, daß sie Deutschlands internationales Prestige wiederherstellten. Mit Amerikas bestem Reporter, H. R. Knickerbocker, sprachen die Bürger der Weimarer Republik fortwährend über den Weltkrieg, den Friedensvertrag von Versailles und die Aggression Frankreichs. Bei einem »Diskussionsabend« irgendwo im proletarischen Berlin prahlten Kommunisten und Nazis mit ihren Absichten, Deutschland zu befreien. »Wollt ihr wissen, wann der Friedensvertrag von Versailles vernichtet wird?« fragte ein kommunistischer Redner: »Wenn die ... Rote Armee an der französischen Grenze steht.« »Die Rote Armee am Rhein. ›Ein starkes Stück‹«, dachte Knickerbocker. Ein Nazi hielt dagegen: »Wir werden den Friedensvertrag von Versailles ohne die Rote Armee zerreißen.« Und er fuhr fort, nur der Nationalsozialismus könne »alles zurückgewinnen, was man uns weggenommen hat«.

Fern im ländlichen Thüringen beschuldigten die Glasbläser von Altenfeld die Engländer, ihre Erzeugnisse mit so hohen Zöllen zu belegen, daß sie auf dem internationalen Markt keine Chance hätten. Auf jeden Fall könne »es mit Hitler nicht schlimmer werden«. In einer langen Unterhaltung mit einem Lehrer in Frankfurt bekam Knickerbocker zu hören, Hitler werde »den Friedensvertrag von Versailles zerreißen« und »Frankreich zum Teufel schicken«. Der Nazisympathisant hatte sich bereits ausgedacht, Passagierflugzeuge der Deutschen Lufthansa als Langstreckenbomber zu verwenden und die SA und den Stahlhelm in Deutschlands rächende Armeen aufzunehmen. Beim Besuch einer studentischen Korporation im romantischen Heidelberg entdeckte Knickerbocker, daß »Siegreich woll'n wir Frankreich schlagen« das beliebteste Trinklied war. »Man braucht nur Mumm«, behaupteten die jungen Leute, »um das französische Joch abzuschütteln.« Frankreich, die Reparationen und die Reichswehr standen auch im Vordergrund der Gespräche, die Knickerbocker mit führenden Nationalsozialisten wie Hitler und Franz von Epp führte.[22] In der Tat schien es so, als wählten die Deutschen die Nazis, um Rache für Versailles zu nehmen.

Doch in Wahrheit gab es in Deutschland so wenige Menschen, die den Friedensvertrag nicht verdammten, daß die Außenpolitik einfach kein wesentlicher Faktor für die neue Ausrichtung des deutschen Wahlverhaltens war. In bemerkenswerter Übereinstimmung gesellten sich Sozialdemokraten zu den deutschen Nationalisten, um auf Marktplätzen im ganzen Land gegen den Friedensvertrag von Versailles (1919), die Teilung Schlesiens (1921) und die französische Ruhrbesetzung (1923) zu protestieren. Das paramilitärische sozialistische Reichsbanner machte sogar den Anschluß Österreichs zum Thema seiner großen Versammlung 1925 in Magdeburg. Natürlich waren sich die Parteien nicht einig darüber, wie man den Schmachfrieden von Versailles am besten revidieren könne. Die Entrüstung der Öffentlichkeit veranlaßte moderate Politiker dazu, immer extremere nationalistische Positionen zu beziehen. Die Folge war, daß illegale Verbände wie die sogenannte Schwarze Reichswehr und die geheime Zusammenarbeit mit der Sowjetunion (erstmals im Rapallovertrag von 1922 zur Sprache gebracht) politisch gedeckt wurden. Terroristen der Freikorps wurden 1923 als nationale Helden gefeiert, als sie gegen die Franzosen und die mit ihnen kollaborierenden rheinischen Separatisten antraten. Trotzdem nahm die besondere Bedeutung des Versailler Vertrages als Wahlkampfthema ab. Zum Beispiel gab es wütende Angriffe von seiten deutscher Nationalisten auf Außenminister Gustav Stresemann, der in den Jahren 1923–1929 gegenüber Frankreich eine Politik der Annäherung verfolgte, doch sie machten in diesem Punkt wenig Fortschritte und sahen, daß sie gegenüber Stresemann Stimmen einbüßten. Der harte Kurs von Parteiführern wie Alfred Hugenberg macht es schwierig, sich vorzustellen, daß die Deutschen für Hitler stimmten, weil die deutschen Nationalisten nicht energisch genug gegen Versailles Front zu machen schienen.

Darüber paßt das Argument »Versailles« nicht mit dem

Zeitpunkt des nationalsozialistischen Durchbruchs zusammen, der zehn Jahre nach der Unterzeichnung des Vertrages erfolgte, oder mit der grundsätzlich auf die Innenpolitik zielenden Kritik der Nazis bei den Wahlkämpfen 1930 und 1932.[23] In der Tat postulierten die Nationalsozialisten eine nationale Erneuerung durch ein Großreinemachen daheim, mit anderen Worten: eine Revolution. Der vieldiskutierte Feldzug gegen den Youngplan von 1929 (Revision und Umsetzung der Reparationszahlungen) war von zweitrangiger Bedeutung für die Nazis, die mehr daran interessiert waren, bei den Kommunalwahlen in Bayern und Preußen gut abzuschneiden. Im Gegensatz dazu suchte Stresemanns Deutsche Volkspartei politische Stabilität in außenpolitischen Erfolgen und erlitt bei den Wahlen eine Schlappe, weil sie den materiellen Problemen zuwenig Aufmerksamkeit schenkte. Daß rechte Nationalisten, welche die Demokratie nicht anerkannten, sich durch Versailles politisch legitimiert sahen, hat die Weimarer Republik sicherlich geschwächt, aber die Wahlerfolge der Nazis wurden dadurch nicht bewirkt.[24]

Eine plausiblere Erklärung für den Sieg der Nazis liegt in der Katastrophe der Weltwirtschaftskrise. Das eine scheint sich mit unerbittlicher Folgerichtigkeit aus dem anderen zu ergeben: die Reihen besorgter Männer vor den Arbeitsämtern und die Reihen von SA-Männern in Marschformation. Die Arbeitslosigkeit stieg von 3,3 Millionen (Registrierten) im ersten Quartal 1930 auf nahezu fünf Millionen 1931 und bis Anfang 1932 auf 6,1 Millionen; die Zahl der Naziwähler stieg von etwa 800 000 im Juni 1928 auf 6,4 Millionen im September 1930 und schließlich auf 13,7 Millionen im Juli 1932. Auf dem Höhepunkt der Krise, im Winter 1932, waren mehr als 40 Prozent aller Arbeiter in Deutschland ohne Beschäftigung. Die meisten von ihnen hatten ihren Anspruch auf Arbeitslosenunterstützung längst verloren und gingen bloß noch »stempeln«. Die zehnjährige Gertrud beschrieb in einem im Dezember 1932 verfaßten Schulaufsatz treffend den wachsenden Schrecken der »Arbeitslosigkeit«: »Die Männer sind unglücklich, wenn sie keine Arbeit haben. Wenn es für Arbeitslose Geld gibt«, das heißt, wenn die Arbeitslosen ihre 26 Wochen staatlicher Arbeitslosenunterstützung noch nicht ausgeschöpft hatten, »so stehen sie alle am Stempelhause und warten auf ein paar Pfennige. Wenn sie ausgestempelt sind, kommen sie in die Krise« – in besonders schwierigen Zeiten fügte der Staat 39, später 32 Wochen »Krisenunterstützung« hinzu. »Wenn sie dann ihre Zeit herunterhaben, kommen sie in die Wohlfahrt«, das heißt sie erhielten spärliche städtische Wohlfahrtszahlungen. »Und wenn sie in der Wohlfahrt sind, so ist es am schlechtesten. Dann kommt ein Mann und guckt sich die Wohnung an. Wenn sie ein wertvolles Stück haben, so wird es ihnen weggenommen.« »Mein Vater ist Maurer«, fügte sie hinzu (die Bauarbeiter waren am schwersten von der Krise betroffen), »er ist schon anderthalb Jahre arbeitslos.«[25]

Langzeitarbeitslosigkeit war die Geißel der dreißiger Jahre, und die Arbeiter schrieben statt »Maurer« als Berufsbezeichnung immer öfter »arbeitslos«. Die Auswirkungen auf das Privatleben waren katastrophal. Proletarierhaushalte standen kurz vor dem Ruin. Nach Abzug der Miete blieben nur zwanzig oder dreißig Pfennige pro Person und Tag für Lebensmittel übrig. Die Folge war Unterernährung bei Männern, Frauen und Kindern: Fleisch war ein Luxus, den es gelegentlich an Sonntagen gab; die meisten Arbeitslosen ernährten sich kärglich von Brot und Kartoffeln und ersetzten Butter durch Margarine. Abermals bekamen die Deutschen die bitteren Rationen des Steckrübenwinters zu kosten, und abermals verloren sie das Vertrauen in das »System«.

Obgleich die Arbeiter die größte Not litten und sich weit eher völliger Verarmung ausgesetzt sahen, kostete die Weltwirtschaftskrise jeden fünften Angestellten, zumeist ältere Männer mit langer Berufserfahrung, seine Stellung. Das Schicksal von Hans Pinneberg, das Hans Fallada in seinem Roman *Kleiner Mann – was nun?* (1932) so treffend beschrieb, war typisch. Bestrebt, sich an die Spielregeln zu halten, wird Pinneberg Verkäufer in einem Konfektionsgeschäft, wo man ihm jedoch ungerechtfertigt kündigt; Hans, immer noch mit weißem Kragen, um den Schein zu wahren, streift ziellos durch die Straßen und wird von einem Polizisten vom Bürgersteig gestoßen, der dieselbe Ordnung repräsentiert, an die Hans immer glaubte.[26]

Ladenbesitzer gerieten ebenfalls in Not, als der Umsatz wegbrach. Knickerbocker beschreibt die Lage im winterlichen Falkenstein im sächsischen Erzgebirge: »Das Hotel war geöffnet, aber es gab nur wenige Gäste … in den Läden waren ein paar schwache Lichter zu sehen … aber es gab keine Kunden. Die Bierkneipen waren geöffnet, doch … ein halbes Dutzend Männer saß den ganzen Abend bei einem einzigen kleinen Bier da.«[27]

Die Zahl der Zwangsvollstreckungen und Bankrotte stieg, und Tausende bankrotter Ladeninhaber wurden Hausierer und reisende Vertreter – »Luftexistenzen« nannte sie Theodor Geiger –, daneben gab es schätzungsweise 400 000 heimatlose Landburschen (Vagabunden), die hoffnungslos von Stadt zu Stadt wanderten.[28] Auf dem Land ruinierten die seit Mitte der zwanziger Jahre chronisch niedrigen Preise für landwirtschaftliche Erzeugnisse das Auskommen der Bauern und der Geschäftsleute, die vom Handel mit ihnen abhingen.

Die Auflösung der Sozialstruktur war das unvermeidliche Ergebnis dieser materiellen Not. Zwischen 1928 und 1932 stieg die Selbstmordrate bei Männern um 14 Prozent, bei Frauen um 19 Prozent. In der Tat wurden Frauen durch die männliche Arbeitslosigkeit körperlich stark beansprucht. Während die Männer lustlos und verstört wie Pinneberg herumsaßen, waren ihre Frauen die am »schwersten arbeitenden« Menschen im Land. Knickerbocker etwa sah sie sechzehn Stunden am Tag »sparen, stopfen, waschen, in der endlosen Bemühung, das Arbeitslosengeld bis aufs Äußerste zu strecken«.[29] Unter diesen Umständen wuchsen die häuslichen Spannungen: Halbwüchsige, die die schlechtesten Chancen auf Arbeit hatten, suchten der Aufsicht gequälter Eltern zu entfliehen, rannten auf die Straßen, um sich einer der zahlreichen politischen Banden anzuschließen und kriminelle Abenteuer zu suchen. In den Wohnungen zerbrachen Ehen, und Mieter prügelten sich. Die »Flucht in den Haß«, der nachbarschaftliches Verhalten so belastete, verteufelte auch die deutschen Juden als Außenseiter, Liberale und Kapitalisten.[30]

Die politische Folge innenpolitischer Spannungen war in den schlimmsten Jahren der Depression eine wachsende Unzufriedenheit mit Heinrich Brüning, dem sogenannten »Hungerkanzler«. Seine Macht stand auf schwachen Füßen: die grollende Tolerierung durch Parteien von der SPD bis zur Deutschen Volkspartei, die zwar viele Einwände gegen den konservativen Brüning hatten, aber sich noch mehr davor fürchteten, was nach ihm kommen konnte. Doch die Bedingungen verschlechterten sich, und Brünings deflationistische Finanzpolitik trug wenig dazu bei, das Elend zu mindern, und viel, es zu vergrößern. Lieber alles andere als Brüning und diese Scheindemokratie, dachte sich der Durchschnittsdeutsche: In Falkenstein füllten sich die evangelischen Kirchen, im proletarischen Berlin schnellte die Zahl der KPD-Wähler in die Höhe, Städter des Mittelstands strömten zu den Nazis.

Die Wechselbeziehung zwischen Krise und der Suche nach politischen Alternativen wird noch augenfälliger, wenn man bedenkt, daß während der schlimmsten Jahre der Inflation zehn Jahre zuvor sowohl die Nazis als auch die Kommunisten einen raschen Zulauf verzeichneten. Dann, mit der Stabilisierung der Währung 1924, blieb der Vormarsch der Kommunisten stecken, und die Nazis landeten bei Null. Waren also politische Extremisten wie diese nicht bloß Nutznießer der Krise? War es nicht möglich, daß die Nazis, hatte die Konjunktur erst einmal die Talsohle erreicht, wieder Stimmen verlören? Tatsächlich schien das im November 1932 der Fall zu sein, als die Nazis bei einer weiteren Runde von Reichstagswahlen zwei Millionen Wähler verloren. Die quälende Frage stellt sich von selbst: Wenn Reichspräsident Hindenburg standhaft geblieben wäre und Hitler im Januar nicht zum Reichskanzler ernannt hätte, wäre dann die nationalsozialistische Bewegung angesichts der sich allmählich bessernden wirtschaftlichen Zustände im Frühjahr 1933 nicht dahingeschmolzen?

Die Verbindung zwischen dem Einsetzen der Weltwirtschaftskrise und dem Vormarsch des Nationalsozialismus läßt sich nicht wegdiskutieren. Ohne die Agrarkrise, ohne die zwei oder mehr Jahre andauernde Arbeitslosigkeit von Millionen und ohne den darauffolgenden Konjunkturrückgang läßt sich nur schwer vorstellen, mit welcher Macht und Geschwindigkeit die Nationalsozialisten in den Jahren 1929–1932 in die politische Landschaft einbrachen. Doch der Zusammenhang zwischen der stockenden Wirtschaft und den aufrührerischen Nazis ist nicht so willkürlich, wie es auf den ersten Blick den Anschein hat. Die wirklichen Verlierer während der Weltwirtschaftskrise waren in erster Linie die arbeitslosen Arbeiter, die dazu neigten, die Kommunisten zu wählen und nicht die Nazis. Außerdem sind die allgemeinen Schwierigkeiten des Mittelstands übertrieben dargestellt worden, denn Angestellte gerieten später ins Straucheln und erholten sich eher, dadurch schöpften sie ihre Ansprüche auf üppigere Ausgleichszahlungen nicht in dem Maße aus wie Arbeiter.

Auch Ladenbesitzer und Handwerker waren nicht alle im gleichen Maß betroffen: Während Einzelhändler in Arbeitervierteln sich kaum über Wasser halten konnten, gingen die Geschäfte vieler Ladenbesitzer in der Provinz weiterhin recht gut. In der Stadt Northeim, in der überproportional viele Einwohner die Nazis wählten, gab es nur eine Handvoll Bankrotte, und diese betrafen ohnehin unrentable Betriebe. William Sheridan Allen, Verfasser einer vorzüglichen Studie über die Stadt, kommt zu dem Schluß, daß »der Mittelstand von der Wirtschaftskrise kaum betroffen war«. Was die Northeimer beunruhigte, waren die Aussicht auf Bankrott, der in der Wirtschaftskrise offenbar durchaus denkbar schien, und das Schreckgespenst einer politischen Revolution, das von einer wachsenden Zahl Arbeitsloser auf den Straßen und von Kommunisten drohte. Die Zahl der Arbeitslosen in Northeim belief sich Mitte 1931 auf etwa 700, doch jeden Tag wanderten aus dem Umland nicht weniger als 2000 Antragsteller zum Bezirksarbeitsamt, eine beunruhigende Zusammenballung aufsässiger Proletarier. So gesehen, scheint der Mittelstand, der soziale Unruhen fürchtete, die Nazis aus politischen, nicht direkt mit materieller Ausweglosigkeit einhergehenden Gründen unterstützt zu haben.[31]

Gleichzeitig scheinen die Deutschen nicht für die Nazis gestimmt zu haben, weil sie die Juden für ihre Schwierigkeiten verantwortlich machten. Zwar steht außer Zweifel, daß der Antisemitismus im Nachkriegsdeutschland erheblich zunahm (und am Tag nach der Machtergreifung der Nazis machten sich Berliner Studenten einen Spaß daraus, Unter den Linden antisemitische Verse zu singen), doch spielte der Antisemitismus bei den nationalsozialistischen Wahlkampagnen nur eine untergeordnete Rolle. Er war weder das Hauptthema des Wahlkampfs, noch erschien er auf den Seiten des führenden Naziblattes, *Völkischer Beobachter.* Im großen und ganzen wurden die Deutschen »zum Antisemitismus hingezogen, weil sie zum Nazismus hingezogen wurden, nicht umgekehrt«.[32]

Aber das wirkliche Problem bei Erklärungen, welche die katastrophalen politischen Auswirkungen der Weltwirtschaftskrise betonen, liegt in der Tatsache, daß sie sich nur auf den Aufstieg der Nazis nach 1930 konzentrieren und im allgemeinen längerfristige Tendenzen vor 1930 außer acht lassen. Gewiß traf der Durchbruch der Nazis 1930 mit dem ersten großen Anstieg der Arbeitslosenzahl zusammen. Doch die etablierten bürgerlichen Parteien, die Deutschlands politisches System seit 1870 beherrscht hatten, befanden sich im Sperrfeuer spezieller Interessenverbände, Splitterparteien und paramilitärischer Vereinigungen bereits in einem fortgeschrittenen Stadium der Unordnung. Von der Linken bis zur Rechten: die Deutsche Demokratische Partei hatte seit etwa 1919 Wähler verloren, die Deutsche Volkspartei war seit 1921 schwächer geworden, und die Deutschnationale Volkspartei machte nach 1924 keine Fortschritte. Bei den Reichstagswahlen 1928, als die Nazis noch eine unbedeutende Splittergruppe und die wirtschaftlichen Verhältnisse stabil waren, erlebten die drei großen liberalen und konservativen Parteien einen Einbruch auf 27,8 Prozent gegenüber einem Anteil von 39,9 Prozent im Dezember 1924 (und 37,1 Prozent im Jahr 1920). Zwei Jahre später rutschten sie gar auf 15,3 Prozent ab.

Es scheint logisch, diese Wählerfluktuation im Zusammenhang zu sehen, daß also, was immer Millionen von Deutschen während der Wirtschaftskrise in die Nazipartei trieb, sie vor der Wirtschaftskrise aus den bürgerlichen Parteien herausgetrieben hatte. Jedenfalls hatte sich das Wählerpotential, das hinter Hitler stand, bereits 1925 formiert, als es darum ging, die Wiederwahl Paul von Hindenburgs als Reichspräsident zu unterstützen. Hitler-Wähler waren bekannt als ehemalige Hindenburg-Wähler, die politische Mobilisierung zwischen 1930 und 1933 war 1925 geprobt worden. Diese Übereinstimmung verdeutlicht, daß die Formierung des Naziblocks kein reiner Zufall war, obwohl sie durch die Wirtschaftskrise erheblich vorangetrieben wurde. Die stetige Auflösung der bürgerlichen Parteien seit 1924, die stürmischen Erfolge von Splitterparteien 1928 und 1930 und die Wahl des »Leithammels« Hindenburg 1925 zeigen, daß die Geschichte der Weimarer Republik von bedeutenden politischen Entwicklungen geprägt war. Die Voraussetzungen einer »nationalsozialistischen« Erhebung waren bereits erkennbar, bevor die Weltwirtschaftskrise zur Hilfe kam.

Von Hindenburg zu Hitler

Die Wähler, die sich in der verheerenden Zeit der Weltwirtschaftskrise zu den Nationalsozialisten hingezogen fühlten, waren keine buntscheckige Ansammlung von Protestwählern, die außer ihrer Abneigung gegen das »System« wenig gemeinsam hatten. Der Hitlerblock hatte sich fast zehn Jahre zuvor als Hindenburgblock formiert. Offenbar konnte sich unter den richtigen Bedingungen eine nationalistische und antirepublikanische Vereinigung durchsetzen. So gesehen, kann man die Nazis vielleicht eher als eine populäre Partei denn als das Produkt einer außergewöhnlichen Krise betrachten. Die Nazis haben vielleicht weniger den verzweifelten Hilfeschreien verängstigter »kleiner Leute« Ausdruck gegeben als genau zum rechten Zeitpunkt die Bestrebungen von Millionen von Bürgern artikuliert. Es lohnt sich, die politischen Bruchstücke der zwanziger Jahre, welche die Nazis schließlich Anfang der dreißiger Jahre zusammensetzten, genauer unter die Lupe zu nehmen.

Die Ähnlichkeiten zwischen der Kampagne zur Wahl Hindenburgs zum Reichspräsidenten im April 1925 und den Bemühungen Adolf Hitlers sieben Jahre später sind verblüffend, wenngleich die Unterschiede zwischen den beiden Männern nicht größer sein könnten. Hindenburg, Jahrgang 1847, war ein General der alten preußischen Schule, der für das deutsche Volk wenig übrig hatte. Er fühlte sich in der Gesellschaft von Pferden oder reitenden Aristokraten wie dem unerhört reaktionären Franz von Papen am wohlsten und empfand für den Gefreiten Adolf Hitler nichts als Verachtung. (Am 10. Oktober 1931: »Dieser böhmische Gefreite will Reichskanzler werden? Niemals!« Und ein wenig zweideutiger, nur drei Tage bevor er Hitler ernannte: »Meine Herren, Sie trauen mir doch gewiß nicht zu, daß ich diesen österreichischen Gefreiten zum Reichskanzler ernenne?«)[33] Hitler hingegen war eine Generation jünger (geboren 1889) und beherrschte virtuos die moderne Taktik der politischen Kundgebungen, Wahlen und Propagandakampagnen.

Und doch prallten die zwei Männer wiederholt aufeinander. Hindenburg mußte nicht nur bei den Präsidentschaftswahlen im Frühjahr 1932 gegen Hitler antreten, sondern er mußte sich auch nach seiner Wiederwahl mit dem Naziführer arrangieren, der die größte Partei der Nation anführte und den er am Ende mit einigem Mißbehagen formell zum Reichskanzler ernannte. Mehr noch: Hindenburg und Hitler standen sich als Vertreter derselben Wählerschaft gegenüber.

In einer der bemerkenswertesten Wendungen in der deutschen Wahlgeschichte stimmten die überwiegend protestantischen und ländlichen Wahlbezirke, die 1925 Hindenburg unterstützt hatten, 1932 für Hitler. Statistisch gesehen gibt es keine bessere Voraussage des nationalsozialistischen Wahlerfolges 1932 (bei der Präsidentenwahl im April und den Reichstagswahlen im Juli) als das Votum für Hindenburg sieben Jahre zuvor. Die Wahl Hindenburgs 1925 stellt zweifellos eine wichtige Etappe auf dem Weg zur Machtergreifung dar.[34]

Auf den ersten Blick scheint die enge Übereinstimmung zwischen den beiden Wahlen darauf hinzudeuten, daß Hitler einfach jene streitlustigen Nationalisten und antisozialistischen Deutschen hinter sich versammelte, die nie ihren Frieden mit der Novemberrevolution gemacht, 1925 für Hindenburg als Symbol des alten Deutschlands gestimmt und ihn 1932 fallengelassen hatten, um mit dem neuen Deutschland einen Kompromiß zu schließen. Wild bejubelt von Menschenmengen, die schwarzweißrote Reichsflaggen schwenkten, schien Hindenburg ein »Ersatzkaiser« zu sein, das nächstbeste nach dem exilierten Monarchen. Die Wähler gaben einem »weitverbreiteten Verlangen nach den ›guten, alten Zeiten‹« Ausdruck, erklärt ein einflußreicher Historiker.[35] Hatten nicht die altmodischen Nationalisten am Ende die zukunftsorientierten Sozialisten und Republikaner übertrumpft? Der Nationalsozialismus, der dieselben Kräfte anzog, schien eine im Grunde konterrevolutionäre Macht zu sein, die ihre Energie den Ideen eines »altgewohnten, nationalkonservativen und auch monarchistischen Denkens« verdankte, wie es Martin Broszat ausdrückt, selbst wenn die Bewegung notwendige Konzessionen an die Gestaltung und den Stil von Massenpolitik machte.[36]

Problematisch an dieser Erklärung ist, daß sie die Bereitwilligkeit nicht erhellen kann, mit der ehemalige Anhänger Hindenburgs diesen 1932 zugunsten Hitlers aufgaben. Selbst im ostpreußischen Bezirk Neidenburg, wo Hindenburg in der

Schlacht von Tannenberg die Russen aufgehalten hatte, wurde der Generalfeldmarschall vom »böhmischen Gefreiten« mit zwei zu eins erledigt.[37] Daß sich Treue zur Tradition als so brüchig erwiesen, läßt vermuten, daß die Ideale der Vergangenheit ihre Überzeugungskraft eingebüßt hatten. Tatsächlich zeigt eine genauere Betrachtung der Wahl von 1925, daß die Wähler keine Rückkehr zu den »guten, alten Zeiten« wünschten, sondern daß ihnen ein volkstümlicher Nationalismus vorschwebte, den Hitler letzten Endes überzeugender verkörperte als Hindenburg. Hindenburg gewann die Präsidentenwahl 1925 weniger als eine blasse Kopie des deutschen Kaisers denn als eine blasse Kopie des völkischen Deutschen.

Im ersten Wahlgang gab es ein verwirrendes Gegeneinander von sieben Kandidaten; aber die zweite Runde, in die der republikanische Kandidat, der angesehene Zentrumspolitiker Wilhelm Marx, gegen Hindenburg antrat, erwies sich als spannend. Eine bemerkenswert breite Koalition ziviler Gruppierungen, vaterländischer Verbände und bürgerlicher Parteien führte den Wahlkampf im April 1925 an der Basis. Der Einsatz für Hindenburg kam einer Gemeinschaftsarbeit gleich: Chöre, Turnerbünde, Schützenvereine, Handwerkskammern, christliche Organisationen und Hausfrauenvereine, alle spielten eine aktive Rolle. Selbst die Sozialdemokraten, die auf eine eindrucksvolle Organisation zurückgreifen konnten und gewöhnlich besser vorbereitet in die Wahlen gingen als ihre nationalistischen Widersacher, räumten ein, daß die »Bourgeoisie dieses Mal bis zum letzten Mann zu einer großen Aktionskette verbunden« sei.[38] Eines der stärksten Glieder war unzweifelhaft die paramilitärische Gruppierung des Stahlhelm, der in Vororten und entlegenen Dörfern Flugblätter verteilte, an Wochenenden Umzüge organisierte und am Wahltag Wähler in die Wahllokale schaffte. Vielerorts sahen sich die Bürger zum erstenmal seit der Novemberrevolution wieder von der Leidenschaft öffentlicher Politik mitgerissen. Je nach ihren politischen Sympathien zeigten sie das Schwarz-Rot-Gold der Republik oder die schwarzweißrote Flagge des Kaiserreichs. In Hunderten deutscher Gemeinden wurde das zivile Leben, wie es der Romancier Ernst Glaeser für seine Heimat Württemberg beschreibt, in zwei feindliche Hälften zerrissen, in eine republikanische und in eine nationalistische.[39]

Wegen seiner Rolle als Oberbefehlshaber im Ersten Weltkrieg war Hindenburg ein Traumkandidat. Er sagte Katholiken ebenso zu wie Protestanten und zog Wähler an, die sich im ersten Wahlgang der Stimme enthalten hatten. Noch bedeutsamer aber waren Ausmaß und Kraft der Koalition, die ihn auf lokaler Ebene unterstützte. Zu einer Zeit, da sich die etablierten Parteien heftigen Angriffen von Splitterparteien der bürgerlichen Mittelschicht gegenübersahen, Patrioten über die Richtung der versöhnlichen Außenpolitik Stresemanns uneins waren und die industriefreundliche Politik des Reichskanzlers Luther verarmte Sparer, christliche Arbeiter und kleine Geschäftsleute beunruhigte, war der Hindenburgblock eine eindrucksvolle Leistung. Überdies legten seine Anhänger in der Öffentlichkeit eine beispiellose Selbstsicherheit an den Tag. Ganz anders als bei der heimlichen Mobilisierung nach der Novemberrevolution und dem zögerlichen Eintreten in die Bürgerwehren, versammelten sich die Bürger öffentlich und verhöhnten, nachdem Hindenburg gewonnen hatte, die Sozialisten auf ungewöhnlich aggressive Weise, welche die Fackelumzüge acht Jahre später am 30. Januar vorwegnahm.

Am Tag nach der Wahl, dem 27. April 1925, zeigten sich die Hindenburg-Wähler in gewaltiger Zahl auf den Straßen, überzeugt, daß mit Hindenburgs Sieg der Vormarsch des Sozialismus und der republikanischen Herrschaft endgültig gestoppt worden sei. In Goslar, dessen Bevölkerung einen beträchtlichen Arbeiteranteil aufwies, führte eine von Stahlhelm, Traditionsverbänden der Reichswehr und dem Männerturnverein organisierte Siegesparade Hunderte von Bürgern durch die engen Gassen der mittelalterlichen Stadt zum Marktplatz. Dort beglückwünschte der Chefredakteur der örtlichen Zeitung,

August Wilhelm Silgradt, die Deutschen, daß sie den Weg aus dem Labyrinth der Revolution auf den »geraden Pfad der Ehre« hinausgefunden hätten. In Helmstedt marschierten patriotische Vereinigungen, Schützenvereine und studentische Burschenschaften »in großer Zahl« mit Fahnen und Musikkapellen, gefolgt von begeisterten Bürgern. Überall in Deutschland schmückten Bürger ihre Häuser mit schwarzweißroten Fahnen und versammelten sich an Kriegerdenkmälern oder Bismarckstandbildern, um Hindenburgs Triumph zu demonstrieren. Anderswo griffen übermütige Stahlhelmer Sozialdemokraten an und beschritten damit den Weg zur politischen Gewalt, die die SA in den kommenden Jahren ungleich brutaler praktizieren sollte. 1925 platzte die deutsche Rechte fast vor Selbstvertrauen. Die Sozialdemokraten dagegen hatten begonnen sich zurückzuziehen. In deutschen Kleinstädten blieben Angriffe von Mitgliedern des Stahlhelm auf Arbeiter ungeahndet, hatten Republikaner Schwierigkeiten, Versammlungsräume anzumieten, und sozialistische Vereine verloren Mitglieder.[40]

Die gemeinsame Unterstützung, die Hindenburg an der Basis erfahren hatte, war nicht einfach eine Schönwetterkoalition, die sich um einen einzelnen Kandidaten in einer Stichwahl scharte und wieder zerbrach, sobald man zum politischen Alltag zurückgekehrt war. Auch künftighin versammelten sich immer wieder Bürger, um die nationalistische Union zu demonstrieren, welche die Hindenburg-Kampagne zusammengeführt hatte. Vor dem Krieg war Bismarcks Geburtstag Anlaß zu patriotischen Feiern gewesen; in den späten zwanziger Jahren wurde Hindenburg die gleiche Ehre zuteil. Gedenkfeiern zu Ehren des Reichspräsidenten wurden 1925 und 1926 abgehalten, doch als Hindenburg am 2. Oktober 1927 achtzig wurde, brach in bürgerlichen Kreisen Festtagsstimmung aus.

Abermals waren es einfache, in geselligen Vereinen und vaterländischen Vereinigungen organisierte Mitglieder, die die führende Rolle spielten, Umzüge und Kundgebungen arrangierten, Turnwettkämpfe und Talentwettbewerbe veranstalteten und die Straßen mit schwarzweißroten Flaggen schmückten. Goslars Organisationskomitee zum Beispiel war ein wahres Abbild bürgerlicher Einigkeit: Lokalpolitiker gesellten sich zu Stahlhelmern; die Handwerkskammer und die Handelskammer arbeiteten mit dem Deutschen Beamtenbund und dem Deutschen Handlungsgehilfenverband zusammen und die protestantischen Kirchen mit den katholischen Gemeinden. Im winzigen Esbeck in Norddeutschland versammelten sich die Anhänger Hindenburgs im größten Saal des Dorfes, der Nuthmannschen Halle, die aus diesem Anlaß mit Zweigen von Immergrün und Reichsflaggen geschmückt war. Lokale Würdenträger sprachen ein paar Worte, doch im Mittelpunkt der Gedenkfeier standen die Ortsvereine: Der Reihe nach sang der Dorfchor, der Turnverein führte seine Leistungen vor, und der Theaterverein las Gedichte. Um Hindenburg zu ehren, formierten sich Turner im nahen Rotenburg an der Wümme zu einer menschlichen Pyramide von vierfacher Mannshöhe, an die Helfer riesige Vergrößerungen von Hindenburg-Fotos hängten. Nach diesem turnerischen Kunststück boten Rotenburgs Gesangvereine weniger anstrengende musikalische Unterhaltung.

Obgleich die Festlichkeiten in größeren Städten umfangreicher und aufwendiger waren, beseelte die Leute dasselbe Zusammengehörigkeitsgefühl. In Osnabrück zum Beispiel versammelten sich Abordnungen von Schulkindern, Abteilungen des Stahlhelm, des Jungdeutschen Ordens, Traditionsverbände, Schützenvereine, Turnerbünde, Gesangsvereine und Innungen zu einem gewaltigen Zug durch die Stadtmitte. Hunderttausende von Patrioten fuhren mit gemieteten Autobussen nach Berlin, verstopften die U-Bahnen der Hauptstadt und nahmen Unter den Linden und an der Friedrichstraße, der Route von Hindenburgs Wagenkolonne, Aufstellung. Stahlhelmmänner, Pfadfinder, der Deutsche Handlungsgehilfenverband, Jugendgruppen, Straßenbahnfahrer in Uniform: Alle bildeten in der riesigen Hauptstadt eine farbenfrohe Kette des deutschen Vereinslebens.[41]

Von den folgenden Ereignissen überschattet, sind der Umfang und das Ausmaß der Hindenburg-Feiern größtenteils in Vergessenheit geraten. Doch Hindenburgs achtzigster Geburtstag war eine gewaltige und aufrichtige Bekundung politischer Entschlossenheit und politischer Fähigkeit. Es war dieses entfesselte, gesamtdeutsche, schwarzweißrote Schauspiel, das Beobachter so beeindruckte. Während die Bürger vor 1924 selten demonstrativ durch die Straßen marschiert waren, den öffentlichen Raum den proletarischen Sozialdemokraten überlassen hatten und es vorzogen, in geschlossenen Räumen unter der Schirmherrschaft traditioneller Parteiführer zusammenzukommen, markierte die Wahl Hindenburgs einen Wendepunkt. Die Scharen brachen aus den geschlossenen Versammlungssälen aus, strömten auf die Straßen, auf die öffentlichen Plätze und drangen schließlich, gleichsam wie Eroberer, in die proletarischen Wohnbezirke ein.

Der Stahlhelm war der Dreh- und Angelpunkt dieser ostentativen nationalistischen Geselligkeit. In den späten zwanziger und frühen dreißiger Jahren gipfelten Jahr für Jahr Tausende von örtlichen Fahnenweihen im Spektakel der regionalen Stahlhelmtage, deren jährlicher Höhepunkt der Tag des Frontsoldaten war, an dem sich in Magdeburg, Berlin oder Hamburg Tausende von Patrioten versammelten. Jeder Marsch, ob er über die Hauptstraße des Dorfes oder Unter den Linden führte, zog freudig erregte Zuschauer an, rief die Einigkeit des Bürgertums in Erinnerung und war eine Probe für die Rückeroberung der Gemeinde im Namen der Nation. Straßen waren die anerkannten Nebenschauplätze der neuen Politik. Eiferer des Stahlhelm prügelten sich mit Arbeitern des Reichsbanners vor örtlichen Gewerkschaftshäusern und marschierten – »drangen ein« – in Arbeiterviertel und die »roten« Städte, Berlin und Hamburg. Immer wieder durchbrachen sie die Herrschaft der Arbeiterklasse über die öffentlichen Plätze, und sie hatten, anders als die Freikorps und Heimwehren in den frühen zwanziger Jahren, damit Erfolg. Gewiß, der Stahlhelm war eingebettet in den spießbürgerlichen Kreislauf kleinstädtischer Festlichkeiten, doch er rekrutierte auch Bürger – Männer und in einem geringeren Maß Frauen – für einen nationalen politischen Feldzug zur Wiedereroberung des Landes. Genau diese Erkenntnis formulierte der Bremer *Weserkurier* am Tag des Frontsoldaten 1927: »Deutschland hat nicht nur eine Massenorganisation der Linken, sondern auch der Rechten.«[42]

Die öffentliche Mobilisierung wurde zum Signal für die politische Lebenskraft der Rechten. Die Hindenburg-Feiern hinterließen ein mit Händen greifbares Gefühl der Stärke und Einigkeit: »Deutschland kommt wieder voran«, schloß die konservative *Deutsche Allgemeine Zeitung.*[43]

Im Gegensatz zu den offiziellen Zeremonien der wilhelminischen Ära, bei denen die soziale Stellung und das militärische Protokoll selbst in kleinen Städten und Dörfern vorherrschten, wurden Hindenburg- und Stahlhelm-Tage von freiwilligen Vereinigungen organisiert und bauten auf die Kräfte privater Bürger. Von verschiedenen Vereinen und Vereinigungen, unter Einschluß von Handwerkern, Angestellten, christlichen Arbeitern und Frauengruppen zusammengestellte Umzüge, große Versammlungen auf Marktplätzen und private Kundgebungen wie der patriotische Fensterschmuck und das Aushängen von schwarzweißroten Flaggen: all das drückte den ehrlichen Jubel von Bürgern aus. Diese Festlichkeiten ähnelten einem gemütlichen sommerlichen Volks- oder Schützenfest von nationalem Zuschnitt und hatten wenig gemein mit der sorgfältigen Choreographie der Zeremonien, wie sie vor dem Krieg am Reichsgründungs- oder Sedantag stattfanden; es gab keine strengen sozialen Trennungen zwischen eingeladenen und zufälligen Gästen, keine erhöhten Plätze für lokale Würdenträger und keine Bälle mit Frackzwang. Wie im Juli und August 1914 waren es die Bürger selbst, die für das Schauspiel sorgten. Das Nationalgefühl erreichte eine solche Intensität, weil die Hindenburg-Feste zugleich Bürger aller sozialen Schichten zusammenführten und verbanden und sich zugleich als eine vereinte Front gegen die von der Arbeiterklasse dominierte Linke präsentierten. Es war der demokratische Zuschnitt, nicht kaiserlicher Pomp, der den nationalen Zeremonien ihren volkstümlichen Charakter verlieh.

Die Wahl Hindenburgs stellte ein überzeugendes Modell für erfolgreiche politische Mobilisierung dar. Im Gegensatz zu den Parteien, deren kleinkarierte Politik im fernen Berlin die Nation nur zu spalten schien, brachten vaterländische Vereinigungen wie der Stahlhelm Bürger zusammen und boten der sozialistischen Linken in öffentlichen Versammlungen mit Erfolg Paroli. Darüber hinaus sprachen Massenveranstaltungen und lärmende Aktivitäten weit mehr Wählerschichten an als die ausschließlich auf das Parlament fixierten Parteien. Bei der Wahl Hindenburgs hatten die Parteien bereits eine untergeordnete Rolle gespielt, und in den folgenden Jahren traten der Stahlhelm, der Jungdeutsche Orden und andere paramilitärische Verbände als Förderer nationalistischer Feiern an die Stelle örtlicher Parteiorganisationen. Von seinen lokalen Erfolgen beflügelt, versuchte der Stahlhelm sogar, die bürgerlichen Parteien zu einer dauerhafteren Zusammenarbeit zu bringen. Seine energischen Anstrengungen, bei den Landtagswahlen 1927 in Sachsen und 1928 in Braunschweig eine Einheitsliste zustande zu bringen, trugen ihm den aufrichtigen Beifall der Presse ein. Als diese Versuche scheiterten, vertieften sich die Antiparteiengefühle. »Alles wird so bleiben, wie es war. Die Parteien wollen ihre Interessen nicht durch Zusammenarbeit gefährden«, kommentierte eine liberale Braunschweiger Zeitung verärgert. Politiker mochten Lippenbekenntnisse zugunsten der Idee bürgerlicher Einigkeit ablegen, doch hinter verschlossenen Türen setzte sich das »alte Spiel« einfach fort, bestätigte ein enttäuschter Redakteur im sächsischen Pirna.[44]

Trotz seiner hektischen Aktivität erwies sich der Stahlhelm als unfähig, die wachsende antiparlamentarische Strömung wirksam zu organisieren. Wiederholt dienten Kriegsveteranen als Vermittler, hofften, den bürgerlichen Parteien das Einverständnis zu einem nationalistischen Programm abzuschmeicheln, doch letzten Endes waren sie auf die Kooperation der Politiker angewiesen, die sie zusammenbrachten. Obwohl der Stahlhelm die allseits gefragten Fußsoldaten für die bürgerlichen Kampagnen stellte, blieben seine Leute für die parlamentarische Politik meistens Hilfstruppen. Dem Stahlhelm entging, daß die allgemeine Unzufriedenheit mit den Parteien ebenso von deren Desinteresse an den wirtschaftlichen und sozialen Probleme gewöhnlicher Wähler wie von ihrer Unfähigkeit, sich gegen die Linke zusammenzuschließen, genährt wurde. Der Antisozialismus überdeckte die volkstümlichen Aspekte im Stahlhelm. Die Folge war, daß der reaktionäre Charakter des Stahlhelm immer deutlicher wurde. Bis 1929 war er immer näher an die rechte Deutschnationale Volkspartei herangerückt, offensichtlich weil er antirepublikanische Aggressivität mit politischem Radikalismus verwechselte, und hatte dadurch die Stoßkraft eingebüßt, die er seit der Wahl Hindenburgs bis zum Aufkommen der Nationalsozialisten gewonnen hatte.

Ungeachtet jedoch ihrer Mißerfolge verwandelten die Aktivitäten der nationalistischen Bünde das öffentliche Leben in Deutschland von Grund auf. Der Besucher einer patriotischen Familie hätte kaum etwas von jener für die Zeit unmittelbar nach der Revolution typischen Verzweiflung oder Nostalgie gefunden. Mitte der zwanziger Jahre marschierten junge Nationalisten, viele davon Kriegsveteranen, ein paar ehemalige Freikorpskämpfer, selbstbewußt und gelassen auf den Marktplatz. Der Jungdeutsche Orden, der Stahlhelm und ein Dutzend kleinerer Verbände (Werwolf, Wiking, Bayernbund, Tannenbergbund wie auch eine Vielzahl von Jugendgruppen und kultureller Vereine) kündeten von der organisatorischen Beweglichkeit des Deutschen aus dem Mittelstand. Sie waren überdies überraschend erfolgreich in der Rekrutierung von Arbeitern. Weder der Flottenverein vor dem Krieg, die Vaterlandspartei während des Krieges noch die Heimwehren und die Freikorps nach der Revolution hatten im selben Ausmaß Patrioten zu mobilisieren vermocht. Öffentliche Kundgebungen fanden jetzt selbst in den kleinsten Städten statt. Die in protestantischen Gebieten immer deutlicher vorhandene politische Polarisierung zwischen links und rechts begann auch die deutschen Katholiken zu spalten. Angesichts eines ausgefüllten Terminkalenders von Hindenburg-, Stahlhelm- und Deutschen Tagen begannen die Deutschen des Mittelstands ihre Umgebung als nationalistischer und vertrauter wahrzunehmen. Das geschah nicht nur, weil patriotische Versammlungen und Siegesmärsche unter schwarzweißroten Fahnen die öffentlichen Plätze beanspruchten, die einmal die Domäne der Sozialdemokraten gwesen waren, sondern auch, weil die Bürger auf lockere, ungezwungene Art an den patriotischen Festen teilhatten. Das Ergebnis war eine Verbindung von deutschem Nationalismus und heimatlicher Gemütlichkeit, bereits 1914 eine gewinnende Kombination.

Das Deutschland des Stahlhelm war antisozialistisch, aber nicht aristokratisch, nationalistisch, aber nicht monarchistisch, illiberal, aber nicht elitär. In diesem Sinne war es ein Produkt des wirklich volkstümlichen Charakters des Weltkrieges. Zugleich bot die Überbetonung der Tugenden der Nation und der Perfidie ihrer Feinde – Juden, Slawen, Bolschewisten –, allen völkischen und antisemitischen Gruppen Raum, so auch den Nazis, welche die Plattform, die sie dadurch erwarben, weidlich nutzten. 1929 schlossen sich die Nationalsozialisten im ganzen Reich den Anti-Youngplan-Komitees an und konkurrierten mit den erfahrenen Politikern der Deutschen Volkspartei und der Deutschnationalen Volkspartei um Plätze auf Einheitslisten und in örtliche Koalitionen (zum Beispiel in Thüringen und Braunschweig). Das bürgerliche Vereinsleben diente als Tarnung für eine immer militanter werdende antiparlamentarische Politik. Oft wurde ein »intergraler Nationalismus« propagiert, der eine pluralistische politische Ordnung insgesamt ablehnte. So gesehen war die Wahl Hindenburgs kein Rückfall in die Vergangenheit. Sie war ein Vorläufer der künftigen faschistischen Verschmelzung.

Splitterparteien und Volksbewegungen

Selbst in den kleinsten Städten und abgelegensten Orten wie Oelber und Baddeckenstadt, in Klein-Elbe wie in Groß-Elbe, waren Stahlhelmgruppen gegründet und Fahnenweihen abgehalten worden. Das war nach außen hin das auffälligste Anzeichen politischer Mobilisierung, die unter bislang inaktiven Bürgern stattgefunden hatte. Ortsgruppen des Stahlhelm waren fast ebenso verbreitet wie sozialdemokratische Parteibüros. Doch auch mittelständische Agitatoren anderer Provenienz zogen kreuz und quer über Land. Am rauhen nördlichen Rand Deutschlands, wo der sandige Boden des armen Mannes auf Marschen und Meer traf, rüsteten sich die Bauern. An einem »wundervollen, sonnengetränkten Wintertag«, Sonntag, 28. Januar 1928, »stand das Landvolk von Schleswig-Holstein Schulter an Schulter auf den Straßen«. Bauern hatten sich auf Marktplätzen versammelt, stützten sich auf ihre Krückstöcke und lauschten »kurzen, markigen« Reden. Nicht weniger als 140 000 Demonstranten begaben sich nach Husum, Niebüll, Rendsburg, Schleswig, Flensburg, Eckernförde, Heide, Neumünster, Plön, Segeberg, Oldesloe, Ratzeburg und Itzehoe.

In allen Städten verdammten die Redner vehement die Agrarpolitik des Reichs, besonders die Handelsabkommen, welche die Zölle auf einige Güter senkten und damit den Weg für die Einfuhr von Gefrierfleisch frei machten. Zu einer Zeit, in der die Preise für Güter des täglichen Bedarfs einen historischen Tiefstand erreicht hatten, war das eine unheilvolle Entwicklung. Kreditknappheit, hohe Steuern und karge staatliche Unterstützung für diese Region verlängerten die Liste der Klagen. Otto Johannsen, der die Proteste in Eigeninitiative organisiert hatte, forderte auf einer Versammlung vor etwa 20 000 Sympathisanten, Deutschland müsse bei Lebensmitteln zum Selbstversorger werden und die »hemmungslose Ausgabenwirtschaft« abbauen. Nötig sei ein Großreinemachen, das den Weg zur Ablehnung der Reparationen, welche die Deutschen wie ein Sklavenvolk in Ketten gelegt hätten, ebnete.[45]

Es war ein erstaunlicher Anblick, der sich an jenem Sonntag im Januar bot. Bauern, die gewöhnlich, die Arbeit nie ruhen ließen, außer vielleicht für ein Kartenspiel am Wochenende, versammelten sich in der Stadt. Dort schlossen sich ihnen Ladenbesitzer und Handwerker an, die darauf brannten, gegen Arbeitsgesetze, hohe Steuern und die allgemeine Korruption, die in Berlin zu herrschen schien, zu demonstrieren. Die Sonntagsproteste in Schleswig-Holstein stellten einen dramatischen Höhepunkt der wachsenden Unruhe dar, welche die ganze Nation erfaßt hatte. Bereits im Juni und Juli 1926 hatte man in sächsischen Städten gegen die Finanzpolitik demonstriert, die *big labor* und *big industry* zu bevorzugen schien. Mehr als 7000 Handwerker, Haus- und Ladenbesitzer gingen in Plauen, 9000 in Zwickau und 8000 in Chemnitz auf die Straße.[46] Ein Jahr später protestierten in Oldenburg 1000 Hausbesitzer gegen die Hypothekensteuern, die während der Inflation abgeschafft worden waren (ein halbherziger Versuch, die schrecklichen Verluste der Jahre 1922/23 auszugleichen).

Einige Wochen vor den Aktionen in Schleswig-Holstein, am 5. Januar 1928, marschierten Bauern in die kleine Kreisstadt Aurich in Ostfriesland und füllten einen Versammlungssaal nach dem anderen, Brems Garten, den Piquerhof, die örtliche Landwirtschaftshalle und schließlich den vornehmen Bürgergarten. Die auf 5000 geschätzte Teilnehmerzahl übertraf alle Erwartungen. Am selben Tag kamen in dem nahen Dorf Ahlhorn Bauern zusammen und forderten, »bis zum Eintreten besserer Bedingungen« die Steuern auszusetzen, die Finanzämter zu schließen und, gewissermaßen als letzten Ausweg, alle Beamten zwangsweise nach Kanada auszuweisen.[47]

Nachdem die Aufstände in Schleswig-Holstein zwei Tage später landesweit Schlagzeilen gemacht hatten, gingen in ganz Deutschland Bauern und kleine Geschäftsleute auf die Straße. Anfang Februar marschierten 15 000 Demonstranten nach

Schwerin, Mecklenburgs Hauptstadt. Am 14. Februar versammelte sich die gleiche Zahl von Bauern und Kaufleuten in Hildesheim, während in Uelzen 4000 zusammenkamen. Tausende von Demonstranten marschierten Ende Februar durch die Straßen von Göttingen, Celle und Marburg. Am 12. März 1928 fanden auch in ganz Sachsen Demonstrationen statt: in Meißen, Freiberg, Pirna, Döbeln, Zittau, Löbau, Stolberg und Zwickau. Ähnliche Protestbewegungen flackerten in Braunschweig auf, in Hannover, in Pommern, Ostpreußen und in Thüringen.[48] Diese Versammlungen sind um so eindrucksvoller, als sie in mittelgroßen Städten mit 25 000 bis 75 000 Einwohnern stattfanden. Der Umfang und die Zahl der Proteste und die Schärfe, mit der sich der politische Unwillen Bahn brach, zeigen, daß sich mehr dahinter verbarg als eine bloße Reaktion auf wirtschaftlich schwere Zeiten.

Immer wieder äußerten sich Beobachter überrascht darüber, daß der Mittelstand so aktiv geworden war. »Nie hat Aurich, nie hat Ostfriesland solch eine eindrucksvolle Demonstration gesehen«, frohlockte das Lokalblatt. »Die Bauern müssen wirklich leiden«, hob ein Redakteur in Holzminden hervor, »wenn sie entschlossen sind, die Waffen politischer Revolutionäre zu gebrauchen.«[49] Noch bemerkenswerter ist, daß die Demonstrationen verschiedene Wählerschichten auf einer gemeinsamen Plattform zusammenbrachten. Es waren nicht nur Bauern auf dem Marktplatz versammelt, sondern auch Lebensmittelhändler, Bäcker und Klempner. Während in den frühen zwanziger Jahren die mittelständischen politischen Aktivitäten eher eine »Kirchturmpolitik« verfolgt und sich darauf konzentriert hatten, jede Berufsgruppe in den bürgerlichen Parteien vertreten zu sehen, hatte sich das Schwergewicht gegen Ende des Jahrzehnts verlagert; die Parteien waren plötzlich selbst das Ziel wütender Proteste der auf den Straßen und Plätzen Versammelten.

Die wütenden Menschenmengen verurteilten immer wieder die Finanzpolitik, verschonten jedoch die politischen Parteien oder größeren Interessengruppen nicht mehr. »Tatsache ist«, lästerte Claus Heim, ein schleswig-holsteinischer Radikaler, »daß der Staat, die Regierung, die Parteien, die landwirtschaftlichen Organisationen, die Landwirtschaftskammern und die Verbände versagt haben. Tatsache ist«, fuhr er in seiner überzeugenden Rhetorik fort, »daß der Bauer jahrelang seinen Beitrag geleistet und von all den Dingen gehört hat, die man für ihn getan hat, und doch sieht, daß seine Lage schlechter und schlechter wird.«[50] Ungeachtet aller Versprechungen hatten die liberalen und konservativen Parteien Steuererhöhungen hingenommen. Während sie emsig die Interessen von Großgrundbesitzern und Großindustriellen vertraten, hatten sie den Mittelstand vernachlässigt, zumindest war diese Auffassung weit verbreitet. Schwierigkeiten der Landwirtschaft hätten nichts mit Sturmfluten oder schlechten Ernten zu tun, äußerte ein wütender Bauer aus Klein-Oldendorf bei Emden. Sie hätten ausgesprochen politische Ursachen: »Alle diese Abgeordneten, die uns diesen Ärger eingebrockt haben, sollte man über Bord werfen. Sie sind zu nichts zu gebrauchen.« Und es sei nicht damit getan, lediglich Resolutionen und Petitionen nach Berlin zu schicken: »Berlin hat große Papierkörbe für die papiernen Proteste des Volkes«, bemerkte ein gleichgesinnter Schreiber.[51] Die Zeit sei reif, die Dinge selbst in die Hand zu nehmen.

Da die etablierten Parteien versagt hatten, war es sinnlos, mit landwirtschaftlichen Interessenverbänden zusammenzuarbeiten, denen es oblag, Wählerstimmen zu parlamentarischem Einfluß zu verhelfen. Indem sie die Tugend der direkten Aktion rühmten, sich weigerten, Steuern zu zahlen, und Zwangsversteigerungen sprengten, bedrohte der Protest der Bauern die Grundfesten bürgerlicher Politik. Sprecher von Interessengruppen versuchten natürlich, auf die Anhänger der »Landvolk«-Bewegung mäßigend einzuwirken, jedoch ohne Erfolg. Die Proteste weiteten sich aus, besonders nachdem die Bewegung in jenen Aktivisten Märtyrer fand, die ins Gefängnis kamen, weil sie ihre Steuern nicht gezahlt, Versteigerungen gesprengt und Bomben in staatliche Ämter in Oldenburg,

Schleswig und Lüneburg geworfen hatten. In den Jahren 1930 und 1931 marschierten zuweilen Tausende von Bauern in Kreisstädte, um Angeklagte vor Gericht zu unterstützen oder sie nach ihrer Freilassung aus dem Gefängnis willkommen zu heißen.

So, wie es die Bauern ablehnten, sich von etablierten Politikern vertreten zu lassen, so geschickt entwickelten sie einen alternativen Aktionsraum. Ein Netzwerk paramilitärischer Vereinigungen wie Stahlhelm und Jungdeutscher Orden, kleinere dörfliche Gemeinschaften, Stammtische und weitverzweigte Familien unterstützten die Proteste. Schlichte, volksverbundene Führer, die bislang nicht in der Öffentlichkeit hervorgetreten waren, traten in den Vordergrund: zum Beispiel Claus Heim und Otto Johannsen. Gleichzeitig erweckte der Aufstand des Landvolkes die Aufmerksamkeit politischer Abweichler jeder Art. Kommunistische Agitatoren und völkische Wortführer, Leute vom Stahlhelm und Gefolgsleute Hitlers machten sich nach Schleswig-Holstein auf. Es gab keine radikale Gruppierung, die nicht die schmutzigen Bauern zum Freund haben wollte, welche die Worte des Kulturkritikers Paul de Lagarde aus dem 19. Jahrhundert zu neuem Leben erweckt hatten: »Möge Deutschland des ursprünglichen Lebens gedenken, das von unten nach oben erwächst, nicht von oben nach unten!« Gesungen nach der Melodie des bekannten Scharfschützenliedes »Ich schieß' den Hirsch im tiefen Forst«, bewitzelte das »Bombenlegerlied« die plötzliche Popularität des Landvolks:

Ich leg' die Bomb' ins Landratsamt
Im Reichstag Dynamit,
Vom Herrscherhause angestammt
Sing ich voll Stolz mein Lied.
Vom Hugenberg hab' ich das Geld,
Von Hitler das Gewehr,
Der Ehrhardt hat das Gift gestellt
Und Ludendorff den Speer.

Für jeden der Genannten – Hugenberg, Hitler, Ehrhardt,

Ludendorff – war das Landvolk das »erste Anzeichen« eines »neuen Geistes« im Nachkriegsdeutschland. Es stand für »Bewegung und Kampf«.[52]

Das »Landvolk« war bloß das eindrucksvollste Beispiel für das Ausmaß, in dem mittelständische Gruppen ein größeres politisches Mitspracherecht forderten. Zwischen 1924 und 1933 wandten sich bei Wahlen in ganz Deutschland Bauern, Hausbesitzer, Handwerker und Beamte von den traditionellen Politikern ab, um ihre eigenen Kandidaten ins Spiel zu bringen. Die bürgerlichen Parteien wurden wiederholt bezichtigt, die Reichen und Mächtigen zu umschmeicheln und die Misere der breiten Bevölkerung zu ignorieren. Eine Geschichte des deutschen Parlamentarismus in den zwanziger Jahren offenbart, daß sich dieses eine Schauspiel vor Dutzenden von Kulissen abspielte. Auf dem nationalen Sektor hatten sich die beiden liberalen Parteien, DDP und DVP, zu sehr mit den Interessen der Industrie identifiziert, um mehr als flüchtige Aufmerksamkeit zu verdienen. Zuerst hatten konservative Arbeiter und Angestellte, dann Handwerker, Einzelhändler und Bauern den liberalen Parteien den Rücken gekehrt. Selbst die Deutschnationale Volkspartei, die 1924 wegen ihres eisernen »Anti-System«-Standpunktes Millionen von Wählern aus dem Mittelstand und sogar aus der Arbeiterschicht angezogen hatte, erwies sich, nachdem der erzreaktionäre Alfred Hugenberg 1928 das Ruder übernommen hatte, gegenüber Arbeitern und Angestellten als nicht aufgeschlossen.

Jede Legislaturperiode brachte eine neue Gruppe von Abtrünnigen, die der Partei die Zustimmung verweigerten. Eine aussichtslose Schar parlamentarischer Splittergruppen tauchte auf, um den Parteibossen die Macht zu entreißen: Die mittelständische Wirtschaftspartei hatte seit 1920 an den Reichstagswahlen teilgenommen, entfaltete aber erst nach 1924 größere Anziehungskraft; bis 1930 hatten sich eine Christlich-Nationale Bauern- und Landvolkpartei, ein Christlich-Sozialer Volksdienst, eine Konservative Volkspartei, eine Volksnationale Reichsvereinigung und eine Reichspartei für

Volksrecht und Aufwertung in die Auseinandersetzung eingemischt. Die orthodoxe Finanzpolitik jeder dieser älteren Mittelstandsparteien in den frühen dreißiger Jahren machte sie immer ohnmächtiger, jenen Wählern zu helfen, die ihnen treu blieben.

Auf den ersten Blick schien sich das deutsche Parteiensystem in nahezu vollständiger Unordnung zu befinden. In Berlin sah man das gewiß so. Da sie sich als unfähig erwiesen, ein einheitliches nationalistisches Programm zusammenzuschustern und sie an der Basis von den unaufhörlichen Aktivitäten nationalistischer Gruppen und den sich abwendenden Vertretern unbefriedigter Gruppeninteressen bedrängt wurden, brachen die Parteiorganisationen zusammen, und die Parteikassen wurden immer leerer. Die Mitglieder besuchten die Versammlungen nicht mehr, Freiwillige zur Verteilung von Werbemitteln waren nicht mehr aufzutreiben, und die Redner sahen sich beschämend leeren Versammlungssälen gegenüber. Schon 1926 berichtete ein Liberaler in Hildesheim, daß »alle nationalistischen Männer« sich eifrig vaterländischen Vereinigungen anschlössen, die Parteien hingegen mieden, die man mit wachsendem Widerwillen betrachte. »Es gibt nichts Schlimmeres als eine politische Partei« – der Satz faßt die Meinung von Bewohnern der kleinen Stadt Gandersheim bei Braunschweig zusammen. Es überrascht nicht, daß sich die Parlamentarier auf Wahlkampftouren zunehmend unbehaglich fühlten. Einmal wandte sich ein Vertreter des Landvolkes an den deutschnationalen Reichstagsabgeordneten, mit dem er in Aurich auf dem Podium saß, und stieß unter dem Beifall der Zuhörer hervor: »Sie haben es nur der Gnade Gottes zu verdanken, daß wir Sie noch immer bei uns dulden.«[54]

In diesem Klima konnten Aktivisten vor Ort kaum mehr tun, als die Berliner Politiker drängen, den Stahlhelm und den Jungdeutschen Orden »von oben« dazu zu bewegen, »gegenüber den Parteien eine freundlichere Haltung einzunehmen«. Unglücklicherweise standen den Parteien nur wenige Hilfsmittel zur Verfügung. 1920 hatte die Deutsche Volkspartei mehr als 300 Zweigstellen in Braunschweig, 1925 waren es noch 100 und 1929 nur noch 33. Der Zusammenbruch der Deutschen Demokratischen Partei war noch eklatanter; abgesehen von Südwestdeutschland, waren 1930 von der Partei allein die regionalen Exekutivausschüsse übriggeblieben. Die Deutschnationale Volkspartei blieb örtlich präsent, Parteifunktionäre berichteten aber von sinkenden Mitgliederzahlen und mangelndem Interesse. »Unsere Partei geht langsam zugrunde«, klagte ein Deutschnationaler im Potsdamer Parteihauptquartier. Die ältere Vorkriegsgeneration blieb parteitreu, doch die jüngeren Leute waren zu den nationalistischen Vereinigungen oder den Nationalsozialisten mit ihren zugkräftigeren Programmen abgewandert.[55]

In den Wochen des Wahlkampfes vor den Reichstagswahlen 1930, die weithin als ein Wendepunkt für das Schicksal des parlamentarischen Systems angesehen wurden und eine überdurchschnittliche Wahlbeteiligung aufwiesen (81,5 Prozent gegenüber 74,6 Prozent nur zwei Jahre zuvor), waren die etablierten bürgerlichen Parteien kaum wahrzunehmen. Sie veröffentlichten flammende Aufrufe in der Presse, hielten jedoch selten öffentliche Versammlungen ab.[56] In diesem Fall war das Medium die Botschaft.

Die Auflösung der liberalen und konservativen Parteien war jedoch nur die eine Seite der Medaille. Dieselben Kräfte, welche die größeren Parteien geschwächt hatten, ermutigten und belebten auch ein großes Spektrum mittelständischer Wählerschichten und konservativer Arbeiter, die auf politischer Einflußnahme und Vertretung beharrten. Die Proteste des Landvolks und die unabhängigen Kandidatenlisten zeugten von den organisatorischen Fähigkeiten eben jener Bauern, Handwerker und kleiner Ladenbesitzer, die von den Parteien mit Herablassung behandelt worden waren. Seit 1918 hatten mittelständische Gruppen wachsende politische Macht gewonnen, und ihr Lobbying in den großen Parteien spiegelte ebenso wie ihre unabhängigen Listen außerhalb der Parteien wachsende Macht, nicht Machtlosigkeit wider. Es wäre auch irreführend, die starke Ausbreitung von Splitterparteien einfach als den materiellen Egoismus von Berufsgruppen anzusehen. Gewiß, viele Deutsche suchten eine wirksamere Vertretung ihrer besonderen Interessen in Parteien, deren Programm einzig darauf zugeschnitten war. Aber meistens drückten sie ihren Abscheu vor politischen Parteien, Lobbyismus und parlamentarischem Kuhhandel aus. Die neuen Parteien waren für die Wähler attraktiv, weil sie die allgemeine Entrüstung über die eng an den Interessen des *big business* orientierte Politik der großen bürgerlichen Parteien ausdrückten. Es waren Splittergruppen, die sich einer eindrucksvollen politischen Sprache bedienten, die verfassungsmäßige Rechte und Gemeinwohl betonten und eine erfrischend moralische Vision der Nation zu bieten hatten.[57]

Das Auftreten des Landvolks signalisierte, daß eine erfolgreiche Mittelstandspolitik die Forderungen bislang stummer Gruppen wie Kleinbauern, kleine Angestellte und Handwerker nach politischem Mitspracherecht anerkennen mußte. Proteste auf der Straße, wo einzelne Menschen in einer Menge Gleichgesinnter zusammenkamen, bekundeten dieselben antielitären Gefühle. Parteien, die diese weitverbreitete Einstellung nicht berücksichtigten, zerfielen, wie es bei den sogenannten Volksparteien, der Deutschen Volkspartei, der Deutschnationalen Volkspartei und auch der Deutschen Demokratischen Partei, nach dem Krieg der Fall war. Sogar der Stahlhelm büßte einen Teil seines beträchtlichen politischen Ansehens ein, weil er sich im Namen nationalistischer Einigkeit gegen Splitterparteien wandte. Sich um die Fahne zu scharen war nicht genug, um die Wähler zu halten, die seit 1914 ihr politisches Umfeld nach dem Maßstab der Volksgemeinschaft beurteilten. Deutsche Wähler strebten sowohl nach sozialen Reformen als auch nach Nationalstolz – die klassische populistische Kombination.

Am Ende jedoch blieben die Proteste des Landvolks bloß eine Episode in der deutschen Geschichte. Die Beziehungen zwischen Bauern und Geschäftsleuten, Land- und Stadtbevölkerung verschlechterten sich, als das Landvolk durch den Boykott von Einzelhändlern in Husum und Aurich, in Berlin und Hamburg zu streiken versuchte. Darüber hinaus waren auf ein Thema beschränkte Bewegungen wie die des Landvolks Gefangene eines grundlegenden Widerspruchs. Obwohl sie sich auf das Gemeinwohl beriefen, taten sie das auf einer ziemlich schmalen politischen Plattform. Splitterparteien äußerten ihre Unzufriedenheit mit der Herrschaft partikularer Interessen und propagierten ungleich ein singuläres Interesse. Folglich stellten sie keine dauerhafte Lösung für die weit verbreitete Unzufriedenheit der Wähler dar. Waren die Wähler in den späten zwanziger Jahren zu den kleinen Parteien geströmt, so wandten sie sich bald wieder von ihnen ab, als sich die neuen Gruppen als unfähig erwiesen, die politische Landschaft umzuformen und sich den Sozialisten zu widersetzen.

Gleichgültig, ob die mittelständischen Wähler nun umschwenkten, ihre Stimmen Parteien gaben, die spezielle Interessen vertraten, mit dem Stahlhelm marschierten oder sich die Reden politischer Radikaler wie der Nazis anhörten, es gab einen Ort, zu dem sie nicht zurückkehrten: zu den etablierten bürgerlichen Parteien, die sich nie mehr von ihren Verlusten in den zwanziger Jahren erholten. Ungeachtet aller Wechselhaftigkeit der deutschen Politik sollten sich die traditionellen Parteien nicht mehr erholen.

Auftritt der Nazis

Stahlhelm-Märsche und Landvolk-Proteste waren die beiden Kontrapunkte des mittelständischen Radikalismus in der Weimarer Republik. Auf der einen Seite hielten kleinstädtische Bürger die Nation in Ehren und identifizierten sich mit deren Schicksal. Mit schlichten Festen und Zeremonien feierten sie nicht nur die Kriegsanstrengungen sowie die großartige Bestimmung des Reiches zur Weltmacht, die dadurch enthüllt worden war, und brandmarkten Verletzungen der deutschen Souveränität, sondern betonten auch Einheit und Einigkeit der Nation gegen die angeblich unpatriotische verräterische Linke. Mit ihren Aktivitäten während der zwanziger Jahre trachteten die Vaterländischen die nationale Solidarität des August 1914 wiederzugewinnen. So gesehen scheint es klar, daß Millionen von Wählern nach umfassenderen politischen Identifikationsmöglichkeiten suchten als der des Berufes. Allerdings verlangten mehr und mehr Deutsche demokratische politische Formen, in denen alle Gruppen ihren respektierten Platz hatten und soziale Interessen berücksichtigt wurden. Selbst wenn mittelständische Funktionäre die Republik verabscheuten, bauten die Demonstrationen, die sie anführten, und die unabhängigen Listen, die sie aufstellten, auf dem populären Vermächtnis des November 1918 auf. Die Bürger machten intensiven Gebrauch von den neu errungenen verfassungsmäßigen Rechten und Ansprüchen. Es war offensichtlich, daß es keine Rückkehr zur ehrerbietigen Politik der Vorkriegszeit geben würde.

Die Wechselhaftigkeit deutscher Politik während der zwanziger Jahre war darauf zurückzuführen, daß Wähler und Kandidaten die Idee der Volksgemeinschaft unterschiedlich bewerteten. Zwar gaben zahlreiche Gruppen patriotischer Gesinnung, antisozialistischen Ängsten und antielitären Ressentiments lautstark Ausdruck, aber wenige fanden das richtige Gleichgewicht. Hugenbergs Deutschnationale hißten stolz die schwarzweißrote Flagge des Kaiserreiches, verprellten aber durch ihre reaktionäre Haltung in sozialen Fragen zu oft die Wähler. Den Freikorpsveteranen brachte die Niederschlagung der kommunistischen Aufstände große Anerkennung ein, aber sie paßten schwerlich in die Welt kleinstädtischen geselligen Lebens. Das Landvolk machte willkommenen populistischen Radau, erwies sich aber als zu beschränkt. Der Stahlhelm gab sich alle Mühe, eine nationalistische Einheit zu schaffen, und hegte großartige Visionen von Deutschlands politischer Zukunft, er blieb jedoch auf die traditionellen Parteien fixiert. Was die meisten Bürger und auch sehr viele Arbeiter suchten, war eine unerschrocken nationalistische, vorwärtsblickende politische Bewegung, ein Sammelbecken für alle sozialen Schichten, die die popoulistischen Forderungen der Wählern anerkannte, ohne sie wieder nach Berufsgruppen aufzuteilen. Die Partei, die diesem Modell am nächsten kam, war Adolf Hitlers Nationalsozialistische Deutsche Arbeiterpartei.

Die Nazis waren schon vor ihrem Durchbruch bei den Septemberwahlen 1930 ein vertrauter Bestandteil der nationalistischen Politik. Seit der Novemberrevolution hatte es in den meisten deutschen Städten rassistische Gruppen der einen oder anderen Art gegeben, die primitive und unflätige antisemitische Pamphlete unter die Leute brachten und, als die Zeiten schlecht wurden, düstere apokalyptische Geschichten ausbrüteten. Sie förderten zum Beispiel Redner wie Ludwig Münchmeyer, einen ausgestoßenen Pfarrer von der Insel Borkum, der Tausende mit seinen Geschichten über die Versuche der Regierung, ihn zu verfolgen, unterhielt. Doch größtenteils scheuten diese Gruppen die Beteiligung an Wahlen und zogen die alkoholselige Intimität wöchentlicher »Bierabende« vor. Sie blieben in einer Vorkriegswelt gefangen, die ebenso antiurban, antiindustriell wie antisemitisch war.

Adolf Hitler, vor dem Krieg Stammgast in Wiener Männerheimen, bewegte sich ungezwungen in diesen Kreisen. Aber er, der während des Weltkrieges politisch gereift war, hatte größere Ambitionen. Seine Vision eines rassisch reinen, wirtschaftlich produktiven und militärisch mächtigen Deutschlands ließ ihn immer mehr Zuhörer um sich scharen, sozialistische Arbeiter an sich binden und langsam die Maschinerie einer massenpolitischen Bewegung aufbauen. Er schloß sich 1919 in München der winzigen Deutschen Arbeiterpartei Anton Drexlers an, wurde jedoch der geselligen Atmosphäre, in die sich ein paar zornige Männer zurückgezogen hatten, rasch überdrüssig. Hitler, ein geschickter Aktivist und glänzender Redner, tauchte als charismatischer Führer in der

Nationalsozialistischen Deutschen Arbeiterpartei – so der neue Name – auf, wenngleich er in seinem unablässigen Drang, einen Debattierklub in eine disziplinierte Partei zu verwandeln, viele der frühen Mitkämpfer befremdete.[58]

Hitler war ein Revolutionär, der Autorität und Organisation sehr schätzte. Sein politisches Geschick machte ihn in den Jahren 1922 und 1923 zum »König von München«, zum aufrührerischen Organisator der Rechten in der überaus polarisierten bayerischen Landeshauptstadt. Gleichwohl brachte seine grundlegend falsche Einschätzung des Putsches vom November 1923 die Nazibewegung fast zum Scheitern. Der Putsch, ein laienhaftes Unternehmen, das auf eine erstaunliche Überschätzung des Einflusses von Hitler auf die Truppen anderer Leute, namentlich Kahrs bayerische Polizeieinheiten und Seeckts Reichswehrsoldaten baute, endete in einer melodramatischen Gerichtsverhandlung, die den Nazis außerordentliche Publizität bescherte. Bis dahin eine ausschließlich bayerische Figur, machte Hitler Schlagzeilen in ganz Deutschland und erntete große Bewunderung, weil er die volle Verantwortung für seine Handlungen übernahm und theatralisch die edlen Motive seines Verrates gegen etwas, das er als korruptes republikanisches System ansah, hervorhob.

Wichtiger ist, daß der Putsch Hitler veranlaßte, der Nazibewegung eine neue Richtung zu geben: weg von Freikorpsverschwörungen hin zur Massenpolitik. Es war nicht so sehr Mussolinis Marsch auf Rom im Oktober 1922, sondern die deutsche Revolution von 1918, die Hitler ein praktikables Modell für den politischen Aufstand lieferte. Aus seiner Sicht mußten die Nationalsozialisten das sozialdemokratische Modell übernehmen, die sich in großem Stil organisiert und folglich die Fähigkeit erlangt hatten, das Reich zu lähmen (so wie Hitler glaubte, daß sie es 1918 getan hätten). Nach seiner Entlassung aus der Festungshaftanstalt Landsberg im Dezember 1924 arbeitete Hitler systematisch daran, eine disziplinierte Bewegung zu schaffen, die die deutsche Demokratie überwinden sollte, statt sie umzustürzen.[59] Dafür hatte Hitler zwei große Hilfsquellen: die Sympathie Tausender verärgerter Wähler, die er aufgrund der breiten Popularität, die ihm sein aufsehenerregender Prozeß eingebracht hatte, genoß, und den Entschluß, diese Unterstützung in einer politischen Kampagne auf breiter Basis zu organisieren.

Als Hitler in das politische Leben zurückkehrte, fand er die Nazipartei in einem desolaten Zustand vor. Er brauchte zwei Jahre, um sich erneut die Vormachtstellung zu sichern und aufmüpfige Mitglieder zu bändigen. Auch widersprachen günstigere wirtschaftliche Bedingungen nach der Stabilisierung der Währung Hitlers apokalyptischen Verkündigungen. Aber es wäre irreführend, die Zeitspanne zwischen 1924 und 1929 als »Jahre in der Wildnis« zusammenzufassen.[60] Die Nazis mögen an den Wahlurnen schwache Ergebnisse erzielt haben, doch mit bemerkenswertem Erfolg organisierten sie die Partei neu und erweckten die Neugier der Wähler. In diesen fünf Jahren wechselten mehr als 20 % der deutschen Wähler die Partei, selbst als die Wirtschaft sich erholte und Deutschlands internationale Stellung sich aufgrund des Dawesplans und des Locarnovertrags verbesserte. Tausende bezeugten weiterhin ihre Feindseligkeit gegen die Weimarer Republik, indem sie für Splitterparteien stimmten, sich auf Versammlungen des Stahlhelm drängten und nationalsozialistischen Ansprachen lauschten.

Allein im ersten Jahr der Neuorganisation (1925) schafften es die Nazis, in ganz Deutschland, mehr als 2370 öffentliche Versammlungen abzuhalten.[61] Hitlers erster öffentlicher Auftritt nach dem Putsch war für den 27. Februar 1925 acht Uhr abends geplant. Die ersten Leute versammelten sich im Lauf des Nachmittags im Münchner Bürgerbräukeller, und um sechs Uhr schloß die Polizei den Saal, der mit 4000 Besuchern brechend voll war. Weitere 2000 mußten fortgeschickt werden.[62] In Braunschweig, das zu den wenigen Ländern gehörte, in den Hitler vor 1927 öffentlich auftreten durfte, mußten im November 1925 Sonderzüge eingesetzt werden, um Tausende von Bürgern, die den rassistischen Rebellen reden hören wollten, aus umliegenden Städten in die Hauptstadt zu schaffen. In Oldenburg hielten die Nazis Mitte der zwanziger Jahre fast jeden Monat Versammlungen ab. Wenn bekannte Persönlichkeiten wie Hitler oder Goebbels sprachen, betrug die Teilnehmerzahl mehr als 1000 Leute. Im März 1927 war Oldenburgs größter Versammlungsraum, der Unionssaal, zwei Stunden bevor die nationalsozialistischen Redner eintrafen, bis zum letzten Platz besetzt.

Ein Korrespondent der nationalistischen, aber nicht parteigebundenen Monatsschrift *Deutsches Volkstum* gab eine atemlose Beschreibung von einer Versammlung 1927 in Hamburg:[63]

> »Eine halbe Stunde vor Beginn der Veranstaltung drängten sich Hunderte durch den Saaleingang ... aufgrund der öffentlichen Nachfrage war die Versammlung in einen der größten Säle Hamburgs verlegt worden. Es war bereits schwierig, Karten für 3 Mark zu bekommen; alle 1-Mark-Karten waren schon ausverkauft. Die Versammlung wird von Minute zu Minute stiller. Geflüsterte Unterhaltungen zeigen die wachsende Aufregung der Massen. Viele Leute stehen auf den Stühlen, um Hitler eintreten zu sehen. Saaldiener verkünden, daß noch immer Hunderte draußen stehen, und fordern die stehenden Leute auf, zusammenzurücken, um den Wartenden Platz zu machen ... Vielleicht nur ein Drittel der Anwesenden sind mit der Partei verbunden; die meisten kamen aus Neugier.«

Auch in kleinen Städten erfreuten sich die Nazis großer Aufmerksamkeit. Ein voller Kaisersaal, Goslars größter Versammlungsraum, hieß im September 1925 nationalsozialistische Redner willkommen. Bürgerliche Zeitungen berichteten in der Regel wohlwollend über diese Ereignisse.[64] Lange bevor die wirtschaftlich schlechten Zeiten begannen, wurden Angehörige der Mittelschicht durch diesen Tumult aufgewühlt. Bis 1928, schreibt Karl Dietrich Bracher, baute eine Phalanx von 100 000 Nationalsozialisten in allen Teilen Deutschlands eng miteinander verbundene Gruppen auf. Ein Jahr später zählte die Partei 3400 Ortsgruppen, mehr als halb so viele, wie sie die

Deutsche Demokratische Partei oder die Deutsche Volkspartei in ihren besten Zeiten 1919/20 aufweisen konnte. Zwischen April 1929 und Mai 1930 bildete die Partei die erstaunliche Zahl von 2000 Rednern für Werbefeldzüge im ganzen Reich aus. Trotz eines wenig beeindruckenden Stimmenanteils von 2,6 Prozent bei den Reichstagswahlen 1928 würde man der Nationalsozialistischen Deutschen Arbeiterpartei nicht gerecht, wollte man in ihr eine kleine, unbedeutende politische Größe sehen.[65] Die Deutschen hielten sich vielleicht darin zurück, diese Partei zu wählen, aber sie hörten ihr zu.

Man hat die Nazis manchmal irrtümlich für Randständige gehalten, Veteranen des Weltkrieges, die ihr Studium nicht abgeschlossen hatten, junge Männer, die von einem Job zum nächsten wechselten, unbeholfene Einzelgänger, die in der kompromißlosen Haltung der Partei einen Lebensinhalt und eine Identität entdeckten. Dieser Außenseiterstatus kommt ihnen sicher bis zu einem gewissen Grad zu, denn die Nazis arbeiteten zu Beginn außerhalb des Netzwerkes von Vereinen, das die bürgerliche Politik trug. Doch es wäre falsch zu glauben, Hitlers Leute hätten anders ausgesehen, anders gehandelt oder wären dem bürgerlichen Vereinsleben grundsätzlich abgeneigt gewesen. Die Nationalsozialisten beteiligten sich viel stärker am örtlichen Vereinsleben und nahmen in weit größerem Maß an patriotischen Feierlichkeiten teil, als das die Freikorpsmänner in den frühen zwanziger Jahren getan hatten. In Marburg gehörten vor dem Durchbruch der Partei bei der Wahl 1930 46 Nazis 73 verschiedenen Organisationen an, vorwiegend kirchlichen Gruppen, Chören und Interessenverbänden. Offensichtlich nutzten nicht alle Nazis jeden geselligen Anlaß, um über die Partei zu sprechen, aber in Diskussionen am Stammtisch, beim Schichtwechsel am Arbeitsplatz und während gemütliche Runden im Verein verbreiteten sie zweifellos die Parolen der Partei.[66] Wie andere Vereinsmitglieder waren die Nazis bestrebt, aufgeschlossen und gutnachbarlich zu erscheinen, unterstützten Konzerte, Feiern zum Tag der Reichsgründung und Weihnachtsfeiern.

Im bayerischen Günzburg zum Beispiel stellten die Nazis nach örtlichem Brauch jedes Jahr einen Maibaum auf. In Niedersachsen hielten sie »Hermann-Löns-Abende« ab, zur Erinnerung an den Sohn des Landes und beliebten Dichter.[67] Eingebettet in das gesellige Leben in der Provinz, konnten die Nazis leicht eine Menschenmenge anziehen, wenn sie das richtige Thema hatten. Wenn in einer Kleinstadt etwas die Gemüter erregte, machten sie sich das umgehend zunutze, etwa in Northeim die Wahl eines Schulausschusses, bei der freigeistige Sozialisten antraten, oder die Suspendierung antirepublikanischer Lehrer in Goslar.

Für Millionen Bürger, die Mitte der zwanziger Jahre mit dem Stahlhelm marschierten, den etablierten Parteien den Rücken kehrten und ihre Stimmen unabhängigen Kandidaten der einen oder anderen Art gaben, waren die Nationalsozialisten weder ein Bürgerschreck noch eine extremistische Partei. Das bedeutet nicht unbedingt, daß Deutsche eine klar definierte, zuvor verabscheute Naziposition übernahmen. Es war eher so, daß Nazifunktionäre im Lauf der Neuorganisation der Partei immer häufiger in der Nachbarschaft auftauchten und die Leute immer deutlicher das organisatorische Talent der Nazis und die politische Entschlossenheit der Partei erkannten. Die Nazis überrumpelten die arglosen Städter nicht in einer Art kühnem Handstreich; sie brachten vielmehr unbestimmte Neigungen und enttäuschte Erwartungen politisch auf den Punkt. Plötzlich schien der Weg in die Zukunft klar. Für Deutschnationale wie Elisabeth Gebensleben, Gattin des stellvertretenden Braunschweiger Bürgermeisters, wurde die Politik zur Hauptsache – »wenn ich die Zeitung lese, nehme ich mir zuerst die Politik vor, dann die Berichte« –, und politische Erwartungen waren in wachsendem Maß mit dem Vormarsch der Nationalsozialisten verknüpft, die 1930 so »großartigen Schwung« bekommen hatten.[68]

Die geschickt ins Werk gesetzten organisatorischen Anstrengungen der Nazis zahlten sich nach nur wenigen Jahren aus, wenngleich die Anfänge stets bescheiden waren. »Ich hatte meinen ersten Auftritt in Andernach, einer kleinen Stadt in Süddeutschland«, erinnerte sich ein Nazi. »Abends wanderten wir von Dorf zu Dorf … oft mußten wir eine Woche lang herumlaufen, bevor wir einen Saal benutzen durften. Wenn wir einen Versammlungsort hatten, mußten wir uns auf die Suche nach einem Redner machen.«[69] In Northeim ergriffen vier junge Männer im Frühjahr 1929 die Initiative und hielten wöchentliche Versammlungen in der Viehauktionshalle ab. Die ersten Diskussionen über »Nationalsozialismus« und das Parteiprogramm besuchte nur eine Handvoll Neugieriger. Doch mit jedem Montag nahm die Zahl der Besucher zu; bald kamen im Durchschnitt etwa vierzig Personen. Es dauerte nicht lange, und die Partei gewann fünfzehn neue Mitglieder.[70] In Andernach wie in Northeim schien die Partei mit einem Schlag zum Leben zu erwachen – nicht als Eindringling, der sich in eine ländliche Kleinstadtidylle einschlich, sondern eher wie ein vertrauter Mitstreiter auf einem Terrain, das bereits von sozialistischen Revolutionären, Landvolkagitatoren und Stahlhelmmännern beackert wurde.

Trotz eines enttäuschenden Stimmenanteils von 2,6 Prozent bei den Reichstagswahlen 1928 verbesserten die Nazis im Verlauf des Jahre 1929 ihr Erscheinungsbild. Manche Historiker haben angenommen, daß die Teilnahme Hitlers an der Kampagne gegen den Youngplan, dem »Reichsausschuß für das Deutsche Volksbegehren«, dem er neben politischen Schwergewichten wie dem Deutschnationalen Alfred Hugenberg und dem Stahlhelmführer Franz Seldte angehörte, der Partei die dringend benötigten Geldmittel, ungehinderte Werbung und politische Legitimität verschaffte. Ohne den Widerstand der Konservativen gegen die Politik der internationalen Verständigung, so wird argumentiert, wären die Nazis eine Randgruppe geblieben. Doch bei genauer Prüfung scheint es, als sei sehr wenig Geld an die Nazis geflossen. Die Hugenberg-Presse berichtete kaum über Hitlers Reden, und die Nationalsozialisten brachten die meiste Zeit eher damit zu, bei lokalen Wahlen um Stimmen zu kämpfen als für Unterschriften gegen den Youngplan zu trommeln.

Hitler verdankte sein Auftreten im Reichsausschuß vermutlich seinem wachsenden Ansehen, von dem Hugenberg zu profitieren hoffte. Immerhin zeigte jede Wahl nach 1924, daß Hugenberg und seine Partei Schwierigkeiten hatten. Bis 1929 waren die Nazis die Hauptnutznießer der Abwanderung deutschnationaler Wähler. Im Gegensatz zu der eher aristokratischen Führung der bürgerlichen Parteien, die sich trotz nachweislich steigender Unzufriedenheit des Wahlvolks nicht bemüßigt sahen, um Stimmen zu kämpfen, hielten die Nazis in den letzten dreißig Tagen vor den sächsischen Landtagswahlen im Mai 1929 1300 Versammlungen ab und verdoppelten ihren Stimmenanteil auf 5 Prozent. Im Oktober machte die Partei in Baden einen Sprung auf 7 Prozent (von 2,9 Prozent im Jahr 1928) und zwei Monate später in Thüringen auf 11 Prozent (von 3,7 Prozent). Bei den Kommunalwahlen in Preußen war es genauso. In Hannover und Wiesbaden wurden die Deutschnationalen übertrumpft. Selbst im linken Berlin vereinigten die Nationalsozialisten fast 140 000 Stimmen auf sich, ein persönlicher Erfolg für den Gauleiter Joseph Goebbels, für den das Ergebnis nichts weniger als ein »überwältigender Sieg« war.[71] Gegen Ende 1929 lag das politische Schwergewicht bei den Nationalsozialisten, deren Gewinne hauptsächlich auf Kosten der traditionellen nationalistischen Parteien zustande kamen.

Grundlegende Elemente des Naziprogramms sprachen politische Erwartungen an, welche die Bürger seit mehr als zehn Jahren hegten. Zuallererst waren die Nationalsozialisten eindeutig gegen die Sozialdemokraten, denen sie vorwarfen, das deutsche Volk zu verraten und mit korrupten, jüdisch versippten »Großkapitalisten« zu kungeln. Wie die Umzüge des Stahlhelm demonstrierten auch Nazikundgebungen die Kraft junger Nationalisten und deren Bereitschaft, es mit den Sozialisten aufzunehmen und sie zu zerschlagen. »Strahlende Entschlußkraft und Selbstdisziplin«, lobte eine sächsische Provinzzeitung, das *Waldheimer Tageblatt*, und bescheinigte den

SA-Männern, sie hätten »einen guten Eindruck gemacht«. Nach dem Bericht der liberalen *Chemnitzer Allgemeinen Zeitung* lief eine Naziversammlung im Juni 1930 in »musterhafter Ordnung« ab; »an erster Stelle steht der Kampf der Partei gegen den Marxismus«.[72] Immer wieder bekamen die Nazis dadurch Unterstützung, daß sie »das Bild einer jungen, kraftvollen, kompromißlosen politischen Bewegung hervorriefen – ein Bild, das die SA verkörperte«, die gewaltbereiten Sturmabteilungen, die »rote« Gaststätten angriffen und »rote« Gegenden und »rote« Festungen wie Berlin und Braunschweig eroberten.[73] Gewalt gegen die erklärten Feinde der Nation, in erster Linie Sozialdemokraten und Kommunisten, später auch Juden und Slawen und andere Nichtdeutsche, stand im Mittelpunkt der Nazitaktik und der Naziideologie.

Gleichzeitig bemühten sich die Nazis energisch darum, sich in das volkstümliche Vereinsleben einzufügen, das die Bürger seit dem Ende des Krieges hervorgebracht hatten. In weit überzeugenderer Weise als andere rechte Parteien nahmen die Nazis Angehörige aller sozialer Schichten, vor allem Arbeiter, auf. Darüber hinaus machte sich der größer werdende Kader nationalsozialistischer Redner bei seinen Reisen über Land mit den kleinsten örtlichen Landwirtschafts- und Steuerproblemen vertraut und bewies, daß er imstande war, mit nahezu jedermann über alltägliche Fragen zu diskutieren. Diese Taktik zielte weniger darauf ab, handfeste Interessen besser vertreten zu können, als darauf, als normale Mitmenschen, die den sprichwörtlichen »Mann von der Straße« verstanden, Glaubwürdigkeit zu gewinnen. Umherziehende Redner wie der Oldenburger Jan Blankenmeyer, der Plattdeutsch sprach, oder Hinrich Lohse, Gauleiter von Schleswig-Holstein, verfügten über eine entschieden populistische Ausstrahlung, die vermutlich viel wichtiger war als die konkreten Ideen für verschiedene Wählergruppen. Mit den Gepflogenheiten der Kneipengeselligkeit vertraut und offen für Sympathisanten ohne Ansehen des Status, erschienen die Nazis Millionen von Protestanten und Katholiken als Vertreter einer echten Volkspartei. Auf jeden Fall machten sie selten den Fehler der Deutschnationalen, politische Versammlungen im besten Hotel der Stadt abzuhalten.

Ein flüchtiger Blick auf die Aktivitäten der SA zeigt, wie anziehend die soziale Botschaft der Nazis gewesen sein muß. In schwierigen wirtschaftlichen Zeiten, wenn die staatlichen Wohlfahrtsprogramme gekürzt wurden und sich als jämmerlich unzureichend erwiesen, errichteten die Nazis einen »rudimentären Schattenwohlfahrtsstaat« für ihre Anhänger und reagierten damit konkret auf die Krise. Während des Wahlkampfs für die Reichstagswahlen im Herbst 1930 bemerkte zum Beispiel die Berliner Polizei, daß »tatkräftig Lebensmittel gesammelt und an SA-Leute verteilt« würden, eine Versorgung, die auch nach der Wahl »langgedienten SA-Männern in größeren Einheiten« zugute kam. Während eines Metallarbeiterstreiks wurden streikende Parteimitglieder dreimal täglich in Nazigaststätten verpflegt. Mit der Partei verbundene Frauengruppen erwiesen sich als besonders aktiv. In einer aufschlußreichen Zusammenfassung örtlichen politischen Lebens sangen Königsberger Nazis ihr Loblied:[74]

> »Die zwölf weiblichen Parteimitglieder 1931 wären nicht imstande gewesen, mit dem ständig wachsenden Anfall wohltätiger Arbeit für arbeitslose Parteimitglieder, SA-Männer und ihre Familien fertig zu werden, so sehr sie sich auch bemühten. Jedoch verstand es sich von selbst, daß die nationalsozialistische Frauengruppe die Gattinnen und Töchter von Parteimitgliedern auch dann einschloß, wenn die Frauen keine Parteimitglieder waren. Auf diese Weise konnten die vielfältigen Aufgaben – Organisation des SA-Heimes, Lebensmittel- und Kleidersammlungen, Weihnachtsgeschenke, Krankenpflege, Gefangenenhilfe, Erste Hilfe bei Veranstaltungen etc. – mit einer größeren Schar von Helferinnen gemeistert werden.«

Der unermüdliche Einsatz der Mitglieder wiederholte die Botschaft, daß die Partei sich das Ziel gesetzt hatte, das Leben der breiten Bevölkerung zu verbessern; im Gegensatz dazu untermauerten die etablierten Parteien lediglich ihren Ruf, unbeweglich zu sein, denn ihren Kampagnen fehlte die Dynamik. Hier habe man eine echte Volkspartei, merkte die *Werdauer Zeitung* zu einer Naziversammlung im März 1930 an: »Der Arbeiter, der Handwerksmeister, der Beamte, der Bauer, sie waren alle dabei, und nicht«, fügte die Redaktion hinzu, »als Vertreter dieser oder jener Interessengruppe.«[75] Die Verpflichtung der Partei, selbst die abgelegensten Täler zu erreichen, unterstrich diesen Vorsatz. Gewiß, den Nazis gelang es nicht, ihre Botschaft in jede kleine Stadt zu tragen, aber in den Monaten vor der Reichstagswahl 1930 waren sie erheblich aktiver als jede andere Partei, die Sozialdemokraten vielleicht ausgenommen. Die sächsischen Sozialdemokraten zum Beispiel führten allein im September 2000 Veranstaltungen durch, eine erstaunliche Zahl.[76] Verglichen mit den etablierten Parteien, die Distanz wahrten, suchten die Nazis die Deutschen auf, wo sie zu finden waren: in Kneipen, auf Fußballplätzen und Marktplätzen. Diese Präsenz verlieh Hitlers wiederholter rhetorischer Identifizierung mit den Nöten gewöhnlicher Deutscher Glaubwürdigkeit.

Ungeachtet aller praktizierten Nachbarschaftshilfe bestanden die Nazis darauf, daß ihre Bewegung eine politische sei und ein nationales Ziel habe. In ihren Reden und ihrer Propaganda schmähten die Nationalsozialisten die engstirnige Politik der »reaktionären« bürgerlichen Parlamentarier und der auswuchernden Interessengruppen und Splitterparteien. Daran ließ Hitler in keiner seiner Ansprachen einen Zweifel. Im ganzen Land neigten seine Gefolgsleute bei Massenveranstaltungen dazu, die Wähler als Bürger anzusprechen, nicht als Blöcke oder Mitglieder von Interessengruppen, und immer aufs neue hämmerten sie ihnen ein, wie not es tue, lokale Probleme durch die Befreiung der gesamten Nation von der republikanischen Mißregierung zu lösen.[77] Die Antwort auf Deutschlands leidige Probleme – soziale Reform, wirtschaftliche Leistungsfähigkeit, der Schandfrieden – war nationale Solidarität. Es handelte sich um den bewußten Versuch, die

Deutschen in ein kollektives Schicksal einzubinden und Hitler eher als einen nationalen Retter denn als einen ehrgeizigen Politiker zu präsentieren.

Überaus wirksam stellte die Nazipropaganda politische Alternativen in utopischen Begriffen vor: Hier war eine Partei, die in einem unüberbrückbaren Gegensatz zum gegenwärtigen »System« stand und die, war sie einmal an der Macht, die Nation neu erschaffen würde. »Der Marschtritt auf der Straße«, der Anblick und das Geräusch marschierender Parteigenossen auf der Straße, ihr Zusammenströmen bei Versammlungen, ihre Wahlfeldzüge: alles verbreitete dieselbe Botschaft von Dynamik und Bewegung. Auf Anweisung der Partei hatten örtliche Funktionäre ihre organisatorischen Bemühungen auf die Durchführung eines »großen deutschen Abends« auszurichten, auf dem die SA und die SA-Kapelle auftreten würden und mit Bannern, Flaggen, Symbolen, Uniformen, Liedern und dem Hitlergruß eine »gewaltige Wirkung« zu erzielen war. Ob bei kleinen Veranstaltungen in der dörflichen Viehauktionshalle oder bei Massenkundgebungen wie im Berliner Sportpalast: die Partei probte wiederholte Male ihre Machtergreifung.[78]

Diese ästhetische Mobilisierung proklamierte wirksam eine Notlage, in der Positionen bezogen, Entscheidungen getroffen, Opfer akzeptiert, bewaffnete Aktionen unternommen wurden, was allen klarmachte, daß sich eine neue Nation formierte. »Bei den Nazis hatte man den Eindruck rücksichtsloser Tatkraft«, erinnerte sich eine Frau. »Fortwährend sah man Hakenkreuze, auf den Gehweg gepinselt oder auf verstreuten Flugblättern.« Die Hausfrau in Northeim und mit ihr viele andere wurden von dem »kraftvollen Eindruck angezogen«, den die Partei auf sie machte, »obgleich es an ihr viel höchst Fragwürdiges gab«.[79] Am Tag nach einer großen Hitler-Kundgebung in Braunschweig, zu der Bürger die Stadt mit vaterländischen Fahnen geschmückt hatten und Tausende von Nazis auf dem Schloßplatz aufmarschierten und danach proletarische Viertel plünderten, schrieb Elisabeth Gebensleben an ihre Tochter in Holland: »Du wirst es nicht glauben, was in Braunschweig passierte, unserer friedlichen alten Stadt … wir leben als Deutsche, stolz und frei. Deutschland erwacht wirklich.«[80] Einzelheiten spielten keine Rolle angesichts der Bereitschaft der Nazis, eine neue Seite in der Geschichte der Nation aufzuschlagen. Besser als jede andere politische Bewegung bereiteten die Nazis die Bühne für Deutschlands Neuanfang.

Die Nazirevolution

In den späten zwanziger Jahren befand sich der Lebensraum der Mittelschicht im Zentrum einer voll entfalteten populistischen Erhebung. Die weitverzweigte Familie Gebensleben illustriert die Politisierung, die stattgefunden hatte. Berthas Sorge, die Bürger könnten 1918 die Sache nicht selber in die Hand nehmen, war 1924 Eberhards überschwenglicher Tätigkeit für die Deutschnationalen und den Stahlhelm gewichen, worauf schließlich 1931 Elisabeths rasende Begeisterung für die Nazis folgte. Unter diesen Umständen besaßen die Republik und die demokratischen Parteien, die sie unterstützten, herzlich wenig Glaubwürdigkeit. Streitereien darüber, welche Fahne aufgezogen werden sollte, die schwarzweißrote Flagge des Kaiserreiches, unter der so viele Männer im Krieg gefallen waren, oder die ehrwürdige schwarzrotgoldene von 1848, überlagerten die Tagespolitik. Mit der Zeit wurden diese Streitereien zunehmend gefährlicher. Politische Bewegungen aller Art bedienten sich der Straße und produzierten eine immer bezwingendere visuelle und akustische Propaganda. Die im Reichsbanner organisierten Sozialdemokraten und der Stahlhelm standen sich als bewaffnete paramilitärische Formationen gegenüber. Den politischen Armeen der Linken und der Rechten hatten sich so viele Bürger angeschlossen, daß der Romancier Ernst Glaeser seinen befremdeten Helden aus der Weimarer Zeit als den »letzten Zivilisten« bezeichnen konnte.[81] Zugleich waren die etablierten Parteien, besonders auf lokaler Ebene, zerfallen und einer Vielzahl von Splittergruppen gewichen. All das hatte bereits vor den ersten Wahlerfolgen der Nazis 1929 und 1930 stattgefunden.

Doch es war die Nationalsozialistische Deutsche Arbeiterpartei und keine andere »nationalsozialistische« Gruppierung, die zur Verblüffung politischer Beobachter im Spätsommer 1930 18,3 Prozent der Stimmen ansammelte und so die populistische Rebellion der letzten Jahre konsolidierte. Und die Nazis waren es, die 1932 und 1933 zur größten deutschen Partei werden und dadurch den stärksten formellen Anspruch hatten, die Regierung zu führen. Warum gelang den Nazis das, was der Stahlhelm, das Landvolk, ja selbst Hugenbergs nicht zimperliche Deutschnationale Volkspartei nicht geschafft hatten? Mit anderen Worten: Wodurch unterschieden sich die Nazis von allen anderen Bewegungen? Inwiefern waren sie eine einfallsreichere und schlagkräftigere politische Kraft? Will man diese Frage beantworten, muß man ihre Anziehungskraft begreifen.

Zwei wichtige Punkte darf man dabei nicht vergessen. Erstens: Splitterparteien und Kampagnen, die nur ein Thema hatten, halfen nicht weiter, da sie Teil genau der politischen Immobilität waren, die sie heftig kritisierten. Als die mittelständischen Wähler das Vertrauen in die Vertretung beruflicher Interessen durch die etablierten bürgerlichen Parteien verloren, hörten sie ganz auf, in ständischen Kategorien zu denken. Sich moralinsauer über Korruption, Betrug und Rechtschaffenheit verbreitend, gingen sie dazu über, ihre eigenen Interessen und Bedürfnisse mit einer nationalen politischen Erneuerung zu identifizieren. Eine beträchtliche Zahl von Arbeitern kam zu ähnlichen Schlußfolgerungen über die Sozialdemokratische Partei: Die Partei schien mehr und mehr mit der Regierung in Berlin verbandelt und wurde zunehmend mit der wirtschaftlichen Misere der frühen dreißiger Jahre in Verbindung gebracht. Die Folge war, daß die größeren Parteien, welche die Wähler meistens als Angehörige bestimmter Berufsgruppen angesprochen hatten, die Interessengruppen, die nach der Revolution zu den aktivsten freiwilligen Vereinigungen gehört, und sogar die Splitterparteien, die als Träger des Protestes als erste Zuflucht gedient hatten, daß sie alle versagten und an Einfluß verloren.

Im Gegensatz dazu schufen die Nazis mit ihren Massenkundgebungen und ihrer apokalyptischen Rhetorik ein politisches Forum, in dem man sich die Nation wieder als ein nationalistisches Ganzes vorstellen konnte, in dem jeder (nichtjüdische) Deutsche, ungeachtet seines Status, einen geachteten Platz einnahm und folglich an einer glänzenden, wirtschaftlichen Zukunft teilhatte. Die Nazis stellten sich als eine aufbauende Partei dar, welche die Dinge vorantrieb und die Deutschen in einer an 1914 gemahnenden Volksgemeinschaft zusammenführte.[82] Ihr Populismus verhieß, sich über liberale Institutionen hinwegzusetzen, um eine grundlegende und kraftverleihende nationale Identität zurückzugewinnen. Keine andere Partei schien der Politik der Sonderinteressen so ablehnend gegenüberzustehen oder so offen für Deutsche der unteren Mittelschicht und der Arbeiterklasse zu sein, und keine andere Partei inszenierte mit Massenversammlungen und Umzügen das Schauspiel der sich erhebenden Nation auf so überzeugende Weise.

Die unablässige Beschwörung der Volksgemeinschaft zielte auch auf die Frauen des Mittelstands, die glaubten, das Vorhaben der nationalen Rettung werde ihnen die öffentlichen Rollen und die Verantwortung, die sie während des Krieges innegehabt hatten, wieder bescheren. In den Nachkriegsjahren blieb das fortschrittliche Ideal der Unabhängigkeit unerfüllt, wenn die traditionellen Parteien auch die Frauen, die sie in den ersten Wahlkampagnen der Weimarer Republik so emsig umworben hatten, nicht mehr ignorierten. Da die Nazis sich in erster Linie als Soldaten des Vaterlandes betrachteten, schien die Bedeutung, welche die Partei der Jugend, dem Sport und der Gemeinschaftsarbeit beimaß, den Frauen genügend Raum zu lassen, in der nationalen Revolution eine wesentliche Rolle zu spielen.[83]

Zum anderen profitierten die Nazis auch von der zunehmend reaktionären Politik der Deutschnationalen und des Stahlhelm. Die Deutschnationale Volkspartei hatte vermutlich eine gute Chance, sich in eine wirklich volkstümliche Oppositionspartei zu verwandeln. Mit mehr als einem Fünftel der Wählerstimmen im Jahr 1924 unterschied sich ihre soziale Basis von jener der Nazis acht Jahre später nicht sehr. Die Partei hatte mit ziemlichem Erfolg bei konservativen Arbeitern und bei Angestellten Stimmen gesammelt. Tatsächlich gaben Berliner Arbeiter den Deutschnationalen den größten Teil der Stimmen, die sie in der Hauptstadt insgesamt erhielten; landesweit verfügten nur die Sozialdemokraten 1924 über ein größeres proletarisches Wählerpotential.[84] Gleichwohl ließen die Deutschnationalen die Chance ungenutzt, indem sie in den folgenden Jahren eine in den Augen der Wähler übertrieben industriefreundliche Politik verfolgten. »Ich hatte einige Hochachtung vor den Parteien der Rechten wegen ihres ›Nationalismus‹«, erinnerte sich ein früher Überläufer zu den Nazis, »aber ich vermißte die richtige Einstellung zu den Leuten – die Bereitschaft zu helfen.«[85] Die Deutschnationalen waren überdies stark der Vergangenheit verhaftet, wobei sie soweit gingen, die Zeit nach 1918 ausschließlich mit Vorkriegsbegriffen als »kaiserlose Zeit«, ja als Interregnum zu bezeichnen.[86] Alfred Hugenberg, Ruhrindustrieller, Pressezar und notorischer Alldeutscher, gab der Partei, nachdem er 1928 die Führung übernommen hatte, einen radikalen Ruck, doch sein Aufstieg verärgerte ebenso viele, wie er beflügelte. Er war ein entschlossener Politiker, der jedoch, 1865 geboren, schwerlich mit einem Botschafter des neuen Deutschlands verwechselt werden konnte. Hugenberg sprach große Teile der jungen Wähler einfach nicht an, weder die Kriegsveteranen noch die unmittelbar vor dem Krieg Geborenen. Mit einem Wort: Die Deutschnationalen waren ergraut. Und der Stahlhelm besiegelte dadurch, daß er sich mit Hugenberg verband, sein Schicksal selbst.

Das Einsetzen der Weltwirtschaftskrise 1929 lieferte

schließlich allen Grund, nicht für Splitterparteien oder die Deutschnationalen zu stimmen. Das wirklich dramatische Ausmaß des nationalen Notstandes warf ein grelles Licht auf die Armseligkeit der Splitterparteien; weder mit Gefrierfleisch noch mit Hypothekensteuern war der Krise von Millionen von Arbeitslosen beizukommen. Vor diesem Hintergrund schien es vernünftig, daß die Nazis mehr auf einem radikalen Wandel denn auf einer wirksamen Vertretung von Interessen beharrten. Zugleich stieß angesichts der gewaltigen Arbeitslosenzahl die von den Deutschnationalen befürwortete deflationistische Finanzpolitik auf Ablehnung. Im Vergleich zu Hugenberg sprach Hitler entschieden die Sprache einer zukunftsorientierten Aktivität.

Nichts zeigte deutlicher den Erfolg der Nazis darin, sich mit der Idee der Volksgemeinschaft zu identifizieren und sich von den reaktionären Kräften abzusetzen, als ihr Bemühen, deutsche Arbeiter anzusprechen. Die Aufnahme des Wortes »Arbeiter« in den Parteinamen unterschied die NSDAP von allen anderen Parteien und verschaffte ihr eine eindeutige Prägung bei jungen Deutschen, für die der Arbeiter und der Soldat die Kriegsbeiträge gewöhnlicher Deutscher symbolisierten. Der Begriff »Nationalsozialismus« beschwor die gemeinschaftlichen Kriegsanstrengungen. Nicht nur Arbeiter in kaum technisierten Industriegebieten, wo die Fabriken klein und weit verstreut waren und sozialistische Aktivisten nur schwer Fuß fassen konnten, sondern auch viele ehemalige Sozialdemokraten fanden die Berufung der Nazis auf die Volksgemeinschaft faszinierend. Neuere Forschungen haben gezeigt, daß fast ein Drittel der Nazimitglieder und Naziwähler Arbeiter waren, viele von ihnen Industriearbeiter. Bei den Wahlen 1932 gelangen den Nazis beträchtliche Einbrüche in das sozialistische Lager – einer von zehn Naziwählern in diesem Sommer war ein ehemaliger Sozialdemokrat –, wenngleich protestantische, kirchentreue Arbeiter, die sich nie als Sozialisten verstanden hatten, die Hauptmasse der Arbeiterwählerschaft der NSDAP bildeten.[87]

Wie erklärt sich der überraschend große Arbeiteranteil an den Stimmen für die Nazis, den die Forschung bis vor kurzem ignoriert hat? Im Zeitalter der Mobilisierung der Massen wurde politische Loyalität immer weniger von der Klassenzugehörigkeit bestimmt. Selbst für die Sozialdemokraten, die vor allem ihre Zugehörigkeit zu der nationalen Gemeinschaft wertschätzten und der Anstrengungen und Opfer gedachten, die sie als vollwertige Bürger qualifizierten, war der Krieg eine grundlegende Erfahrung gewesen. Das Reichsbanner, das sozialdemokratische Gegenstück zum Stahlhelm, hielt die Kriegsanstrengungen, wenn schon nicht den Krieg in Ehren und spielte eine aktive Rolle in der vaterländischen Politik. Auf seiner jährlichen Kundgebung 1925 in Magdeburg demonstrierte es für den Anschluß Österreichs, und in Köln feierte es 1930 den Rückzug der Alliierten aus dem Rheinland. Auch die Botschaft der Nationalsozialisten, daß nationale Solidarität, ökonomische Leistungsfähigkeit und Weltmachtbestrebungen allen Deutschen ein Leben in Wohlstand bringen könnten, fand bei vielen Arbeitern Anklang. Eine echte Volksgemeinschaft machte Klassentrennungen überflüssig. Solange die Sozialdemokraten die nationalen Bindungen der Arbeiter, die genauso wie andere Bürger mit der Landschaft, den Bräuchen und der deutschen Geschichte verwurzelt waren, anzusprechen vermochten, blieb ihre breite Unterstützung anfällig.[88] Selbst die erheblich stärker dem proletarischen Internationalismus anhängenden Kommunisten spielten auf der Suche nach Unterstützung im Kampf gegen den imperialistischen Frieden von Versailles und die französische Besetzung des Ruhrgebietes die nationale Karte.

Die Nazis profitierten außerdem von den strategischen Fehlern der Sozialdemokraten, die während der Weltwirtschaftskrise mehr damit befaßt zu sein schienen, die Interessen der (noch) beschäftigten Arbeiter zu schützen, als damit, für das Gesamtproblem radikale Lösungen vorzuschlagen. Trotz ihrer revolutionären Herkunft wirkte die Partei in wachsendem Maß wie eine große Sonderinteressengruppe. Umgekehrt begrüßten die Nazis überschwenglich den sozialistisch inspirierten Arbeitsbeschaffungsplan, den die sozialdemokratischen Führer als unverantwortlich inflationär ablehnten. Besonders die Reichstagswahlen im Juli 1932 bestritten die Nazis mit dem Schlagwort »Arbeit und Brot«. So lautete auch der Titel von Gregor Strassers Rede im Reichstag am 10. Mai 1932 (die in Hunderttausenden von gedruckten Exemplaren weite Verbreitung fand). Darin trat der Nazi vom linken Flügel der Partei für die »antikapitalistischen Sehnsüchte« von drei Vierteln der Nation und den Befreiungskampf des »Volkes« gegen den Staat ein und versprach »Brot für jedermann« und die Organisation »nationaler Arbeit«. Hitler nahm diese Stimmungen in seine Kampagnen 1932 auf, zügelte seine rassistischen Einwände und appellierte statt dessen an das weitverbreitete Verlangen, Parteien- und Klassenunterschiede zu überwinden.[89]

Besser als jede andere Partei verstanden es die Nazis, den Wunsch nach sozialer Reform in einen nationalen Rahmen einzubetten,und je wilder ihre Ausbrüche wurden, desto entschlossener und kompromißloser wirkten sie. Junge Leute, Hausfrauen und sogar Industriearbeiter hatten den Eindruck, die Nazis stünden für »soziale Gerechtigkeit« – ebendiese Worte sind in mündlichen Aussagen und in zeitgenössischen Interviews immer wieder zu hören.[90] Die Botschaft der Nazis war unbarmherzig, und vielen Beobachtern erschien sie als Selbstzweck und propagandistisch; trotzdem darf man nicht vergessen, daß Tausende von Deutschen aus Idealismus zur Bewegung stießen und die Aufgabe, die Nation zu erneuern, begeistert begrüßten. Die Sozialdemokraten dagegen versagten bei der Einlösung ihrer selbst aufgestellten Forderungen. Immer wieder »hielt sie ihr Marxismus davon ab, sich mit dem Kapitalismus einzulassen«,[91] und doch verhinderte ihr rigoroser Rationalismus, daß sie ihre unzweifelhaft humanen sozialen Wertvorstellungen in eine überzeugende utopische Vision verwandelten. Die Folge war, daß mindestens eine halbe Million deutsche Arbeiter, viele alte Sozialdemokraten eingeschlossen, Ende 1932 für die Nazipartei stimmten.

Damals verstanden nur die disziplinierten Sozialdemokraten, daß die Partei Heinrich Brüning, den sogenannten Hungerkanzler, tolerierte. Und abermals waren es die Nazis, die mit dem undemokratischen »System« zu brechen versprachen, und das mit politischer Dynamik vorführten. Ihrer Ansicht nach hatten sowohl die Sozialdemokraten wie auch die sozialen Reaktionäre die Nation im Stich gelassen, indem sie im Kastendenken befangen blieben, das die Nationalsozialisten endlich überwinden würden. Ob Arbeiter oder Bürger, Protestanten oder Katholiken, in den Augen von mehr und mehr Deutschen traten die Nazis für Erneuerung, ihre Gegner für Reaktion und Kompromiß ein; sie setzten sich für das Volk ein, ihre Gegner waren korrupte Interessenverbände, unfähige Bürokratien und ein entrückter, desorientierter Reichskanzler.[92] Das System schien derart kaputt, seine Verteidiger in solcher Unordnung und die Braunhemden so kraftvoll und gut organisiert, daß viele Menschen, ob sie Sympathisanten waren oder nicht, die Machtergreifung der Nazis einfach als selbstverständlich betrachteten.[93]

Ende 1932 waren die Nazis die einzige akzeptable Partei für nichtmarxistische und nichtkatholische Wähler, und die machten die Mehrheit der deutschen Wählerschaft aus. Daß keine der anderen rechten Parteien den Nazis echte Konkurrenz machen konnte, zeigt, wie nachdrücklich die Wähler einen grundsätzlichen Wandel zu wollen schienen. Die Nazis gewannen nicht, weil sie ihren Mitbewerbern im bürgerlichen Lager ähnlich, sondern weil sie anders waren als sie. So behauptete Hitler immer wieder: »Den Nationalisten der Rechten fehlt das soziale Bewußtsein, den Sozialisten auf der Linken fehlt das nationale Bewußtsein.«[94] Diese Haltung spiegelte einen echten Bruch mit Deutschlands herkömmlichen politischen Institutionen. Der Stahlhelm hatte zuerst zögerlich, die Nationalsozialisten viel später und erheblich erfolgreicher die Grenzen bürgerlicher Politik gesprengt. Zum einen organisierten sie sich in volksnaher Manier und sprachen so die Deutschen eher als Einzelpersonen und Staatsbürger denn als

Mitglieder einer Körperschaft an, zum anderen öffneten sie ihre Reihen für Bürger der unteren Klassen, für Wehrpflichtige wie Offiziere, Arbeiter und Ladenbesitzer, Angestellte und Berufsbeamte. Sie wiederbelebten die Nation als das die Geschichte bestimmende Subjekt und reagierten auf die nationalistischen Sehnsüchte ebenso wie auf die sozialreformerischen Impulse, die durch die Erfahrung der Kriegszeit legitimiert waren. Somit war der Nationalsozialismus der Höhepunkt eines Prozesses allgemeiner Mobilisierung, der bis 1914 und weiter zurückreichte, und kann nicht einfach als Ergebnis einer wirtschaftlichen Krise und politischer Traumatisierung angesehen werden. Wenn der Nationalsozialismus auch nicht der unvermeidliche Höhepunkt politischer Entwicklungstendenzen seit dem Ersten Weltkrieg war, so profitierte er doch erkennbar von ihnen.

Die Nationalsozialisten bildeten am 30. Januar 1933 Deutschlands größte und sozial mannigfaltigste Partei. Gleichwohl konnte Hitler nicht alle Wähler aussprechen. Tatsächlich gab die Mehrheit der deutschen Wähler ihre Stimmen nicht den Nazis. Im Juli 1932 erhielten die Nazis 37,4 Prozent der Stimmen; auch bei den nicht mehr wirklich freien Wahlen am 5. März 1933 waren es nur 43,9 Prozent. Drei politische Kulturen erwiesen sich als mehr oder weniger widerstandsfähig gegen den Nationalsozialismus: die Sozialdemokraten, obwohl sie im Lauf des Jahres 1932 schwere Einbrüche erlitten, die Kommunisten und die katholische Zentrumspartei. Vor allem in den Großstädten sorgte eine gut entwickelte sozialistische Kultur dafür, daß die Gemeinschaften der Arbeiter politisch intakt blieben. In zahlreichen kleineren Städten, in denen Bauern und Arbeiter zwei deutlich geschiedene Sozialmilieus bildeten, widerstanden die Sozialdemokraten den Nazis ebenfalls. Nichtsdestotrotz war die Tendenz unverkennbar: Die Sozialdemokraten verloren Stammwähler sowohl an die Kommunisten auf der Linken wie auch an die Nazis auf der Rechten. Die Kommunisten widerstanden den Nazis ebenfalls, nicht zuletzt deshalb, weil sie ihre Wähler in starkem Maße bei den

Langzeitarbeitslosen und anderen wirtschaftlich ins Abseits geratenen Gruppen rekrutierten. Am unempfänglichsten für Naziparolen waren freilich ländliche katholische Wähler in Oberschlesien, Niederbayern und Nordwestfalen. Doch selbst hier machten die Nazis bei katholischen Kleinbauern und Arbeitern Stimmengewinne.[95] Keine Partei durchbrach so erfolgreich das soziale Muster des Wahlverhaltens wie die Nationalsozialisten, die 1932 in nahezu jedem Wahlkreis vertreten und nahezu besser repräsentiert waren als der »rote« Apparat der Sozialdemokraten, ihrer Hauptkonkurrenten. Die nationalsozialistische Erhebung war umfassender als die spontanen Feiern, die im Juli und August 1914 den Kriegsausbruch begrüßten, oder der Aufstand gegen das Kaiserreich von unten vier Jahre später. Die neuere deutsche Geschichte hatte nie zuvor eine so gewaltige Volksbewegung erlebt.

Es ist ein Allgemeinplatz geworden, im Votum für die Nazis im Grunde eine Widerspiegelung von Ressentiments und Frustrationen der unteren Mittelschicht zu sehen. Doch das Argument, daß Wähler der gehobenen Schichten in wohlhabenden urbanen Bezirken gegen die Anziehungskraft der Nazis immun blieben, ist nicht stichhaltig. In Wirklichkeit fiel das Votum für die Nazis um so höher aus, je wohlhabender der Wahlbezirk war.[96] Obgleich eine Anzahl gebildeter Angehöriger gehobener Berufe Hitler und seine Unterschichtanhänger persönlich verabscheuten, unterstützten sie die Hauptlinien der nationalen Revolution. Die große Mehrheit der bürgerlichen Nazigegner scharte sich nicht um die Republik (eine Gestalt wie Thomas Mann war die Ausnahme) und hoffte weiter auf ihr Verschwinden. Deshalb können die bescheidenen Verluste der Nazis bei den Wahlen im November und Dezember 1932 nicht als ernsthafte Anzeichen für ein Nachlassen der politischen Spannungen gewertet werden: Die Hauptprofiteure waren Hugenbergs Deutschnationale, und sie waren schwerlich Verteidiger der Verfassung; auf jeden Fall war es nicht wahrscheinlich, daß sie diese neugewonnenen Wähler behielten, die ihre Suche nach zuträglicheren »national-sozialen« Alternativen der einen oder anderen Art fortsetzen würden. Zugleich verloren die Sozialdemokraten weiterhin Stimmen, und andere glaubwürdige Republikaner, die sogenannten anständigen Deutschen, waren schwer zu finden.[97]

Angesichts der politischen Turbulenzen des Jahres 1932 – fünf anstrengende Wahlkämpfe, wiederholte Verhandlungen zwischen Hitler und den aufeinanderfolgenden Regierungen Brüning, Papen, Schleicher, vorläufige Tolerierung der Regierung im Juni, ein demütigendes Gespräch mit Hindenburg im August, im November Zusammenarbeit mit den Kommunisten im Berliner Verkehrsarbeiterstreik und der Rücktritt von Gregor Strasser im Dezember – blieb die Partei erstaunlich geschlossen. Gewiß waren die Nationalsozialisten nicht unerschütterlich. Die Wählerunterstützung für die Partei war labil, und der Zuwachs an Mitgliedern stagnierte. Doch es ist erwähnenswert, daß aus Exnazis weder aufrichtige Republikaner wurden noch daß sie sich aus der Politik zurückzogen, der Zerfall der Nationalsozialisten die Weimarer Republik also nicht gerettet hätte. Außerdem boten enttäuschte Naziwähler der Partei nach der Machtergreifung begeistert ihre Unterstützung an. Ob sich Nationalisten 1933 zu den Gefolgsleuten Hitlers zählten oder nicht, sie begrüßten die nationalsozialistische Revolution als den Höhepunkt ihrer eigenen unterschiedlichen Bemühungen um eine politische Erneuerung, für die sie seit dem Krieg auf unterschiedlichsten Kampfplätzen gefochten hatten.

Bei dem höchst dramatischen Szenario – manche Historiker glauben, die nationalsozialistische Bewegung habe kurz vor dem Zusammenbruch gestanden, oder Hindenburg hätte sich einfach weigern können, Hitler zum Reichskanzler zu ernennen – wäre in die Weimarer Republik keine Stabilität zurückgekehrt, weil sich die Parteigängerschaft nicht auf die Propaganda der Nazis oder wirtschaftliche Not gründete, sondern auf emotionsgeladene Vorstellungen von der rechtschaffenen Nation. Die Ideologie zählte, und das sollte sich nicht ändern. Das soll natürlich nicht heißen, der Welt wäre die Brutalität des Nationalsozialismus an der Macht nicht erspart geblieben: Weder Hitler noch der Holocaust waren unvermeidlich. Trotzdem verändern alle Versuche, den zufallsbedingten Charakter von Hitlers Machtergreifung 1933 herauszuarbeiten, nicht wesentlich das hier skizzierte Bild der allgemeinen politischen Dynamik.[98]

Mit Ausnahme der Sozialdemokraten und der Kommunisten stimmten jene Wähler, die im März 1933 Hitler dennoch nicht wählten, mit den Hitler-Wählern in den Punkten überein, die Ian Kershaw sachkundig benannt hat: »Virulenter Antimarxismus und das erklärte Verlangen nach einem mächtigen Gegengewicht gegen die Kräfte der Linken, tiefe Feindseligkeit gegen das gescheiterte demokratische System und der Glaube, daß jede Erneuerung einer starken, autoritären Führung bedürfe, und ein selbst bei Teilen der Linken weitverbreitetes Gefühl, daß Deutschland in Versailles bitteres Unrecht zugefügt worden war.«[99] Schritt für Schritt »gewann Hitler diese ›Mehrheit der Mehrheit‹, die 1933 nicht für ihn gestimmt hatte«.[100]

Eine Grundposition in Hitlers Weltanschauung wurde von den meisten Wählern jedoch weder rückhaltlos geteilt noch völlig verstanden; der rassistische Jargon seines Sozialdarwinismus, sein allumfassender Antisemitismus und die brutalen eugenischen Maßregeln, die solche Überzeugungen implizierten, mögen echte Anhänger, nicht aber Parteisympathisanten angesprochen haben.[101] Unter deutschen Christen waren antisemitische Vorurteile allgemein verbreitet, gewiß waren sie bei den Gebenslebens zu finden, die in dem Glauben, die Spreu vom Weizen zu trennen, gewohnheitsmäßig Deutsche von Juden unterschieden, doch das bewog sie nicht, statt für Hugenberg für Hitler zu stimmen, und beflügelte auch nicht ihre politischen Schwärmereien.[102] Zu sagen, die Deutschen hätten für die Nazipartei gestimmt, weil diese einem Antisemitismus, der die gesamte Weimarer Gesellschaft erfüllte, am besten Ausdruck verliehen habe, hieße, völlig außer acht zu lassen, auf welche Weise sich die Nazis von den anderen Parteien unterschieden und dadurch den Wählern Gründe lieferten, ihnen ihre Stimme zu geben. Ein überwiegender Teil der Deutschen wechselte im Lauf der Weimarer Republik von der einen zur anderen Partei; Antisemitismus hatte mit dieser Fluktuation wenig zu tun. Man würde das Naziphänomen aller Ideologie berauben, nähme man etwas anderes an. Trotzdem machten die Unbarmherzigkeit, mit der alle Nationalisten den Feinden Deutschlands begegneten, und die entsprechend anmaßende Art, mit der sie die eigene nationale Zukunft planten, die meisten Deutschen zu Mitschuldigen an den Verbrechen des Nationalsozialismus, führten sie dazu, Hitlers nach 1933 offen als rassistisch deklarierten Staat zu akzeptieren und wegzuschauen, als die Feindbilder des Regimes Mordtaten nach sich zogen.

Nicht, weil sie den traditionellen Mittelstandsparteien ähnlich waren, wurden die Nazis gewählt, sondern weil sie sich von ihnen gründlich unterschieden. Die Nazis stimmten selbstverständlich mit dem Antimarxismus und dem übersteigerten Nationalismus der deutschen Rechten überein, doch sie sprachen auch von Deutschlands sozialer und kollektiver Verantwortung und sie nahmen Arbeiter in die Partei auf. Folglich boten sie eine bestechende Vision von der Nation als Solidargemeinschaft, die mit den verschiedenen Hierarchien des Kaiserreiches, der hitzköpfigen Annexionspolitik im Krieg oder den Ansprüchen der Interessengruppen der Weimarer Republik wenig gemein hatte. Was die Nazis so attraktiv machte, war ihre Vision von einer neuen Nation, die, gestützt auf das Volk, zu dem volkstümlichen Nationalismus des Mittelstands und dem sozialistischen Bewußtsein der Arbeiter paßte und sowohl für individuelle Wünsche nach sozialer Mobilität als auch für kollektive Forderungen nach sozialer Gleichheit Raum ließ. Daß die Gemeinschaft von einem streng rassistischen Standpunkt her definiert war, schmälerte ihre Popularität nicht und hat sie vielleicht fundierter und lebensfähiger erscheinen lassen.

Obwohl Hitlers Ernennung zum Reichskanzler Ende Januar 1933 von den geheimen Verhandlungen verstockter Reaktionäre und eingefleischter Monarchisten wie Paul von Hindenburg, Alfred Hugenberg und besonders Franz von Papen abhing, hätten sie Hitler nie in ihr Kalkül einbezogen, wäre er nicht der Führer von Deutschlands größter Partei gewesen. Sosehr lokale Eliten wie Grundbesitzer, Kaufleute und Geistliche mitarbeiteten und die Nationalsozialisten zur rechten Zeit legitimierten, der Erfolg der Nazis beruhte auf einer breiteren Volkserhebung, welche die Macht konservativer Persönlichkeiten während der ganzen zwanziger Jahre herausgefordert und unterhöhlt hatte. Bereits der Stahlhelm und das Landvolk hatten die Gemeinschaft auf einfallsreichere Weise organisiert und dadurch mehr Deutsche in die öffentliche Arena getrieben. Ein Jahrzehnt vorher hatten die Kriegsanstrengungen eine ähnliche Wirkung gehabt. Somit war die nationalsozialistische Machtergreifung von 1933 der Sieg eines »rechten Jakobinismus«, von dem zahlreiche Arbeiter- und mittelständische Gruppen im Namen der deutschen Nation ein politisches Mitspracherecht und eine andere Politik erwarteten.[103]

Betrachtet man die Nazis, wie es viele Beobachter noch immer tun, als Konservative, Reaktionäre oder als die »kleinbürgerlichen« Stoßtruppen des Großkapitals, unterschlägt man sowohl die Zerstörung der traditionellen Parteien als auch die rebellischen Methoden, sich durchzusetzen, die sie legitimierten. Ihr aggressiver Nationalismus, ihr virulenter Antisemitismus und ihre elitäre Auffassung von Führerschaft konterkarierte ihre populäre und antikapitalistische Anziehungskraft nicht (ebensowenig wie die breite Zustimmung, die sie erfuhren, den Rassismus, die von ihnen geförderte Gewalttätigkeit und Intoleranz rechtfertigt).

Unglücklicherweise bestimmen noch immer in starkem Maße die scharfen Federstriche eines Kurt Tucholsky, John Heartfield und George Grosz unsere Sicht der Weimarer Politik. Sie stellten Deutschland als »Teutschland« dar, als ein mit

Hakenkreuzen geschmücktes Reservat starrköpfiger Monarchisten, blutrünstiger Generäle, monokelbewehrter Industrieller und Akademikern mit Schmissen im Gesicht, die irgendwie zusammenwirkten, um den Schrecken des Dritten Reiches hervorzubringen. Immer wieder zitieren Historiker der Weimarer Republik Tucholskys Satiren, bilden Heartfields Fotomontagen ab und fassen Grosz' Radierungen in Worte. Nehmen wir zum Beispiel die Erinnerung von Hannah Arendt: »George Grosz' Karikaturen erschienen uns nicht als Satire, sondern als realistische Reportage. Wir kannten diese Typen; sie lebten rund um uns herum.«[104]

Doch diese Wahrnehmungen verdunkeln völlig das Wesen des Nationalsozialismus, der auf eine volkstümliche Ablehnung Teutschlands im Namen einer erneuerten Nation, des Dritten Reichs, hinauslief. Daß der Nazismus die utopischen Sehnsüchte vieler deutscher Arbeiter ansprach, war für den sozialdemokratischen *Vorwärts* einfach unbegreiflich; er faßte seine Unkenntnis über die allgemeine Unterstützung der Nazis am Tag der Machtergreifung Hitlers in die Schlagzeile: »Hitler-Papen-Kabinett. ›Der Wohlhabende‹ und drei Nazis – Eine Regierung des Großkapitals.«[105] Welche Kompromisse die Nazis in den Augen ihrer Sympathisanten auch machten, sie waren nur deshalb mächtig, weil sie als eine grundsätzliche Alternative zu Brüning und Hugenberg angesehen wurden. Daraus folgt freilich, daß wir die Anziehungskraft des Nationalsozialismus nicht allein durch die Betonung des deutschen Militarismus, des deutschen Nationalismus oder gar des deutschen Autoritarismus erklären können. Bekannte Verbindungslinien wie die von Luther zu Hitler oder von Bismarck zu Hitler greifen zu kurz, weil sie das wichtigste Element des nationalsozialistischen Aufstiegs zur Macht nicht erklären, namentlich den noch nie dagewesenen Aktivismus so vieler durchschnittlicher Deutscher in den ersten drei Jahrzehnten des 20. Jahrhunderts und die Legitimierung dieses Aktivismus, um im Namen des deutschen Volkes politische Rechte zu erlangen.

Die Nationalsozialisten verkörperten einen verbreiteten, doch ungemein verschwommenen Wunsch nach nationaler Erneuerung und sozialer Reform, den weder das wilhelminische noch das Deutschland der Weimarer Republik erfüllen konnte. Es ist sicher zutreffend, daß sozial grundverschiedene Wählergruppen mit einer Vielzahl drückender sozialer und wirtschaftlicher Probleme die Naziwählerschaft ausmachten. In diesem Sinne behauptete Martin Broszat, der Nazismus sei »breit abgestützt, aber nicht tief verwurzelt« gewesen.[106] In ähnlicher Weise beschreibt Thomas Childers die Unterstützung für die Partei als »eine Meile breit«, aber »an kritischen Punkten ein Zoll tief«. Die meisten Wähler, folgert er, hätten sich »aus Unzufriedenheit, Verärgerung und Furcht« zu den Nazis hingezogen gefühlt.[107] Im Licht der chaotischen Verhältnisse der Weltwirtschaftskrise, als verängstigte Wähler von einem politischen Messias zum anderen taumelten und von der Wut, mit der Hitler die Weimarer Republik schmähte, angezogen und enttäuscht wurden, leuchten diese Erklärungen ein. Doch die Annahme, daß schwere Zeiten eine im Grunde mit sich selber beschäftigte Wählerschaft umtrieben, finde ich unbefriedigend. Untersucht man den Nationalsozialismus im größeren Kontext politischer Erhebungen im 20. Jahrhundert, vom Juli und August 1914 bis zum November 1918 und der Wahl Hindenburgs im April 1925, so zeigt sich, daß die deutschen Wähler einheitlicher und stärker ideologiegebunden handelten. Jene Wähler, die sich von den Nationalsozialisten abwandten, kehrten im großen und ganzen nicht zu den alten Mittelstandsparteien zurück. Sie sympathisierten weiterhin mit der »nationalen Opposition«, ob dieser nun Hitler, der Stahlhelm oder andere radikale Gruppierungen Ausdruck verliehen. Mit anderen Worten: Sie blieben »nationalsozialistisch« orientiert, wenn sie auch keine Nationalsozialisten mehr waren. Unterstützung für oder Widerstand gegen die Nazis sollte den Blick für die primäre Dynamik der deutschen Politik im 20. Jahrhundert nicht verstellen. Sie bestand in der Formierung eines radikalen nationalistischen Pluralismus, die dem deutschen Konservativismus genauso seine Rechtmäßigkeit absprach, wie sie den Versprechungen der Sozialdemokratie nicht nachgab.

Im Verlauf der Weimarer Republik waren national gesinnte Deutsche fortwährend auf der Suche nach einer Politik, die eine nachdrücklich »nationalsozialistische« Weltanschauung offerierte, eine Weltanschauung, die sowohl Deutschlands wirtschaftlichen und militärischen Wiederaufstieg als auch soziale Versöhnung verhieß. Die realen Ängste, die die Weltwirtschaftskrise auslöste, machten diese Suche um so dringlicher, aber sie waren nicht ihr Ursprung. Während der gesamten zwanziger Jahre boten der deutsche Mittelstand und die Arbeiterklasse alle Kräfte auf, um den Nationalstaat als soziale Einheit neu zu erschaffen, und zwar mit beachtlicher Agilität und Zuversicht. Trotz der wirtschaftlichen Traumata der Weimarer Zeit, der schwindelerregenden Inflation 1922/23 und des fortschreitenden wirtschaftlichen Zusammenbruchs 1930–1933 ist das Bild vom verzweifelten deutschen Wähler eine Übertreibung. Besonders die deutschen Wähler auf der Rechten erwiesen sich als einfallsreicher und stärker ideologisch festgelegt, als man nach den Katastrophenbildern annehmen könnte. Die Nationalsozialisten bedienten die politischen Wunschvorstellungen beinahe jedes zweiten deutschen Wählers, weil sie das autoritäre Vermächtnis des Kaiserreichs ebenso ablehnten wie die klassengebundenen Visionen der Sozialdemokraten und Kommunisten und sowohl der Solidarität Respekt zollten als auch dem Chauvinismus einer Nation im Krieg. Auf diese Weise verknüpften sie Traditionslinien der politischen Linken und der politischen Rechten, ohne den Lehren des einen oder des anderen Lagers anzuhängen. Indem sie ungeheure Energien und tiefgreifende Hoffnungen auf einen Neuanfang weckten, die Nation als einen neuen, vehement nationalistischen Staatskörper präsentierten und willens waren, zur Erreichung ihrer Ziele Blut fließen zu lassen, kamen die Nazis im Januar 1933 an die Macht, und das war nichts weniger als eine nationale Revolution.

Mai 1933

Die Maikundgebung der Nationalsozialisten auf dem Tempelhofer Feld, Berlin, 1. Mai 1933

Bratwürste, Bier, eine Flugschau, gefolgt von einem Feuerwerk – die Festlichkeiten in der deutschen Hauptstadt boten alles, was zu einem vergnügten Frühlingsfeiertag in der Mitte des 20. Jahrhunderts gehörte. Doch die herrschende Nationalsozialistische Deutsche Arbeiterpartei hatte mehr im Sinn als Familienunterhaltung. Vom neuen Regime zum »Feiertag der nationalen Arbeit« erklärt, wurde der 1. Mai 1933 sorgfältig inszeniert, um die Arbeiter zu ehren und die nationale Zielstrebigkeit zu demonstrieren, die jetzt, so hieß es, das deutsche Volk beseelte. Der 1. Mai war dem sozialistischen Repertoire entnommen, um grundsätzliche Vorhaben des Nationalsozialismus neu in Szene zu setzen: Der deutsche Nationalismus sollte bodenständig gemacht werden, so daß es der Arbeiter war, der Handwerker und der Bauer, die für das größere Ganze standen; die Eingrenzung ursprünglich internationaler Symbole für Klassenaufstieg und soziale Reform auf das Nationale. Die Botschaft dieses 1. Mai lautete, daß das wirtschaftliche Wohlergehen und die gesellschaftliche Anerkennung, nach der Arbeiter, insbesondere sozialistische Arbeiter, so lange gestrebt hatten, untrennbar mit der Nation verbunden waren. Verglichen mit der streitbaren und trotzigen Stimmung, mit der Sozialdemokraten und Kommunisten, streng getrennt, am 1. Mai 1932 und in den Jahren zuvor demonstriert hatten, hätte der Gegensatz nicht größer sein können. Hier war nicht von Klassenkampf die Rede, sondern wurde die nationale Zugehörigkeit beschworen; an die Stelle der Entfremdung trat die Versöhnung.

Wie glaubwürdig die nationalsozialistische Ausgestaltung

des 1. Mai wirklich war, blieb gleichwohl unklar. Als die Berliner Arbeiter in ihrer jeweiligen Arbeitskleidung und je nach Betrieb und Handwerk in Gruppen organisiert, als bildeten sie die einzelnen Glieder in einer Kette nationaler Produktivität, durch die Straßen zum Festplatz nahe dem Flughafen Tempelhof marschierten, wurde deutlich, daß viele die ihnen verordnete Rolle mit beträchtlichem Unbehagen spielten. Nur eine spärliche Reihe Schaulustiger zog sich an Teilen der Wegstrecke entlang. Zumindest an diesem 1. Mai wurde der theatralische Charakter, der der nationalsozialistischen Politik eigen war, mehr als deutlich. Für viele Beobachter war offenkundig, daß die Straßen nur Kulissen, die blauen Arbeitsanzüge bloß Kostüme, die Gesten und Ansprachen unbeholfene Übernahmen von Vorlagen waren und das Publikum alles andere als begeistert war.

Der Zwangsaspekt des Rollenspiels wurde am folgenden Tag überdeutlich, als die Nazis gewaltsam in die Gebäude der sozialistischen Gewerkschaften eindrangen, sie besetzten und die gesamte Organisation verboten. Bald begründeten die Nazis eine eigene Deutsche Arbeitsfront unter Führung von Robert Ley. Die erste Maifeier war durchaus eine Generalprobe für die zweite. Und doch war die Maifeier nicht ausschließlich eine Farce, denn sie entsprach, so unbeholfen sie auch inszeniert war, mehr oder weniger den emotional mitschwingenden Vorstellungen von der Nation, die viele Arbeiter teilten. Die Maifeier von 1933 war ein Vorgeschmack sowohl von der echten Unterstützung als auch von dem nackten Terror, aus dem das öffentliche Leben im Dritten Reich bestand. Aus diesem Grund bietet sich dieser Tag an, um der Glaubwürdigkeit der nationalsozialistischen Revolution nachzuspüren.

Der »Sternmarsch« war den Arbeitern vertraut, denn er entsprach der Grundform aller großen Versammlungen, die in der Weimarer Republik stattgefunden hatten: zum Beispiel die Riesendemonstration aus Protest gegen die Ermordung des Außenministers Walther Rathenau im Juni 1922 oder die gewaltige Kundgebung im Lustgarten im Januar 1933 gegen den Faschismus. Aus all den Außenbezirken wo die Arbeiter wohnten, machten sich die Demonstranten auf den Weg in die Stadt. Aus dem Charlottenburger Westend, aus dem Süden – Wilmersdorf, Schöneberg, Marienfelde und Neukölln –, aus Friedrichshain im Osten, dem Prenzlauer Berg und dem Wedding im Norden marschierten Kolonnen von jeweils 50 000 Arbeitern auf die große, in Gebiete geteilte Fläche des Tempelhofer Feldes, wo sie in vorgesehenen Blöcken Aufstellung nahmen – I, II, III, IV, V, VI, VII, VIII, IX und X. Insgesamt versammelten sich mehr als eine Million Deutsche – Arbeiter, Angestellte, junge Leute – auf dem Tempelhofer Feld. Die Berliner Untergrundbahn, Straßenbahnen und Autobusse beförderten am 1. Mai über zwei Millionen Menschen.[1]

Diesmal jedoch nahmen die Arbeitermassen den Versammlungsplatz nicht nach Belieben, mit Bekannten und Nachbarn umherstreifend, singend oder schwatzend, in Besitz, wie es während der Maifeiern der Weimarer Zeit der Fall gewesen war. Statt dessen gingen die Teilnehmer zunächst zur Arbeit, bevor sie den Tag frei bekamen, marschierten mit ihren Arbeitskollegen und hielten musterhafte Disziplin, ordneten sich zu Abteilungen, Reihen und Blöcken, streng nach den Anweisungen, Zeichen und Absperrungen: I, II, III. etc. Jeder Außenstehende, der das Tempelhofer Feld betreten wollte, mußte zwei Mark bezahlen.

Auf den ersten Blick wirkten diese dicht geschlossenen Reihen beinahe wie militärische Formationen, aus denen Spontaneität und Bewegungsfreiheit verbannt zu sein schienen. Was drückte den totalitären Charakter des Regimes besser aus als die blockweise aufmarschierten Arbeiter, die ihrem proletarischen Umfeld entrissen, herausgeputzt wie Mitglieder einer Zunft und zusammengerufen worden waren, um den »Führer« sprechen zu hören, bis er heiser war? Aus öffentlichen Veranstaltungen wie dieser setzte sich die Traumwelt des Nationalsozialismus zusammen, in der das »Volk« anwesend war, vollständig vereint und vollkommen gleichgeschaltet. Doch hinter der Fassade von Maifeiern, Nürnberger Parteitagen und anderen Jubelspektakeln des Dritten Reiches lauerten Mißtrauen, Apathie und Angst. Oft scherten Teilnehmer aus. »Als der Zug an einem Pissoir vorbeikam, sagte ich zu mir: ›Da gehst du rein‹«, erinnerte sich ein Arbeiter an den Weg nach Tempelhof. »Als ich aus der Reihe trat, folgte mir mein Nachbar, und als wir's geschafft hatten, liefen wir heim.«[2] Dies war kein Einzelfall. Man drückte sich vor den Maifeiern und besuchte auch andere Naziveranstaltungen ohne innere Anteilnahme. Ein Bild dieser Diktatur der Tugend im 20. Jahrhundert beginnt sich abzuzeichnen: Die Leute blieben lieber zu Hause, anstatt an dem anstrengenden geselligen Leben teilzunehmen, das die Nationalsozialisten ihnen vorschrieben. Daraus folgt, daß das Regime, so kühn seine Versprechungen vor 1933 auch gewesen sein mochte, keine echte Zustimmung erzielte und sein Opportunismus seine Sympathisanten enttäuschte. Die Historiker stimmen überein: Gleichgültigkeit gegenüber öffentlichen Ereignissen und Rückzug in private Bereiche kennzeichneten einen großen Teil des Alltagslebens in Deutschland nach 1933.[3]

Angesichts des militärischen und autoritären Wesens des Naziregimes ist dieser Rückzug ins private Leben verständlich. Er kommt der positiven Einschätzung entgegen, die wir von uns selbst und der großen Zahl »anständiger Deutscher« haben. Doch dieser Rückzug steht in starkem Gegensatz zu der aufgeladenen politischen Mobilisierung vor 1933 und kann durchaus übertrieben sein. Die Gebenslebens und die Rauchs, junge und alte Nationalisten, die in dieser Geschichte aufgetreten sind, nahmen gewiß weiterhin als begeisterte Freiwillige, Werber, Blockwarte und Soldaten an den Aktivitäten des Regimes teil. Jedenfalls stellten die beiden Arbeiter, die, angeblich um zu pinkeln, aus dem Glied geschlüpft waren, wie sie selber bezeugten, nach ihrer Heimkehr in ein proletarisches Viertel (Friedrichshain) fest, daß Nachbarn die Hausfassade mit Nazifahnen geschmückt hatten. Sie hatten Nazifunktionäre pfiffig genarrt, doch sie »fielen beinahe um«, als sie daheim so viele gewöhnliche Hitler-Begeisterte erblickten. Nazizeitschriften, obwohl schwerlich objektiv, wiesen ausdrücklich auf die Hakenkreuzfahnen hin, die in »knallroten« Hochburgen flatterten: Wedding, Spandau und sogar in den Laubenkolonien, den Schrebergärten, die viele Arbeiter hatten.[4] Offenbar war die Maifeier 1933 komplexer, als das Schwarzweißschema von tyrannischer nationalsozialistischer Ordnung auf der einen und mutigem Freiheitsdrang der Arbeiter auf der anderen Seite vermuten läßt.

Überdies fällt es schwer, unbesehen der Meinung Glauben zu schenken, daß gewöhnliche Deutsche dem faschistischen Spektakel gleichgültig gegenüberstanden. Gewiß, viele Arbeiter verabscheuten die Nazis. Selbst Gruppen, die für die Nazis gestimmt hatten, wurden irgendwann der unaufhörlichen Aufmärsche überdrüssig. Es unterliegt keinem Zweifel, daß die unvermeidliche politische Entspannung nach 1933 die Parteifunktionäre enttäuschte: »Jedes Mitglied muß es als seine Pflicht betrachten zu erscheinen«, betonten sie in Northeim immer wieder: »Kein Bürger darf zu Hause bleiben.«[5] Trotzdem überzeugt die Verzagtheit, die aus diesen Ermahnungen spricht, nicht, denn sie entpolitisiert unter dem Strich die große Zahl der Deutschen, die während der zwanziger Jahre so aktiv gewesen waren. Zogen sich die Nazianhänger wirklich plötzlich ins private Leben zurück? Angesichts des allgemeinen Anklangs, den wiedererwachender Patriotismus und Ideen nationaler Solidarität fanden, ist es unverständlich, daß so viele Deutsche einigermaßen widerwillig an die Öffentlichkeit traten. Was war mit der zündenden Idee der »nationalen Revolution« geschehen?

Eine genauere Betrachtung läßt darauf schließen, daß es lange nach der Machtergreifung im Januar beträchtliche Begeisterung für die Nazis gab. Während der sozialdemokratische Untergrund Beweise dafür sammelte, daß viele Arbeiter der offiziellen Maifeier 1933 und in den folgenden Jahren fernblieben, war es doch so, daß, wie Informanten ausnahmslos berichteten, »Tempelhof wieder einmal voll« war.[6] Die Schlußfolgerung, daß sich der Nationalsozialismus trotz gewisser Enttäuschungen einer breiter werdenden Basis von Anhängern erfreuen konnte, ist ein trauriges Faktum, doch es stimmt besser mit den Tatsachen überein als jede andere.

Wie ist es zu erklären, daß Arbeiter und in noch größerer Zahl die Mittelschicht immer wieder das Tempelhofer Feld füllten? Zum ersten waren die Veranstaltungen kaum so bedrückend, wie einige der in den Medien verbreiteten geometrischen Bilder von Massendisziplin vermuten lassen könnten. An den Rändern der Versammlung picknickten Familien und spielten Kinder. Hinter den Reihen wanderten die Leute hin und her, genossen den freien Tag, tranken Bier, aßen Würstchen und bestaunten am Abend das Feuerwerk, das auf die Ansprache des Führers folgte. Auf diese Weise verwischten die Maifeiern in Deutschland die Grenze zwischen Sommerfest und politischer Kundgebung. Denn sowohl für die Teilnehmer wie auch für die Veranstalter hob die Wirkung des einen die des anderen nicht auf. Im Grunde dürften Erholung und Disziplin insoweit recht gut zusammengepaßt haben, als die bürgerliche Nachkriegsgestimmtheit für Spaß und Spiel auf der politischen Hygiene zu beruhen schien, welche die Nazis erreicht hatten.

Auch die symbolischen Gesten des Regimes waren von Bedeutung. Auf Arbeiter, die dem langen und harten, immer erfolglosen Kampf der Sozialdemokraten, den Reichstag zur Anerkennung des 1. Mai als offizieller Feiertag zu bewegen, zugesehen hatten, muß die amtliche nationalsozialistische Erklärung im April 1933 einigen Eindruck gemacht haben. Mehr noch: In einem Land, in dem der Staat die überzähligen Arbeiter beiseitegeschoben hatte, weil er außerstande war, die Arbeitslosenunterstützung aufzubringen, und in dem Arbeiter, die noch eine Arbeit hatten, wußten, daß ihre Kinder infolge tiefsitzender und hartnäckiger Klassenvorurteile wenig Aussicht auf sozialen Aufstieg hatten, stach Hitler einfach dadurch hervor, daß er die Leistung der einfachen Arbeiter öffentlich hervorhob. Symbolische Gesten dieser Art hatte es bis dahin nicht gegeben, auch wenn es nur Gesten blieben. Es ist aufschlußreich, daß die Führer der Freien Gewerkschaften im April 1933 die Aufnahme in die jüngst verkündete Volksgemeinschaft höchst dankbar anerkannten und ihre Mitglieder drängten, an den von den Nazis geplanten offiziellen Feierlichkeiten teilzunehmen.[7]

Die Sozialdemokraten verwiesen ständig darauf, daß es Arbeiter seien, welche die Kohle förderten, Eisen und Stahl herstellten und die Maschinerie, die Deutschland zur Weltmacht gemacht hatte, in Gang hielten. Und die Nationalsozialisten gingen daran, genau das am Tag der Arbeit in Erinnerung zu rufen. Arbeiterdelegationen aus dem ganzen Land und aus dem (von Frankreich besetzten) Saarland, der Freien Stadt Danzig (einer weiteren Schöpfung von Versailles) und aus Österreich (symbolisch bereits ins Dritte Reich aufgenommen) wurden als spezielle Gäste der Regierung in die Hauptstadt geflogen. Als Teil seiner Sondersendung zum 1. Mai berichtete der Rundfunk live über ihre Ankunft auf dem Flughafen (13 Uhr), ihre Audienz beim Reichspräsidenten Hindenburg und dem Reichskanzler Hitler (17 Uhr 30). Den ganzen Tag über spielte der Rundfunk, während die Menschenmassen zum Tempelhofer Feld unterwegs waren, die Lieder von »Bergarbeitern, Bauern und Soldaten«, übertrug eine »Symphonie der Arbeit« von Hans-Jürgen Nierentz und Herbert Windt und sendete Interviews mit (speziell ausgesuchten) gewöhnlichen Leuten: einem Hafenarbeiter aus Hamburg, einem Landarbeiter aus Ostpreußen, einem Metallarbeiter von der Saar. Zum wiederholten Male dienten verschiedene (männliche) Teile dazu, das Ganze zu repräsentieren: Arbeiter aus allen Gegenden des Landes und aller möglichen Berufe waren die Glieder, welche die große Kette deutschen Seins bildeten. An diesem Maifeiertag traten die Arbeiter nicht als abgesonderte Klasse an die Öffentlichkeit, nicht als Proletarier, die gegen Not kämpften, sondern als anerkannte und gut ausgebildete Facharbeiter, die zur Nation gehörten.

Der 1. Mai war auch eine unverhohlene Verherrlichung des deutschen Nationalismus, bei der die Arbeiter eine wesentliche Rolle spielten. Als »Arbeiterdichter« um 15 Uhr aus ihren Werken lasen, gaben sie der »authentischen« Stimme des »Mannes von der Straße« Ausdruck, der seinen Frieden mit dem Nationalsozialismus gemacht hatte, und verbreiteten so den deutschen Nationalismus in einer ansprechend volkstümlichen Sprache. Mit diesen Lesungen hofften die Nazis die patriotische Arbeiterkultur wiederzubeleben, die während des Ersten Weltkrieges geblüht hatte, als Arbeiterdichter wie Karl Bröger und Heinrich Lersch erstmals ein nationales Publikum fanden. Am späten Nachmittag beschrieb der Essayist Eugen Diesel – Sohn des großen Ingenieurs – mit flammenden Worten die von Menschen geschaffene Landschaft von Starkstromleitungen, Fabriken und Äckern, die der robusten Vitalität des Dritten Reiches so trefflich entsprach (16 Uhr 20).

Während der ganzen Zeit flogen Staffeln von Junkers-Flugzeugen über Tempelhof. Unter den Piloten der Flugschau war der immer populäre Ernst Udet, den Sozialdemokraten auf der Stelle erkannten, weil er häufig bei republikanischen Feierlichkeiten aufgetreten war. Am Nachmittag kreiste über der Innenstadt eine Stunde lang Deutschlands neuer ozeantüchtiger 236-Meter-Zeppelin, der sich auf seinen spektakulären 26stündigen Deutschlandflug begab. Die Flugschau war in Arbeiterkreisen besonders beliebt, denn sie offenbarte nicht nur die handwerklichen Fähigkeiten deutscher Arbeiter, sondern schloß sie in ein größeres Schauspiel nationaler Zielstrebigkeit und nationaler Identität ein. Noch bevor Hitler das Podium betrat (20 Uhr), hatte die Choreographie der Maifeier die Bande zwischen Arbeitern und der Nation gefestigt, zwischen Maschinisten und Träumen vom Maschinenzeitalter, zwischen technischer Meisterschaft und nationaler Tüchtigkeit.[8] Nach der Ansprache Hitlers, dem gemeinsamen Singen der Nationalhymne und einem Feuerwerk endete die Maifeier kurz vor Mitternacht. Am nächsten Tag schwärmte die *Berliner Morgenpost*, noch drei Monate zuvor ein den Sozialdemokraten nahestehenden Blatt, von der »größten Kundgebung aller Zeiten«.[9]

Die Berichterstattung über den großen Tag in den Medien hob nationalistische Aspekte hervor. Die Illustrierten (die auflagestärkste *Berliner Illustrirte Zeitung*, die konservativere *Die Woche* und der nazieigene *Illustrierte Beobachter*) schilderten eine herrliche Versammlung, bei der ungeordnete Massen zu einer geschlossenen Volksgemeinschaft verschmolzen waren. Zu diesem Zweck hatten sie die Bilder der Kundgebung zerschnitten, neu zusammengefügt und bearbeitet. Die *Berliner Illustrirte* brachte auf zwei Seiten den bekannten Schnappschuß vom Zeppelin, der seinen Schatten auf die dichtgedrängte Menge warf. Es war eine verblüffende Fotografie, auf der die Menschen von einem der technischen und militärischen Symbole der Nation gleichsam in einem Rahmen eingefangen wurden. Bilder einer wiedervereinigten Nation erzählten noch einmal die Geschichte des Tages und erlaubten so den Lesern, sich selber wiederzuerkennen und sich dann in das kollektive Schicksal einzufügen. Die Tatsache, daß diese Neubestimmung des Deutschtums die jüdischen Bürger ausschloß, wurde übergangen. Was wiedergegeben wurde und in der kollektiven Erinnerung haften blieb, war die im Rahmen der Nation versammelte Menge.

In den späten dreißiger Jahren sollten Filmkameras das festhalten, was der einzelne – wartend, stehend, pinkelnd – nicht wahrnehmen konnte: die synchronisierte Bewegung von Massen um den Angelpunkt der Führung, die inszenierten Plebiszite gleichkamen. Das Schauspiel selbst war seiner mechanischen Wiedergabe untergeordnet. Es waren die Wochenschauen und insbesondere Leni Riefenstahls in ganz Deutschland in vollbesetzten Kinos gezeigter Film *Triumph des Willens*, die filmische Interpretation des Nürnberger Parteitages von 1934, die es möglich machten, daß die zögerlichen, unbeholfenen Bewegungen einzelner Deutscher als nachvollziehbare nationale Geschichte vorgeführt werden konnten.[10] Was die Nazischauspiele am Ende für jeden einzelnen wiederzubeleben suchten, war die Erfahrung Adolf Hitlers, als er am 2. August 1914 in der patriotischen Menge auf dem Münchner Odeonsplatz erkannte, daß sich seine persönliche Identität mit Deutschlands nationaler Identität deckte.

Hier ist ein Wort der Vorsicht angebracht. Öffentliche Schauspiele wie die Feiern zum 1. Mai oder die Nürnberger Parteitage verwandelten Deutsche nicht in Nazis. Soziale Identitäten lassen sich nicht auf der Töpferscheibe modellieren. Viele Deutsche standen den sozialen Reglementierungen und den autoritären Strukturen des Dritten Reiches weiterhin skeptisch gegenüber. Der allmähliche Umschlag der Konjunktur und die restriktive Tarifpolitik, besonders als die Wiederaufrüstung Deutschland aus der Wirtschaftskrise führte, ließen mittelständische Ladenbesitzer und Handwerker weiterhin seufzen und stöhnen, obgleich die Nazis das Land von Marxisten gesäubert hatten. Die Arbeiter erfreuten sich zwar seit 1936 wieder der Vollbeschäftigung, mußten jedoch längere Arbeitszeiten und im großen und ganzen festgeschriebene Löhne in Kauf nehmen. Auch begann man in allen sozialen Schichten die »kleinen Nazis« zu verachten, die örtlichen Parteiführer, deren Bestechlichkeit und Unredlichkeit ein beispielloses Ausmaß annahm. Es gibt eine Fülle von Beweisen, daß prominente Nazis sich in eine neue, sehr abstoßende Elite verwandelten: Der Luxus, in dem der Führer der Arbeitsfront, Robert Ley, oder der Reichsluftfahrtminister Hermann Göring lebten, bestätigten das. In Anbetracht dessen ist es kein Wunder, daß die politischen Spektakel des Regimes mit einer gewissen Apathie aufgenommen wurden. Und ungeachtet des Jubels, der Hitlers große außenpolitische Erfolge begleitete – die Remilitarisierung des Rheinlandes, der »Anschluß« Österreichs, die »Rückkehr« des Sudetenlandes und die raschen militärischen Siege gegen die Erzfeinde des Reiches, Polen und Frankreich –, wurde das deutsche Zusammengehörigkeitsgefühl brüchig, als nach 1942 auf die Siege militärische Niederlagen folgten.[11]

Die vielgerühmte Volksgemeinschaft im Dritten Reich war

in mancher Hinsicht fragwürdig und labil. Doch sie sollte nicht kurzerhand als fadenscheinig oder nichtig abgetan werden. Obgleich in Deutschland nachweislich in erster Linie immer noch Geld und Herkunft zählten, gab es eine breite Diskussion über die fortdauernde Gültigkeit tradierter Umgangsformen, Standesprivilegien und die Bedeutung der Anerkennung von Verdiensten. An der Erneuerung der Nation waren in den dreißiger Jahren viel mehr Menschen beteiligt und spürten deren emotionale Anziehungskraft, als das ein halbes Jahrhundert vorher der Fall gewesen war. Die offizielle Betonung nationaler Zusammengehörigkeit und rassischen Elitedenkens hatte die Wirkung einer psychologischen Befreiung. Es lohnt, ins Gedächtnis zu rufen, wie die *Berliner Morgenpost* die erste nazistische Maifeier auf dem Tempelhofer Feld vorwegnahm: »Deutsche aller Schichten sind durcheinandergeworfen und vermischen sich ... und sehen nicht, was sie trennt, sondern was sie eint.«[12] Eine neue politische Qualität war im Entstehen.

Presseberichte sind nicht unbedingt zutreffend; wenn es auch verblüffend anzusehen ist, wie rasch liberale Zeitungen wie das *Berliner Tageblatt* und die *Morgenpost* Nazipositionen übernahmen, weisen sie doch auf das große Verlangen nach Gemeinschaft hin, das Durchschnittsdeutsche gewiß bewegte. Die Folge war, daß viele Bürger den Nationalsozialismus als »demokratischer« empfanden als die Weimarer Republik oder gar das wilhelminische Deutschland.[13] Es hatte ein historischer Bruch mit dem alten deutschen Konservativismus stattgefunden: Weil sie das erkannten, fühlten sich Millionen von Deutschen, besonders jüngere, im wachsenden Maß im Dritten Reich zu Hause. Gleichzeitig bot die ungeheure Anstrengung, die Nation wiederzubewaffnen und zu erneuern, mehr Möglichkeiten für soziale Mobilität als je zuvor. Die Arbeiter litten als Klasse, aber der einzelne, der die Bedingungen einer (zum Krieg entschlossenen) leistungsorientierten Verbrauchergesellschaft akzeptierte, konnte davon ausgehen, daß sich das für ihn auszahlte.

Zahlreiche Wissenschaftler mahnen uns überdies, den Anspruch der Nazis, die Arbeiter anzuerkennen, ernst zu nehmen, und bringen vor, daß die Bemühungen, die Arbeiterschaft in die nationale Gemeinschaft zu integrieren, nicht ganz erfolglos waren. Vor allem die Deutsche Arbeitsfront habe den Status der Arbeiter verbessert. Ähnliche Analysen der Hitlerjugend und der sozialen Dienste mittelständischer Aktivisten lassen vermuten, daß die Innenpolitik des Regimes beträchtliche Unterstützung erfuhr. Die Nationalsozialisten waren insofern populär, als sie mit einer neuen nationalen Gesinnung identifiziert wurden, deren Schwerpunkte nationale Integration, soziale Reform und wirtschaftlicher Aufschwung waren.[14]

Was die Nazis am Ende erreichten, war nicht die Schaffung eines neuen Typs des Deutschen, sondern eher die Anerkennung neuer sozialer Rollen, die mehr und mehr Deutsche ausprobierten. Obwohl diese Rollen nicht umfassend waren und nicht alle oder auch nur die meisten Beziehungen der Menschen untereinander regelten, erweckten sie Erwartungen und nährten Vorstellungen. Das nazistische Phänomen fand zu einem großen Teil im Konjunktiv statt. Das Regime weckte Hoffnungen und die Aussichten auf ein erneuertes gesellschaftliches Gefüge, die bis zum Schluß eine beträchtliche Anziehungskraft bewahrten. In den Jahren 1933–1945 lebten die Deutschen in zwei Welten. Inmitten des vertrauten Umkreises fester Bindungen an Familie, Region und Sozialmilieu, konstruierten die Nazis eine »zweite Welt« aus einem »Netzwerk von Organisationen«, in dem »die traditionellen Kriterien von sozialem Ansehen und sozialer Stellung keine Gültigkeit besaßen«.[15]

Wenngleich viele faschistische Maximen bloß ein schöner Schein blieben, setzten sie doch die Bevölkerung auf neue und sichtbare Weise in Bewegung. »Durcheinandergeworfen und vermischt« – die Beschreibung der Maifeier in der *Berliner Morgenpost* – ist insgesamt zu überschwenglich, erfaßt aber dennoch die Art und Weise, mit der sich die Deutschen während der Nazizeit im öffentlichen Raum zu bewegen begannen. Abertausende marschierten am 1. Mai nach Tempelhof, mehr als eine Million Freiwillige nahmen an der jährlichen Wohltätigkeitsaktion des Reichs, der Winterhilfe, teil, Millionen junger Deutscher wurden zur Hitlerjugend herangezogen, mehr als zwei Millionen Arbeiter für Ausbildungsprogramme der Deutschen Arbeitsfront angeworben, nicht weniger als acht Millionen Deutsche traten örtlichen Zivilschutzkorps bei, und die erstaunliche Zahl von 54 Millionen Deutschen hatte allein im Jahr 1938 an irgendeiner nazistischen Freizeitaktivität (Kraft durch Freude) teilgenommen.[16] Die Nazis förderten die Teilnahme am schöpferischen Akt des Aufbaus einer neuen Gemeinschaft, und die Deutschen fühlten sich davon angezogen. Wenn diese Verpflichtung auch mit bestimmten sozialen Belohnungen verbunden war, zielte sie zugleich auf tiefverwurzelte Vorstellungen von öffentlichem Idealismus.

Der Kriegsdienst nach 1939 verstärkte noch die Bedeutung Einrichtungen im Alltag. Der Krieg erlaubte es den Nazis, ihre Ideen von nationaler Mobilisierung und rassischer Rangordnung zu verwirklichen. Begab man sich in den Bereich des Krieges, bedeutete das den Eintritt in eine neue, an der Idee der Rasse orientierte Welt. Die grausamen Kämpfe an der Ostfront zum Beispiel schienen die Richtigkeit der schonungslosen Verachtung der Partei für slawische »Untermenschen« zu bestätigen.[17] Die außerordentlichen Anstrengungen, jüdisches Leben zu vernichten und schließlich die Juden auszurotten, waren weitaus gravierender als der diffuse Antisemitismus, mit dem so viele Deutsche von Hause aus vertraut waren. Während des Krieges war die nationalsozialistische Welt sieht in großem Maße zur sichtbaren Welt geworden. Ohne die Bindungen an die Familie, Arbeitskollegen und Nachbarn aufzugeben, bewegten sich die Deutschen relativ mühelos von einem in den anderen sozialen Kontext und übernahmen dabei das Vokabular von nationaler Integration, den messianischen Führerkults die Perspektive eines fortwährenden Kampfes und hielten sich schließlich gegenüber der besiegten europäischen Zivilbevölkerung und den Zwangsarbeitern für arische Übermenschen.[18]

Daß so viele Deutsche an der Ermordung der Juden und anderer »Unerwünschter« mitschuldig wurden, war nicht so sehr die Auswirkung eines genoidalen Antisemitismus, den sie auf unkritische Weise mit den Naziführern teilten. Es war eher so, daß im Verlauf der zwölf Jahre, die das Dritte Reich währte, immer mehr Deutsche aktive und ihnen im großen und ganzen zusagende Rollen in der Nazirevolution spielten und infolgedessen die kompromißlosen Zielsetzungen des nationalsozialistischen Rassismus akzeptierten. Es war in der Tat die Leichtigkeit, mit der Deutsche sich dem nationalen Schicksal verschrieben, die es den Nazis gestattete, eine neue Folge von zunehmend grausameren Mobilisierungen vorzubereiten, die wiederum die nationale Schicksalsgemeinschaft stärkten und sie immer näher an die völlige Zerstörung heranführte. Die nationale Solidarität beruhte letztlich so weitgehend auf dem Krieg, daß die Gemeinschaft unauflösbar mit seinem Gegensatz, dem Tod, verknüpft wurde. Auf Kosten von Millionen unschuldiger Leben zerstörte sich der Nationalsozialismus im furchtbarsten Rassenkrieg der modernen Zeit selbst, doch nicht, ohne vorher demonstriert zu haben, wie unwiderstehlich die nationale Sammlung auf die Vorstellungen des 20. Jahrhunderts wirkte. Diese Mobilisierung von Gewalt im Namen eines Populismus und ethnischen Nationalismus ist der sengende, brennende Eindruck von Deutschland in den Jahren 1914–1945, der deutschen Revolution des 20. Jahrhunderts.

Nationale Sammlung – das ist der Hauptantrieb der nationalsozialistischen Politik. Die Anziehungskraft der Bewegung beruhte auf einer Vision der Nation, die die Menschen auf der Grundlage dessen, was sie für das Volk taten, anerkannte und befreite, ohne Ansehen ihres sozialen Status, einer Vision, die soziale Reform und wirtschaftliche Stabilität verhieß. Diese Erneuerung hatte einen radikalen Bruch mit den politischen Traditionen der Vergangenheit zur Voraussetzung. Zwar hat das Regime seine Ziele nicht erreicht, aber es gelang ihm immerhin, sich quer durch die deutsche Gesellschaft eine erhebliche Anerkennung zu verschaffen. Darüber hinaus beruhte die Legitimität des Dritten Reiches nicht einfach nur auf den Vergünstigungen, die dem einzelnen Deutschen zukamen. Untersucht man die sozialen Leistungen in den Jahren 1933–1945, als handelte es sich dabei um Posten in einer Bilanz, könnte man zu der Annahme gelangen, die Machtergreifung von 1933 sei eine Art gigantischen Spiels gewesen, das die Deutschen ein wenig überrumpelte und das nur bejaht werden würde, wenn es weiterhin Gewinne abwarf (Löhne, Konjunktur, Steuererleichterungen). Nach meiner Ansicht war der »nationalsozialistische« Konsens mehr als nur zufällig. Er hatte tiefere ideologische Wurzeln, welche die Machthaber mit den Wünschen der Bürger in Verbindung brachten und der Politik des Regimes ein gewisses Maß an Vertrautheit und Zweckmäßigkeit verliehen.

1933 konnten Millionen von Nazisympathisanten auf langjährige politische Aktivitäten verweisen, auf die Auseinandersetzung mit kommunistischen und sozialdemokratischen Gegnern oder auf Angriffe auf konservative Eliten, selbst wenn sie dabei nicht als Nationalsozialisten, sondern als eine Art radikaler Nationalisten oder als schwärmerische Sozialisten gehandelt hatten. Im Verlauf der zwanziger Jahre wandten sich die Wähler von solchen Parteien ab, die sie als zu unpatriotisch, zuwenig sozialreformerisch oder als zuwenig volkstümlich erachteten. Von einer Wahl zur nächsten, bei der jedesmal etwa ein Viertel der Wählerschaft die Partei wechselte, nahm allmählich eine »nationalsozialistische« Mehrheit Gestalt an. Diese Dynamik begünstigte letztlich die Nationalsozialisten mehr als jede andere politische Gruppierung, obgleich die Deutschnationale Volkspartei, der Stahlhelm und das Landvolk anfänglich die Nutznießer waren. Mit einem Wort: Die Nazis waren keine politischen Außerirdischen.

Meine Behauptung, daß der Nationalsozialismus das Ergebnis breiter Trends in der deutschen Politik seit dem Ausbruch des Ersten Weltkrieges war, veranlaßt mich, Erklärungen zurückzuweisen, die entweder zu weit herggeholt oder zu sehr Allgemeingut sind. Erstens habe ich gezeigt, daß die Nazis nicht das Produkt einer außerordentlichen Krise waren. Ihre Anziehungskraft kann nicht mit dem Hinweis auf die vagen Ressentiments, die das deutsche Volk gegen die Alliierten oder gegen das Abkommen von Versailles hegte, erklärt werden. Es gab genügend Parteien, die Deutschlands internationale Position nach dem Ersten Weltkrieg scharf kritisierten; in diesem Punkt nahm die Nationalsozialistische Deutsche Arbeiterpartei keinen leeren Platz ein. Darüber hinaus wurde die deutsche Politik, wenn Hitlers Bewegung auch einen Großteil ihrer aufrührerischen Stoßkraft der wirtschaftlichen Katastrophe der Weltwirtschaftskrise verdankte, schon vor dem New Yorker Börsenkrach im Jahr 1929 von neuen politischen Gruppierungen aufs äußerste aufgewühlt. Die etablierten bürgerlichen Parteien, die das Deutsche Reich seit der Einigung im Jahr 1871 geführt hatten, befanden sich bereits im Zustand fortgeschrittener Zerrüttung, und wiederholt hatten die Wähler auf jene »nationalsozialistischen« Initiativen reagiert, die eine umfassendere, solidarische, also im Prinzip den Vorstellungen vom August 1914 folgende Gesellschaft propagierten. Auch wenn man von der Weltwirtschaftskrise absieht, steuerte die deutsche Politik in eine illiberale und ziemlich unkonventionelle Richtung. Es war durchaus möglich, daß am Ende des Weges eine Art ehrgeiziges Militärregime, wenn nicht gar eine faschistoide neue Gemeinschaft erschien.

Zweitens verwahre ich mich gegen die Vorstellung, die Nazis hätten einfach die von den meisten Deutschen gehegten kulturellen Vorurteile reaktiviert. Der Antisemitismus war im Deutschland der Weimarer Republik zweifellos verbreitet, vermutlich in stärkerem Maße als in den Vorkriegsjahren, doch das erklärt nicht, warum die Leute für Hitler stimmten oder gar warum die Mehrheit der Aktivisten der Partei beitrat.

Jüdische Deutsche kamen in den von den Nazis gegen andere politische Gruppen erhobenen Vorwürfen oder in den dramatischen Parteiaktivitäten, an denen sich so viele Bürger beteiligten, nicht vor. Auch die angebliche antidemokratische oder militaristische Veranlagung vieler Deutscher verrät uns nicht, warum dieser Hang anstelle von traditonellen Autoritarismen den Nazis hätte helfen sollen. Wenn wir uns diese Jahre erklären wollen, dürfen wir die Millionen von Deutschen nicht vergessen, die ältere politische Bündnisse aufkündigten und neue forderten. Was diese Unbeständigkeit politisch so herausragend macht, sind nicht irgendwelche gemeinsamen kulturellen Regeln, sondern die Unterschiede zwischen parteigängerischen Gruppen. Darum ist es wichtig, den Anspruch der Nationalsozialisten, sie seien eine revolutionäre Bewegung, die ihre Legitimation nicht in der Vergangenheit suche, ernst zu nehmen.

Der Nationalsozialismus versprach die Erneuerung der Nation, wenn auch nicht alle Deutschen darunter dasselbe verstanden. Gerade weil es ihre Absicht war zu er*neu*ern, erkannten sie ältere, angeblich weniger aussichtsreiche politische Traditionen nicht an. Es liegt auf der Hand, daß die Nazis unversöhnliche Gegner der Sozialdemokraten und die endgültigen Sieger in einem öffentlich ausgetragenen ideologischen Wettstreit mit der Linken waren. Gleichzeitig brachen die Nazis mit liberalen Staatsbeamten, Sozialkonservativen und traditionellen Würdenträgern. Dem Kaiserreich neigten sie ebensowenig zu wie der Weimarer Republik. Kurz, die Nazis waren ideologische Neuerer. Die NSDAP reagierte erfolgreich auf die weitverbreiteten Forderungen nach politischer Souveränität und sozialer Anerkennung. Und sie beharrte darauf, diese Ziele könnten nur durch nationale Einheit erreicht werden, die den Deutschen ein umfassendes Gefühl kollektiver Identität und eine starke Position in der internationalen Politik bescheren würde.

Dieses weitgespannte Programm der Erneuerung sicherte den Nazis ihre Sonderstellung und machte sie für die meisten

Wähler attraktiv. Wenn Hitler und seine Anhänger einfach den Antisemitismus von Anton Drexlers Deutscher Arbeiterpartei wieder verbreitet, weiter gegen den »Schandfrieden« von Versailles gewettert oder ihre ganze Energie darauf verwendet hätten, die Sozialdemokraten und andere »Novemberverbrecher« zu bekämpfen, wäre die Bewegung auf der ganzen Linie steckengeblieben. Genau das passierte Wolfgang Kapp und den Freikorpsmännern von 1919/20 und erklärt auch den Niedergang Alfred Hugenbergs und der Deutschnationalen in den Jahren 1922 bis 1930. Statt dessen verliehen Angriffe auf Konservative wie Marxisten, radikale Absagen an jede Art von machtpolitischem Arrangement auf lokaler wie auf Reichsebene und die positive Vision von einer blühenden, technisch entwickelten Nation der Nazibewegung ein klar umrissenes ideologisches Profil.

In einer Zeit, in der so mancher politische Konflikt im Sinne kultureller Affinitäten interpretiert wird, ist es um so wichtiger, wenn manchmal auch schwierig, sich die Macht von Ideologien zu vergegenwärtigen. Seit langem bestehender ethnischer Haß, religiöser Fundamentalismus und nationenübergreifende »Zivilisationen« beherrschen die gegenwärtige Diskussion über Instabilität und Unruhe, die häufig als Folge der Reibung verstanden werden, die überall dort entsteht, wo grundlegende kulturelle Eigenarten miteinander in Berührung kommen.

Das Phänomen des Nazismus war jedoch nicht ein übertriebener Ausdruck deutscher Werte, obgleich die Nazis die angeblich überragenden Fähigkeiten des deutschen Volkes verkündeten. Der Nazismus war auch nicht die krankhafte Ausgeburt wirtschaftlich schwerer Zeiten. Der Nationalsozialismus beinhaltete ein Programm der kulturellen und sozialen Erneuerung, das auf der Unterordnung der Nation und des Volkes beruhte und sehr stark am Gemeinsinn und kollektiven Kampfgeist der Nation im Krieg orientiert war.

Das machte ihn zu einer klaren und brisanten politischen Größe, welche die privilegierte Stellung sozialer Eliten zu vernichten drohte, während sie die Ziele der Arbeiterbewegung aufnahm. Der Nationalsozialismus war in der Vorstellungskraft verwurzelt, weil er sowohl die allgemeinen Bestrebungen, die seit der Reichsgründung enttäuscht worden waren, als auch die solidarischen Tugenden ansprach, die der Erste Weltkrieg neu entfacht hatte. Da er breite Unterstützung gewann, forderte er auch klar umrissene politische Gruppierungen heraus und lehnte den bürgerlichen Rechtsanspruch von Staatsbürgern ab, die der neu umrissenen nationalen Gemeinschaft nicht angehören wollten oder konnten. So schufen die Nazis, obgleich sie einen nahezu erlösenden integrierenden Nationalismus proklamierten, neue Kategorien von Außenseitern, Feinden und Opfern. Der Nationalsozialismus war weder zufällig, noch wurde er einmütig bejaht.

Anmerkungen

Einleitung

1 Rudolf Herz und Dirk Halfbrodt, *Fotografie und Revolution*, München 1988, S. 279, 281; Heinrich Hoffmann, *Hitler wie ich ihn sah. Aufzeichnungen seines Leibfotografen*, München 1974, S. 32.
2 Richard Hanser, *Putsch: How Hitler Made Revolution*, New York 1971, S. 76–77.
3 Adolf Hitler, *Mein Kampf.* Zwei Bände, München 1933, Band 1, S. 177 und 178. Siehe auch *Illustrierter Beobacher*, Nr. 31, 2. August 1930.
4 Ebda. Band 2, S. 713.
5 Mit Daniel Jonah Goldhagens Schlußfolgerungen in *Gewöhnliche Deutsche: Hitlers willige Vollstrecker*, Berlin 1996, stimme ich nicht überein, teile jedoch seine Betonung von Wunschvorstellungen und Ideologie beim Verständnis des Nationalsozialismus.

Juli 1914

1 Berliner Beobachter, *Berliner Lokal-Anzeiger*, Nr. 374, 26. Juli 1914.
2 »Österreichfreundliche Kundgebungen in Berlin«, *Berliner Tageblatt*, Nr. 374, 26. Juli 1914. Sehr zu Dank verpflichtet bin ich den ausführlichen Studien von Jeffrey Verhey, »The Spirit of 1914: The Myth of Enthusiasm und the Rhetoric of Unity in World War I Germany«, Dissertation, University of California, Berkeley 1991, und Jeffrey Smith, »A People's War: The Transformation of German Politics, 1913, 1918, Dissertation, University of Illinois, 1997.
3 »Das Straßenbild am Sonntag«, *Vossische Zeitung*, Nr. 375, 27. Juli 1914.
4 »Das Aufflammen des nationalen Hochgefühls in Berlin«, *Kreuz-Zeitung*, Nr. 346, 27. Juli 1914.
5 Siehe Verhey (Anmerkung 2), a. a. O., S. 105–107.
6 *Frankfurter Zeitung*, zitiert in Verhey, S. 3.
7 »Zweite Balkonrede des Kaisers, 1. August 1914«, in Ulrich Cartarius (Hrsg.), *Deutschland im Ersten Weltkrieg*, München 1982, S. 15.
8 Modris Eksteins, *Tanz über den Gräbern*, Reinbek 1990, S. 91.
9 Fritz Fischer, *Griff nach der Weltmacht. Die Kriegszielpolitik des kaiser-*

lichen Deutschland 1914–18, Düsseldorf 1961; Hans Ulrich Wehler, *Das Deutsche Kaiserreich 1871–1918,* Göttingen 1973.

10 Verhey (Anmerkung 2), a. a. O., S. 141. Siehe auch Wolfgang Kruse, *Krieg und nationale Integration. Eine Neuinterpretation des sozialdemokratischen Burgfriedensschlusses 1914/15,* Essen 1994, S. 30–38.

11 Beides zitiert in Verhey (Anmerkung 2), a. a. O., S. 163–164.

12 Siegfried Jacobsohn, *Die ersten Tage,* Konstanz 1916, S. 30f., zitiert in Bernd Ulrich, »Die Desillusionierung der Kriegsfreiwilligen von 1914«, in Wolfram Wette (Hrsg.), *Der Krieg des kleinen Mannes. Eine Militärgeschichte von unten,* München 1992, S. 111 f.

13 Smith (Anmerkung 2), a. a. O., Kapitel 2.

14 Peter Fritzsche, *Reading Berlin 1900,* Cambridge 1996, S. 165–169.

15 Smith (Anmerkung 2), a. a. O., Kapitel 3; Belinda Davis, »Reconsidering Habermas, Gender and the Public Sphere: The Case of Wilhelmine Germany«, in Geoff Eley (Hrsg.), *Society, Culture and the State in Germany, 1870–1930,* Ann Arbor 1996, S. 408.

16 »Erste Balkonrede Kaiser Wilhelms II., 31. Juli 1914«, in Cartarius (Anmerkung 7), S. 12f.

17 Siehe u. a. Bernd Weisbrod, »German Unification and the National Paradigm«, *German History* 14 (1996), S. 193–203; Eksteins (Anmerkung 8); Liah Greenfield, *Nationalism: Five Roads to Modernity,* Cambridge 1992.

18 *Berliner Lokal-Anzeiger,* Nr. 398, 8. August 1914, zitiert in Laurence Moyer, *Victory Must be Ours: Germany in the Great War, 1914–1918,* New York 1995, S. 88.

19 Friedrich Meinecke, *Die Deutsche Katastrophe,* Wiesbaden 1947. S. 43.

20 Ernst Glaeser, *Jahrgang 1902,* Berlin 1928, S. 195.

21 Johanna Boldt an Julius Boldt, 27. August und 3. September 1914, zitiert in Edith Hagener, *»Es lief sich so sicher an Deinem Arm«. Briefe einer Soldatenfrau 1914,* Weinheim 1986, S. 41, 48f.

22 Philipp Scheidemann, zitiert in Cartarius (Anmerkung 7), S. 23. Siehe auch Jagow, »2. Stimmungsbericht«, 26. August 1914 und »4. Stimmungsbericht«, 2. September 1914, in Ingo Materna und Hans-Joachim Schreckenbach (Hrsg.), *Berichte des Berliner Polizeipräsidenten zur Stimmung und Lage der Bevölkerung in Berlin 1914–1918,* Weimar 1987, S. 4, 6.

23 Zitiert in Ute Daniel, *Arbeiterfrauen in der Kriegsgesellschaft. Beruf, Familie und Politik im Ersten Weltkrieg,* Göttingen 1989, S. 23.

24 Karl Kraus, »Kriegssegen«, *Die Fackel* 27, Dezember 1925, S. 29–42; Hermann Bahr, *Kriegssegen,* München 1915, S. 19–33; Ernst Toller, »Eine Jugend in Deutschland«, in *Prosa, Briefe, Dramen, Gedichte,* Reinbek 1961, S. 60.

25 Glaeser (Anmerkung 20), a. a. O., S. 195, 293, 314.

26 Hagener (Anmerkung 21), a. a. O., S. 39.

27 Volker Ullrich, »Kriegsalltag. Zur inneren Revolutionierung der

wilhelminischen Gesellschaft«, in Wolfgang Michalka, *Der Erste Weltkrieg. Wirkung, Wahrnehmung, Analyse,* München 1994, S. 604.

28 Lothar Burchardt, »Die Auswirkungen der Kriegswirtschaft auf die deutsche Zivilbevölkerung im Ersten und Zweiten Weltkrieg«, *Militärgeschichtliche Mitteilungen* 1 (1974), S. 66–69.

29 Volker Ullrich, *Kriegsalltag. Hamburg im Ersten Weltkrieg,* Köln 1982, S. 41, 43.

30 Zusätzlich zu Ullrich, *Kriegsalltag,* siehe Klaus-Dieter Schwarz, *Weltkrieg und Revolution in Nürnberg. Ein Beitrag zur Geschichte der deutschen Arbeiterbewegung,* Stuttgart 1971, bes. S. 131; Karl-Ludwig Ay, *Die Entstehung einer Revolution. Die Volksstimmung in Bayern während des Ersten Weltkrieges,* Berlin 1968, und Manfred Faust, *Sozialer Burgfrieden im Ersten Weltkrieg. Sozialistische und christliche Arbeiterbewegung in Köln,* Essen 1992, bes. S. 67–68.

31 Hagener (Anmerkung 21), a. a. O., S. 68. Die Namen der Toten sind der Verlustliste Nr. 8 entnommen, *Berliner Tageblatt,* Nr. 429, 25. August 1914. Sie dienten im Königsberger Grenadierregiment Nr. 1, im Gumbinnener Füsilierregiment Nr. 33 und im Pillauer Infanterieregiment Nr. 43.

32 Briefe vom 3. August 1914 und 9. September 1914, in Wette (Anmerkung 12), a. a. O., S. 113–114.

33 Ullrich, »Desillusionierung«, in Wette, a. a. O., S. 116–117.

34 Ullrich, »Kriegsalltag«, in Michalka (Anmerkung 27), S. 606.

35 Wilhelm Deist, »Verdeckter Militärstreik im Kriegsjahr 1918?«, in Wette, a. a. O.

36 Elisabeth Domansky, »Der Erste Weltkrieg«, in Lutz Niethammer (Hrsg.), *Bürgerliche Gesellschaft in Deutschland,* Frankfurt 1990, S. 287, 290.

37 Anthony Powell, zitiert in Eksteins, *Tanz* (Anmerkung 8), S. 178.

38 Richard Bessel, *Germany after the First World War,* Oxford 1993, S. 5–8.

39 Jürgen Kocka, *Klassengesellschaft im Krieg. Deutsche Sozialgeschichte 1914–1918,* 2., verb. Auflage, Göttingen 1978, S. 13.

40 Faust, *Sozialer Burgfrieden* (Anmerkung 30), a. a. O., S. 55.

41 Ernst Kaeber, *Berlin im Weltkrieg. Fünf Jahre städtischer Kriegsarbeit,* Berlin 1921, S. 397.

42 Karl Retzlaw, *Spartakus. Aufstieg und Niedergang. Erinnerungen eines Parteiarbeiters,* Frankfurt 1971, S. 72,

43 Carl Busse (Hrsg.), *Deutsche Kriegslieder 1914/1916,* Bielefeld 1916, S. VI.

44 Bernd Ulrich, »Feldpostbriefe im Ersten Weltkrieg – Bedeutung und Zensur«, in Peter Knoch (Hrsg.), *Kriegsalltag. Die Rekonstruktion des Kriegsalltags als Aufgabe der historischen Forschung und der Friedenserziehung,* Stuttgart 1989, S. 43.

45 Brief vom 2. September 1914, in Hagener (Anmerkung 21), a. a. O., S. 48.

46 Ulrich, »Feldpostbriefe«, in Koch (Anmerkung 44).
47 Ay, *Die Entstehung einer Revolution* (Anmerkung 30), S. 25; Schwarz, »Bericht der Abteilung VII, Exekutive, 3. Kommissariat an den Polizeipräsidenten Berlin«, 4. März 1915, in Materna und Schreckenbach (Anmerkung 22), S. 47; Ulrich, »Desillusionierung«, in Wette (Anmerkung 12), a. a. O., S. 117.
48 *Illustrirte Zeitung,* Nr. 3711, 13. August 1914; Nr. 3712, 20. August 1914.
49 Verhey (Anmerkung 2), a. a. O., S. 262, 270–271; Philipp Witkop, *Kriegsbriefe deutscher Studenten,* Gotha 1915. Siehe auch Ulrich, »Feldpostbriefe«, in Knoch (Anmerkung 44), S. 40, und Manfred Hettling und Michael Jeismann, »Der Weltkrieg als Epos. Philipp Witkops ›Kriegsbriefe gefallener Studenten‹«, in Gerhard Hirschfeld und Gerd Krumeich (Hrsg.), *»Keiner fühlt sich hier mehr als Mensch ...«. Erlebnis und Wirkung des Ersten Weltkrieges,* Essen 1993, S. 175–198.
50 Gunther Mai, »›Aufklärung der Bevölkerung‹ und ›Vaterländischer Unterricht‹ in Württemberg 1914–1918. Struktur, Durchführung und Inhalte der deutschen Inlandspropaganda im Ersten Weltkrieg«, *Zeitschrift für Württembergische Landesgeschichte* 36 (1977), S. 199–235, dort S. 202.
51 Ebda., S. 215.
52 Moyer (Anmerkung 18), S. 99.
53 Nigel Hamilton, *The Brothers Mann: The Lives of Heinrich und Thomas Mann,* New Haven 1917, S. 166.
54 Ulrich, »Desillusionierung«, in Wette (Anmerkung 12), a. a. O., S. 114.
55 Siehe Einträge 6. August 1914, 10. August 1914, 23. August 1914, 24. August 1914 und 15. August 1915 in Käthe Kollwitz, *Die Tagebücher,* hrsg. von Jutta Bohnke-Kollwitz, Berlin 1989.
56 Für Berlin: Irene Stoehr und Detel Aurand, »Frauen im Ersten Weltkrieg. Opfer oder Täter?« *Courage* (1982), S. 46; für Frankfurt: Verhey (Anmerkung 2), a. a. O., S. 221.
57 Heinrich Haacke, *Barmen im Weltkrieg,* Barmen 1929, S. 42–44. Siehe auch Elaine Catherine Boyd, »›Nationaler Frauendienst‹: German Middle-Class Women in Service to the Fatherland, 1914–1918« (Diss., University of Georgia, 1979). Zu sozialdemokratischen Freiwilligen siehe Faust, *Sozialer Burgfrieden,* S. 146, und Jagow, »2. Stimmungsbericht«, 26. August 1914, in Materna und Schreckenbach (Anmerkung 22), a. a. O., S. 5.
58 Anneliese Seidel, *Frauenarbeit im Ersten Weltkrieg als Problem der staatlichen Sozialpolitik. Dargestellt am Beispiel Bayerns,* Frankfurt 1979, S. 107; *Nationaler Frauendienst in Berlin, 1914–1917,* Berlin 1917, S. 41.
59 Christiane Eifert, »Frauenarbeit im Krieg. Die Berliner ›Heimatfront‹ 1914 bis 1918«, *Internationale Wissenschaftliche Korrespondenz zur Geschichte der deutschen Arbeiterbewegung* 21 (1985), S. 285; Anne

Roerkohl, *Hungerblockade und Heimatfront. Die kommunale Lebensmittelversorgung in Westfalen während des Ersten Weltkrieges,* Stuttgart 1991, S. 204f.

60 Haacke, *Barmen* (Anmerkung 57), a. a. O., S. 52, 154f.

61 »Berliner Kriegsküchen«, *Berliner Tageblatt,* Nr. 247, 16. Mai 1915.

62 Moyer (Anmerkung 18), a. a. O., S. 95.

63 Roerkohl (Anmerkung 68), a. a. O., S. 201.

64 Jagow, »10. Stimmungsbericht«, 5. Oktober 1914, in Materna und Schreckenbach (Hrsg.), *Berichte* (Anmerkung 22), a. a. O., S. 15; von Kessel an Kaiser Wilhelm II., 3. Dezember 1914, ebda., S. 30; Verhey (Anmerkung 2), a. a. O., S. 221.

65 *Vorwärts,* Nr. 19, 19. Januar 1915; *Berliner Tageblatt,* Nr. 39, 21. Januar 1915.

66 »Die Wollberge am Königsplatz«, *Berliner Tageblatt,* Nr. 39, 22. Januar 1915.

67 Haacke (Anmerkung 57), a. a. O., S. 67.

68 Ebda., S. 168; Roerkohl (Anmerkung 59), a .a. O., S. 52; Klaus Saul, »Jugend im Schatten des Krieges. Vormilitärische Ausbildung – Kriegswirtschaftlicher Einsatz – Schulalltag in Deutschland 1914–1918«, *Militärische Mitteilungen* 34 (1983), S. 174, Nr. 173. Zur sozialistischen Unterstützung der Sammlungen siehe *Vorwärts,* Nr. 21, 21. Januar 1915.

69 Moyer (Anmerkung 19), a. a. O., S. 162.

70 Roerkohl (Anmerkung 59), a. a. O., S. 53f.

71 Haacke (Anmerkung 57), a. a. O., S. 167f.; Roerkohl (Anmerkung 59), a. a. O., S. 54.

72 Saul (Anmerkung 68), S. 113.

73 Rudy Koshar, *Social Life, Local Politics und Nazism: Marburg, 1880–1935,* Chapel Hill 1986, S. 127–150; Peter Fritzsche, *Rehearsals for Fascism: Populism und Political Mobilization in Weimar Germany,* New York 1990, S. 76, 250, Anm. 1; Renate Mayntz, »Die Vereine als Produkt und Gegengewicht sozialer Differenzierung«, in Gerhard Wurzbacher (Hrsg.), *Das Dorf im Spannungsfeld industrieller Entwicklung,* Stuttgart 1954.

74 Ignaz Jastrow, *Gut und Blut fürs Vaterland,* Berlin 1917, S. 87; Robert Knauss, *Die deutsche, englische und französische Kriegsfinanzierung,* Berlin 1923, S. 150–174; Gerald D. Feldman, *The Great Disorder: Politics, Economics und Society in the German Inflation, 1914–1924,* New York 1993, S. 42f.

75 »Der Hindenburg-Tag«, *Vossische Zeitung,* Nr. 452, 4. September 1915.

76 »Der Hindenburg von Berlin«, *Berliner Tageblatt,* Nr. 452, 4. September 1915; »Bei Hindenburg auf dem Königsplatz«, ebda., Nr. 453, 5. September 1915; »Die Enthüllung des ›Eisernen Hindenburg‹ in Berlin«, *Norddeutsche Allgemeine Zeitung,* Nr. 246, 5. September 1915. – Was geschah mit dem »Eisernen Hindenburg«? Offensichtlich wurde er nie ganz mit Nägeln beschlagen, und als sich

der Krieg hinzog, kamen weniger Patrioten, um für ein paar Mark den Hammer zu schwingen. Das Gerüst wurde während der Revolution gestohlen, und städtische Beamte waren rasch bei der Hand, Hindenburg zu entnageln und seine Bestandteile zu verheizen, so daß lediglich der massive Kopf übrigblieb, der 1938 zufällig von Kriminalbeamten in einem Schuppen im Norden Berlins entdeckt wurde. Da er zu groß war, um in einem Museum aufgestellt zu werden, fand er einen letzten Ruheplatz auf dem alten Lehrter Bahnhof, wo er während des Krieges zerstört wurde. Siehe Paul Weiglin, *Berlin im Glanz. Bilderbuch der Reichshauptstadt von 1880 bis 1918,* Köln 1954, S. 146.

77 Paul Singer, *SPD-Parteitagsprotokoll,* Berlin 1892, S. 131.

78 Konrad Hänisch, *Die deutsche Sozialdemokratie in und nach dem Weltkriege,* Berlin 1916, S. 144.

79 Eksteins (Anmerkung 8), a. a. O., S. 158.

80 *Rheinische Zeitung* (Köln), 28. August 1914, zitiert in Faust (Anmerkung 30), a .a .O., S. 162.

81 Wolfgang Kruse, *Krieg und nationale Integration,* Essen 1994, S. 91f., 106.

82 Hans-Joachim Bieber, *Gewerkschaften in Krieg und Revolution. Arbeiterbewegung, Industrie, Staat und Militär in Deutschland 1914–1920,* Hamburg 1981, S. 122f.

83 Dittmann, »Bericht der Abteilung VII. Exekutive, 3. Kommissariat an den Polizeipräsidenten Berlin«, 15. Februar 1915, in Materna und Schreckenbach (Anmerkung 47), a. a. O., S. 43.

84 Schwarz (Anmerkung 30), S. 115f.

85 Faust (Anmerkung 30), a. a. O., S. 155; Frauke Bey-Heard, *Hauptstadt und Staatsumwälzung – Berlin 1919. Problematik und Scheitern der Rätebewegung in der Berliner Kommunalverwaltung,* Stuttgart 1969, S. 47–51, 54–59.

86 Gunther Mai, »Burgfrieden und Sozialpolitik in Deutschland in der Anfangsphase des Ersten Weltkrieges (1914/15)«, *Militärgeschichtliche Mitteilungen* 20 (1976), S. 21–50; Gunther Mai, *Das Ende des Kaiserreichs. Politik und Kriegführung im Ersten Weltkrieg,* München 1987, S. 88–95; Bieber (Anmerkung 82), S. 116–121.

87 *Berliner Morgenpost,* Nr. 288 , 17. Oktober 1915.

88 Mai (Anmerkung 86), a. a. O., S. 95–105; Klaus Schönhoven, »Die Kriegspolitik der Gewerkschaften«, in Michalka (Anmerkung 27), a. a. O., S. 82f.; Wilhelm Deist, »Armee und Arbeiterschaft 1905–1918«, *Francia* 2 (1974), S. 474–477.

89 Robert Sigel, *Die Lensch-Cunow-Haenisch-Gruppe. Eine Studie zum rechten Flügel der SPD im Ersten Weltkrieg,* Berlin 1976; Faust (Anmerkung 30), a. a. O., S. 156f.

90 Gunther Mai, »›Verteidigungskrieg‹ und ›Volksgemeinschaft‹«, in Michalka (Anmerkung 27), a. a. O., S. 590–592.

91 Zitiert in Verhey (Anmerkung 2), a. a. O., S. 308.

92 Stolle, »13. Stimmungsbericht«, 26. Oktober 1914, in Materna und Schreckenbach (Hrsg.) (Anmerkung 22), a. a. O., S. 20; Jagow, »18. Stimmungsbericht«, 30. November, ebda., S. 27; von Kessel an Kaiser Wilhelm II., 3. Dezember 1915, ebda., S. 30.

93 »Nachts vorm Schloß«, *Tägliche Rundschau,* Nr. 356, 1. August 1914.

94 Albrecht Mendelssohn-Bartholdy, *The War and German Society: The Testament of a Liberal,* New Haven 1937 und New York 1971, S. 57.

95 Siehe die Zitate bei Verhey (Anmerkung 2), a. a. O., S. 297f.

96 Hettling und Jeismann, »Der Weltkrieg als Epos«, in Hirschfeld und Krumeich (Anmerkung 49).

97 Detlev J. Peukert, *Die Weimarer Republik. Krisenjahre der Moderne,* Frankfurt a. M. 1987, S. 34.

98 Verhey (Anmerkung 2), a. a. O., S. 375–377; siehe auch Wolfgang J. Mommsen, *Max Weber und die deutsche Politik 1890–1920,* 2. Auflage, Tübingen 1974; Ludwig Bergsträsser, *Die preußische Wahlrechtsfrage im Kriege und die Entstehung der Osterbotschaft 1917,* Tübingen 1929, S. 125–129, 161; Ute Frevert, *Zwischen bürgerlicher Verbesserung und Neuer Weiblichkeit,* Frankfurt a. M. 1986.

99 Reinhard Rürup, »Der ›Geist von 1914‹ in Deutschland. Kriegsbegeisterung und Ideologisierung des Krieges im Ersten Weltkrieg«, in Bernd Hüppauf (Hrsg.), *Ansichten vom Krieg. Vergleichende Studien zum Ersten Weltkrieg in Literatur und Gesellschaft,* Königstein 1984, S. 1–30, bes. S. 16. S. a. Rudolf Kjellen, *Die Ideen von 1914 – Eine Weltgeschichtliche Perspektive,* Leipzig 1915; Johann Plenge, *1789 und 1914. Die symbolischen Jahre in der Geschichte des politischen Geistes,* Berlin 1916.

100 Wolfgang Kapp, »The National Groups and the Imperial Chancellor«, 20. Mai 1916, in Ralph Laswell Lutz (Hrsg.), *Fall of the German Empire, 1914–1918,* New York 1969, S. 81–106, bes. S. 82–84.

101 »Warum muß ich der Vaterlandspartei beitreten?« Zitiert in Verhey (Anmerkung 2), a. a. O., S. 418.

102 Karl Wortman, *Geschichte der Deutschen Vaterlandspartei 1917–1918,* Halle 1926, S. 7,

103 Dirk Stegmann, »Zwischen Repression und Manipulation. Machteliten und Arbeiter- und Angestelltenbewegung 1910–1918. Ein Beitrag zur Vorgeschichte der DAP/NSDAP«, *Archiv für Sozialgeschichte* 12 (1972), S. 351–432.

104 Berichte vom 18. und 19. Juli 1917, zitiert in Materna und Schreckenbach (Anmerkung 22), a. a. O., S. 140f.

105 Lewald, »Bericht des Polizeipräsidenten Berlin-Lichtenberg an den Polizeipräsidenten Berlin«, 16. Oktober 1915, in Materna und Schreckenbach (Anmerkung 22), a. a. O., S. 89. Belinda Davis zieht in »Home Fires Burning: Politics, Identity and Food in World War I Berlin« (Diss., University of Michigan), S. 184, die Möglichkeit in Betracht, Assmann könne eine jüdische Firma gewesen sein, findet jedoch keinen Beweis für den Antisemitismus, der bei späteren Vorfällen eine Rolle spielte.

106 *Berliner Morgenpost,* Nr. 288, 17. Oktober 1915.
107 Burchardt (Anmerkung 28), a. a. O., S. 68f., 74.
108 Zitiert in Ullrich (Anmerkung 27), a. a. O., S. 65.
109 Kuhlmann, »Bericht des Polizeipräsidenten Berlin-Lichtenberg an den Polizeipräsidenten Berlin«, 4. Juli 1917, in Materna und Schreckenbach (Anmerkung 22), a. a. O., S. 210.
110 Ullrich (Anmerkung 27), a. a. O., S. 70; Roerkohl (Anmerkung 59), a. a. O., S. 323.
111 Ay (Anmerkung 30), a. a. O., S. 35f.
112 Ebda., S. 178–183. Siehe auch Clara Viebig, *Töchter der Hekuba,* Berlin 1917, S. 92f.
113 Ute Daniel (Anmerkung 23), a. a. O., S. 126, 168f.
114 Jürgen Kocka, *Klassengesellschaft im Krieg. Deutsche Sozialgeschichte 1914–1918,* Frankfurt a. M. 1988, S. 134.
115 Ebda., S. 158, Anm. 67.
116 Schwarz (Anmerkung 30), a. a. O., S. 158; Ay (Anmerkung 47), a. a. O., S. 162–164, 177f.
117 Jagow, »38. Stimmungsbericht«, 1. Mai 1915, in Materna und Schreckenbach (Anmerkung 22), a. a. O., S. 58f.; Dittmann, »Bericht der Abteilung VII, Exekutive, 3. Kommissariat an den Polizeipräsidenten Berlin«, 17. Mai 1915, ebda., S. 60f.
118 *Berliner Morgenpost,* Nr. 179, 29. Juni 1916.
119 Ernst Glaeser (Anmerkung 20), a. a. O., S. 313.
120 Arthur Holitscher, *Mein Leben in dieser Zeit,* Potsdam 1928, zitiert in Dieter und Ruth Glatzer, *Berliner Leben 1914–1918. Eine historische Reportage aus Erinnerungen und Berichten,* Berlin 1983, S. 146f.
121 Siehe Davis (Anmerkung 105).
122 Dies betont Faust (Anmerkung 30), a. a. O., S. 148, 243.
123 Schwarz (Anmerkung 30), a. a. O., S. 164, 174f.
124 Kocka (Anmerkung 114); Robert G. Moeller, *German Peasants and Agrarian Politics, 1914–1924. The Rhineland and Westphalia,* Chapel Hill 1986, S. 61–67; Andreas Kunz, *Beamte und die Politik der Inflation in Deutschland, 1914–1924,* Berlin 1986, S. 112–131.
125 Siehe Kocka (Anmerkung 114) und Gerald D. Feldman, *Army, Industry and Labor in Germany, 1914–1918,* Princeton 1966. Die damalige Stimmungslage faßt zusammen Otto Baumgarten, »Der sittliche Zustand des deutschen Volkes unter dem Einfluß des Krieges«, in *Geistige und sittliche Wirkungen des Krieges in Deutschland,* Stuttgart 1927, S. 1–88.
126 Walter Lambach, *Ursachen des Zusammenbruchs,* Hamburg 1919, S. 59.
127 Bessel (Anmerkung 38), a. a. O., S. 45.
128 Richard Wall und Jay Winter (Hrsg.), *The Upheaval of War: Family, Work and Welfare in Europe, 1914–1918,* Cambridge/England 1988.
129 Bethmann Hollweg, zitiert in Hans-Joachim Bieber, *Bürgertum in der Revolution. Bürgerräte und Bürgerstreiks in Deutschland 1918–1920,* Hamburg 1992, S. 40.

November 1918

1 Zitiert in Dieter und Ruth Glatzer (Hrsg.), *Berliner Leben 1914–1918. Eine historische Reportage aus Erinnerungen und Berichten,* Berlin 1983, S. 434.
2 Heinrich August Winkler, *Von der Revolution zur Stabilisierung. Arbeiter und Arbeiterbewegung in der Weimarer Republik 1918–1924,* Berlin 1984, S. 45, 55; A. J. Ryder, *The German Revolution of 1918: A Study of German Socialism in War and Revolt,* Cambridge 1967, S. 155.
3 Zitiert in Gerhard A. Ritter und Susanne Miller (Hrsg.), *Die deutsche Revolution 1918–1919, Dokumente,* 2., überarbeitete Auflage, Hamburg 1975, S. 77 f.,
4 Einträge vom 9. und 12. November 1918 in Harry Graf Kessler, *Tagebücher,* Frankfurt a. M. 1961, S. 21 f., 23 f.
5 *Berliner Tageblatt,* Nr. 576, 10. November 1918.
6 Siehe zum Beispiel Hans Goslar, »Revolution«, *Deutsche Allgemeine Zeitung,* Nr. 581, 14. November 1918; Oskar Müller, »Revolution und Parteien«, ebda., Nr. 586, 17. November 1918; Müller, »Bilanz der Revolution«, ebda., Nr. 611, 1. Dezember 1918.
7 *Schleswig-Holsteinische Volkszeitung,* 5. November 1918, zitiert in Koppel S. Pinson, *Modern Germany: Its History and Civilisation,* New York 1966, S. 357.
8 Ryder (Anmerkung 2), a. a. O., S. 138.
9 Winkler (Anmerkung 2), a. a. O., S. 45; Ryder, a. a. O., S. 143.
10 Prinz Max von Baden, *Erinnerungen und Dokumente,* hrsg. von Golo Mann und Andreas Burckhardt, Stuttgart 1968, S. 588.
11 Winkler, a. a. O., S. 42 f. Siehe auch Susanne Miller, *Die Bürde der Macht. Die deutsche Sozialdemokratie 1918–1920,* Düsseldorf 1978, S. 82.
12 Hans-Joachim Bieber, *Gewerkschaften in Krieg und Revolution. Arbeiterbewegung, Industrie, Staat und Militär in Deutschland 1914–1920,* Hamburg 1981, S. 574.
13 Martin Müller-Aenis, *Sozialdemokratie und Rätebewegung in der Provinz. Schwaben und Mittelfranken in der bayerischen Revolution 1918–1919,* München 1986, S. 109.
14 Ryder (Anmerkung 2), a. a. O., S. 150.
15 *Goslarsche Zeitung,* Nr. 264, 8. November 1928. Im allgemeinen siehe Hans-Joachim Bieber, *Bürgertum in der Revolution. Bürgerräte und Bürgerstreiks in Deutschland 1918–1920,* Hamburg 1992, S. 50 f.
16 Zitiert in Bieber (Anmerkung 15), a. a. O., S. 50.
17 *Deutsche Zeitung,* 13. November 1918, ebda., S. 52.
18 Über Reformismus in der Novemberrevolution siehe Müller-Aenis (Anmerkung 13); Barrington Moore, *Ungerechtigkeit. Die sozialen Ursachen von Unterordnung und Widerstand,* Frankfurt a. M. 1982, und Wolfgang J. Mommsen, »The German Revolution 1918–1920: Political Revolution and Social Protest Movement«, in Richard

Bessel and E. J. Feuchtwanger (Hrsg.), *Social Change and Political Development in Weimar Germany*, Totowa, N. J. 1981, S. 21–45.

19 Käthe Kollwitz, Eintrag vom 9. November 1918, in *Die Tagebücher*, hrsg. von Jutta Bohnke-Kollwitz, Berlin 1989, S. 378f.

20 *Illustrierte Geschichte der deutschen Revolution,* Berlin 1929, S. 201, 207.

21 Kessler (Anmerkung 4), Eintrag vom 12. November 1918, S. 28; Bieber (Anmerkung 15), a. a. O., S. 126, 132, 135.

22 Bieber (Anmerkung 15), a. a. O., S. 145f.

23 Ebda., S. 100f., 104, 176.

24 *Berliner Tageblatt*, Nr. 606, 27. November 1918; Bieber (Anmerkung 15), a. a. O., S. 100, 103.

25 *Berliner Tageblatt,* Nr. 590, 18. November 1918; Nr. 592, 19. November 1918.

26 Stefan Großmann, »Gegen die Redewut«, *Vossische Zeitung,* Nr. 586, 15. November 1918.

27 *Berliner Tageblatt*, Nr. 590, 18. November 1918; Nr. 596, 21. November 1918; Nr. 604, 26. November 1918; Nr. 608, 28. November 1918; Nr. 615, 2. Dezember 1918; Nr. 621, 5. Dezember 1918.

28 Kessler, a. a. O., Tagebucheintrag vom 15. November 1918, S. 32.

29 Siehe besonders Manfred Faust, *Sozialer Burgfrieden im Ersten Weltkrieg,* Essen 1992, S. 302–306.

30 *Berliner Tageblatt,* Nr. 651, 10. Dezember 1918.

31 Kollwitz (Anmerkung 19), a. a. O., Eintrag vom 12. Dezember 1918, S. 389.

32 Ernst von Salomon, *Die Geächteten,* Reinbek 1962, S. 25, 29f.

33 Kessler, a. a. O., Eintrag vom 18. Dezember 1918, S. 75.

34 Ebda., S. 78. Siehe auch Ulrich Kluge, *Soldatenräte und Revolution. Studien zur Militärpolitik in Deutschland 1918/19,* Düsseldorf 1975, S. 219f.

35 Robert G. L. Waite, *Vanguard of Nazisms: The Free Corps Movement in Postwar Germany 1918–1923,* Cambridge 1952, S. 12–16, 35–37.

36 Max Hildebert Boehm, »Nationalversammlung und Parteien«, *Grenzbote* 77, Nr. 4 (1918), S. 197; Eugen Diederichs, zitiert in Gary Stark, *Entrepreneurs of Ideology: Neoconservative Publishers in Germany 1890–1933,* Chapel Hill 1981, S. 155.

37 Heinrich Kessler, *Wilhelm Stapel als politischer Publizist,* Nürnberg 1967, S. 37.

38 Zitiert in Bieber (Anmerkung 15), a. a. O., S. 115f.

39 Karl Brammer, *Das Gesicht der Reaktion 1918–1919,* Berlin 1919, S. 13–15; Friedrich Meinecke, *Nach der Revolution. Geschichtliche Betrachtungen über unsere Lage,* München 1919; Peter Fritzsche, »Breakdown or Breakthrough? Conservatives and the November Revolution«, in Larry Eugene Jones und James Retallack (Hrsg.), *Between Reform, Reaction and Resistance: German Conservatism in Historical Perspective,* Providence 1993, S. 302.

40 *Cellesche Zeitung,* Nr. 265, 11. November 1918; Ulrich Popplow, »Göttingen in der Novemberrevolution 1918/19«, *Göttinger Jahrbuch* (1976), S. 219.
41 Müller-Aenis (Anmerkung 13), a. a. O., S. 215.
42 Bertha Haedicke-Rauch an Minna von Alten-Rauch, 28. November 1918, in Hedda Kalshoven (Hrsg.), *Ich denk so viel an euch. Ein deutsch-holländischer Briefwechsel 1920–1949,* München 1995, S. 49.
43 Wilhelm Stapel, »Wohin geht die Fahrt?«, *Deutsches Volkstum* 12, Nr. 1 (Januar 1919), S. 1–3.
44 Brammer (Anmerkung 39), a. a. O., S. 13, 23.
45 Bertha Haedicke-Rauch an Minna von Alten-Rauch am 20. Januar 1919 in Karlshoven (Anmerkung 42), a. a. O., S. 52.
46 Bieber, *Gewerkschaften* (Anmerkung 12). a. a. O., S. 583.
47 Bieber, *Bürgertum* (Anmerkung 129), a. a. O., S. 104f.
48 William L. Patch Jr., *Christian Trade Unions in the Weimar Republic 1918–1933: The Failure of »Corporate Pluralism«,* New Haven 1985, S. 48.
49 Jonathan Osmond, *Rural Protest in the Weimarer Republic: The Free Peasantry in the Rhineland and Bavaria,* New York 1993, S. 3.
50 Robert G. Moeller, *German Peasants and Agrarian Protest 1914–1924 in the Rhineland and Westphalia,* Chapel Hill 1986, S. 79.
51 Geschätzt nach Heinrich August Winkler, *Mittelstand, Demokratie und Nationalsozialismus. Die politische Entwicklung von Handwerk und Kleinhandel in der Weimarer Republik,* Köln 1972, S. 225, Anm. 1, S. 229, Anm. 43, S. 232, Anm. 4.
52 *Nachrichten für Stadt und Land* (Oldenburg), Nr. 6, 7. Januar 1919; Nr. 23, 24. Januar 1919; Nr. 39, 30. Januar 1919; Nr. 161, 16. August 1919.
53 *Deutsche Handelswacht,* Nr. 18, 26. Oktober 1912. Siehe auch Bieber (Anmerkung 15), a. a. O., S. 145.
54 Ebda., S. 100; Peter Fritzsche, *Rehearsals for Fascism: Populism and Political Mobilization in Weimar Germany,* New York 1990, S. 43; Moeller (Anmerkung 50), a. a. O., S. 76.
55 Fritzsche (Anmerkung 54), a. a. O., S. 39–45; Larry Eugene Jones, *German Liberalism and the Dissolution of the Weimarer Party System 1918–1933,* Chapel Hill 1988, S. 28f., 96; Andreas Kunz, *Beamte und die Politik der Inflation in Deutschland 1914–1924,* Berlin 1986; Moeller (Anmerkung 50), a. a. O., S. 92; Michael Prinz, *Vom neuen Mittelstand zum Volksgenossen. Die Entwicklung des sozialen Status der Angestellten von der Weimarer Republik bis zum Ende der NS-Zeit,* München 1986, S. 50f. Allgemein dazu: Thomas Childers, *The Nazi Voter: The Social Foundations of Fascism in Germany 1919–1933,* Chapel Hill 1983.
56 Fritzsche (Anmerkung 54), a. a. O., S. 44.
57 *Nachrichten für Stadt und Land* (Oldenburg), Nr. 284, 18. Oktober 1920; *Nordwestdeutsche Handwerkszeitung,* Nr. 25, 5. Juli 1923. Zum Deutschen Landbund siehe Osmond (Anmerkung 49).

58 Spengler, zitiert nach Kurt Sontheimer, *Antidemokratisches Denken in der Weimarer Republik. Die Ideen des deutschen Nationalismus zwischen 1918 und 1933,* München 1968, S. 265.

59 Lederer, zitiert in James Sheehan, *German Liberalism in the Nineteenth Century,* Chicago 1978, S. 250. Zur Inflation siehe Gerald D. Feldman, *The Great Disorder. Politics, Economics and Society in the German Inflation 1914–1924,* New York 1993.

61 Waite (Anmerkung 35), a. a. O., S. 40.

62 Es gibt gewichtige Ausnahmen, doch man beachte die Veröffentlichungsdaten von Standardwerken wie Alfred Brackmann (Hrsg.), *Baltische Lande,* Leipzig 1939; Claus Grimm, *Jahre deutscher Entscheidung im Baltikum 1918–1919,* Essen 1939; Curt Hotzel (Hrsg.), *Deutscher Aufstand. Die Revolution des Nachkrieges,* Stuttgart 1934; Friedrich Wilhelm von Oertzen, *Die deutschen Freikorps 1918–1923,* München 1939; Hans Roden, *Deutsche Soldaten vom Frontheer über die Reichswehr zur neuen Wehrmacht,* Leipzig 1935; Ernst von Salomon (Hrsg.), *Das Buch vom deutschen Freikorpskämpfer,* Berlin 1938, und *Die Wirren in der Reichshauptstadt und im nördlichen Deutschland 1918–1920,* Berlin 1940.

63 Carl Schmitt, *Politische Romantik,* München 1919.

64 Zitiert in Hagen Schulze, *Freikorps und Republik 1918–1920,* Boppard 1969, S. 56.

65 Zitiert ebda., S. 328.

66 Waite (Anmerkung 35), a. a. O., S. 165.

67 John H. Morgan, zitiert in Schulze, a. a. O., S. 66.

68 Waite (Anmerkung 35), a. a. O., S. 164.

69 Schulze (Anmerkung 64), a. a. O., S. 59.

70 James M. Diehl, *Paramilitary Politics in Weimar Germany,* Bloomington 1977, S. 62.

71 Fritzsche (Anmerkung 54), a. a. O., S. 58–61; David Clay Large, »The Politics of Law and Order: A History of the Bavarian *Einwohnerwehr* 1918–1921«, *Transactions of the American Philosophical Society* 70, Teil 2 (1980), S. 34, 46f.

72 Zitiert in Waite (Anmerkung 35), a. a. O., S. 142.

73 *Goslarsche Zeitung,* Nr. 64, 19. März 1920; Helge Matthiesen, »Zwei Radikalisierungen – Bürgertum und Arbeiterschaft in Gotha 1918–1923«, *Geschichte und Gesellschaft* 21, (1995), S. 47.

74 Martin Broszat, *Die Machtergreifung. Der Aufstieg der NSDAP und die Zerstörung der Weimarer Republik,* München 1984, S. 68.

75 Rudy Koshar, *Social Life. Local Politics and Nazism: Marburg 1880–1935,* Chapel Hill 1986, S. 130, 127–150.

76 Fritzsche (Anmerkung 54), a. a. O., S. 77.

77 Adelheid von Saldern, »Sozialmilieus und der Aufstieg des Nationalsozialismus in Norddeutschland (1930–1933)«, in Frank Bajohr, *Norddeutschland im Nationalsozialismus,* Hamburg 1993, S. 35f., 39f.

78 Elisabeth Gebensleben-von Alten an Irmgard Gebensleben,

27. April 1924 und 2. Mai 1924; Irmgard Gebensleben an Elisabeth Gebensleben-von Alten, 2. Juli 1924; Elisabeth Gebensleben-von Alten an Irmgard Gebensleben, 27. August 1924 und 9. September 1924, in Kalshoven (Anmerkung 42), S. 68f., 73.

79 Diehl (Anmerkung 70), a. a. O., S. 294.

Januar 1933

1 *New York Times,* 31. Januar 1933.

2 André François-Poncet, *Botschafter in Berlin 1931–1938,* Berlin 1962, S. 81.

3 *Der Angriff,* Nr. 26, 31. Januar 1933.

4 Eintrag vom 31. Januar 1933 in *Die Tagebücher von Joseph Goebbels,* hrsg. von Elke Fröhlich, Teil 1, Band 2, München 1987, S. 358.

5 Herbert Seehofer, »Das erwachte Berlin marschiert«, *Völkischer Beobachter,* Nr. 31, 31. Januar 1933; Elisabeth Gebensleben-von Alten an Irmgard Gebensleben, 3. Februar 1933, in Hedda Kalshoven (Hrsg.), *Ich denk so viel an euch. Ein deutsch-holländischer Briefwechsel 1920–1949,* München 1955, S. 161.

6 Zitiert in Walter Kempowski, *Haben Sie Hitler gesehen?* München 1973, S. 24

7 François-Poncet (Anmerkung 2), a. a. O., S. 90.

8 Es ist durchaus möglich, daß Maikowski von einem abtrünnigen SA-Mann erschossen wurde, der mit den Kommunisten sympathisierte, was nichts an der Tatsache ändert, daß örtliche Kommunisten sich Maikowskis Trupp in den Weg stellten und kampfbereit waren. Siehe Jay W. Baird, *To Die for Germany: Heroes in the Nazi Pantheon,* Bloomington 1990, S. 94, 97f.

9 Ralf Georg Reuth, *Goebbels,* München 1990.

10 Dietrich Orlow, *The History of the Nazi Party*, Pittsburgh 1969, S. 239.

11 *Frankfurter Zeitung*, Nr. 83, 31. Januar 1933.

12 William Sheridan Allen, *The Nazi Seizure of Power: The Experience of a Single German Town 1922–1945*, 2., durchgesehene Auflage, New York 1984, S. 153f.

13 Hsi-Huey Liang, *The Berlin Police Force in the Weimar Republic,* Berkeley 1970, S. 71, 84f.

14 Richard Bessel, *Political Violence and the Rise of Nazism: The Storm Troopers in Eastern Germany 1925–1934,* New Haven 1984, S. 100.

15 Baird (Anmerkung 8), a. a. O., S. 95f.

16 *Der Angriff,* Nr. 35, 10. Februar 1933.

17 Zitiert in Johannes Steinhoff, Peter Pechel und Dennis Showalter, *Voices from the Third Reich: An Oral History,* Washington 1989, S. XXXVII.

18 J. P. Stern, *Hitler. Der Führer und das Volk,* München 1978, S. 157.

19 Sebastian Haffner, *Anmerkungen zu Hitler,* München 1978, S. 46. Skeptischer ist Ian Kershaw, *Der Hitler-Mythos,* Stuttgart 1980, der einen hervorragenden Überblick über das Thema bietet.
20 *Berliner Tageblatt,* 16. September, zitiert in Martin Broszat, *Die Machtergreifung. Der Aufstieg der NSDAP und die Zerstörung der Weimarer Republik,* München 1984, S. 42.
21 Knowlton L. Ames Jr., *Berlin after the Armistice,* o. O. 1919, S. 77. Siehe auch Friedrich Meinecke, *Nach der Revolution. Geschichtliche Betrachtungen über unsere Lage,* München 1919, S. 2, 11.
22 Hubert Renfro Knickerbocker, *The German Crisis,* New York 1932, S. 42f, 76, 84, 97, 206f, 209.
23 Siehe zum Beispiel Allen (Anmerkung 12), S. 322.
24 Erich Matthias, »The Influence of the Versailles Treaty on the Development of the Weimar Republic«, in Anthony Nicholls und Erich Matthias (Hrsg.), *German Democracy and the Triumph of Hitler,* London 1970, S. 12–28; Otmar Jung, »Plebiszitärer Durchbruch 1929? Zur Bedeutung von Volksbegehren und Volksentscheid gegen den Young Plan für die NSDAP«, *Geschichte und Gesellschaft* 15 (1989), S. 506f.
25 Zitiert in Heinrich August Winkler, *Der Weg in die Katastrophe. Arbeiter und Arbeiterbewegung in der Weimarer Republik 1930 bis 1933,* Berlin 1987, S. 45.
26 Hans Fallada, *Kleiner Mann – was nun?,* Berlin 1932.
27 Knickerbocker (Anmerkung 22), S. 50. Siehe auch Alexander Graf Stenbock-Fermor, *Deutschland von unten. Reise durch die proletarische Provinz,* Stuttgart 1931.
28 Theodor Geiger, *Die soziale Schichtung des deutschen Volkes. Soziographischer Versuch auf statistischer Grundlage,* Stuttgart 1932, S. 86; Winkler (Anmerkung 25), S. 39.
29 Winkler (Anmerkung 25), a. a. O., S. 43; Knickerbocker (Anmerkung 22), a. a. O., S. 51 f.
30 Broszat (Anmerkung 20), a. a. O., S. 50.
31 Allen (Anmerkung 12), a. a. O., S. 72f.; Theodor Geiger, »Panik im Mittelstand«, *Die Arbeit* 7 (1930), S. 637–659.
32 *Frankfurter Zeitung,* Nr. 86, 1. Februar 1933; Allen (Anmerkung 12), a. a. O., S. 84. Siehe auch Geoffrey Pridham, *Hitler's Rise to Power: The Nazi Movement in Bavaria 1923–1933,* New York 1973, S. 237.
33 Klaus Fischer, *Nazi Germany: A New History,* New York 1995, S. 234, 256.
34 Jürgen Falter, »The Two Hindenburg Elections of 1925 und 1932: A Total Reversal of Voter Coalitions«, *Central European History* 23 (1990), S. 225–241; ders., *Hitlers Wähler,* München 1991, S. 123–125.
35 Helmut Heiber, *Die Republik von Weimar,* München 1966, S. 172.
36 Broszat (Anmerkung 20), a. a. O., S. 67.
37 Bessel (Anmerkung 14), a. a. O., S. 25.
38 *Volksfreund* (Braunschweig), Nr. 85, 11. April 1925.

39 Peter Fritzsche, »Presidential Victory and Popular Festivity in Weimar Germany: Hindenburg's 1925 Election«, *Central European History* 23 (1990), S. 212–216; Ernst Glaeser, *Der letzte Zivilist,* Paris 1935.

40 Fritzsche, a. a. O., S.214f. Zu Sachsen siehe Benjamin Lapp, *Revolution from the Right: Politics, Class and the Rise of Nazism in Saxony,* Atlantic Highlands, N.J. 1997, S. 142f.

41 Fritzsche (Anmerkung 39), a. a. O., S. 217f.

42 *Weser Zeitung* (Bremen), Nr. 247, 7. Mai 1927.

43 *Deutsche Allgemeine Zeitung,* Nr. 461, 2. Oktober 1927.

44 *Braunschweigische Neuste Nachrichten,* Nr. 200, 27. August 1926; *Pirnaer Anzeiger,* 25. September 1926, zitiert in Lapp (Anmerkung 40), a. a. O., S. 148.

45 Gerhard Stoltenberg, *Politische Strömungen im schleswig-holsteinischen Landvolk 1918–1933,* Düsseldorf 1962, S. 111; Erwin Topf, *Die Grüne Front. Der Kampf um den deutschen Acker,* Berlin 1933, S. 5.

46 Lapp (Anmerkung 40), a. a. O., S. 168.

47 *Nachrichten für Stadt und Land* (Oldenburg), Nr. 5, 6. Januar 1928.

48 Stoltenberg (Anmerkung 45); Fritzsche, *Rehearsals for Fascism: Populism and Political Mobilization in Weimar Germany,* New York 1990, S. 114–118; Rudolf Heberle, *From Democracy to Nazism: A Regional Case Study in Political Parties in Germany,* Baton Rouge 1945; Jürgen Bergmann und Klaus Megerle, »Protest und Aufruhr der Landwirtschaft in der Weimarer Republik (1924–1933). Formen und Typen der politischen Agrarbewegung im regionalen Vergleich«, in Bergmann u. a. (Hrsg.) *Regionen im historischen Vergleich. Studien zu Deutschland im 19. und 20. Jahrhundert,* Opladen 1989, S. 200–287; Lapp (Anmerkung 40), S. 168.

49 *Anzeiger für Harlingerland* (Aurich), Nr. 5, 6. Januar 1928; *Täglicher Anzeiger* (Holzminden), Nr. 65, 16. März 1928.

50 Zitiert in Jeremy Noakes, *The Nazi Party in Lower Saxony 1921–1933,* Oxford 1971, S. 119.

51 *Emder Zeitung,* Nr. 11, 13. Januar 1928; Herbert Volck, *Rebellen um Ehre,* Berlin 1932, S. 251.

52 Alle Zitate aus Walter Luetgebrune, *Neu-Preußens Bauernkrieg. Entstehung und Kampf der Landvolkbewegung,* Hamburg 1931. Das Lied ist zitiert in Topf (Anmerkung 45), a. a. O., S. 40. Siehe auch die Romane: *Bauern, Bonzen und Bomben,* Berlin 1931, von Hans Fallada, *Die Stadt,* Berlin 1932, von Ernst von Salomon und *Söldner und Soldat,* Paris 1935, von Bodo Uhse.

53 Fritzsche (Anmerkung 48), a. a. O., S. 199.

54 *Anzeiger für Harlingerland* (Aurich), Nr. 5, 6. Januar 1928.

55 Fritzsche (Anmerkung 48), a. a. O., S. 191–193, 197, 200.

56 Ebda., S. 207f.; Lapp (Anmerkung 40), a. a. O., S. 205.

57 Thomas Childers, »Interest and Ideology: Anti-System Politics in the Era of Stabilization 1924–1928«, in Gerald D. Feldman (Hrsg.),

Die Nachwirkungen der Inflation auf die deutsche Geschichte 1924–1933, München 1985, S. 1–20.

58 Orlow (Anmerkung 10), a. a. O., S. 47f.; Klaus Fischer (Anmerkung 33), S. 126–131.

59 Orlow (Anmerkung 10), a. a. O., S. 90; Gerhard Paul, *Aufstand der Bilder. Die NS-Propaganda vor 1933,* Bonn 1990, S. 36–38; Karlheinz Schmeer, *Die Regie des öffentlichen Lebens im Dritten Reich,* München 1956, S. 11f.

60 Fischer (Anmerkung 33), a. a. O., S. 179.

61 Geoffrey Pridham, *Hitler's Rise to Power: The Nazi Movement in Bavaria 1923–1933,* New York 1975, S. 79.

62 Orlow (Anmerkung 10), a. a. O., S. 53; Joachim C. Fest, *Hitler. Eine Biographie,* Berlin/Frankfurt 1973, S. 321.

63 Fritzsche (Anmerkung 48), a. a. O., S. 202; *Deutsches Volkstum* 12 (1927), S. 953.

64 Zur Rolle der Zeitungen siehe Richard F. Hamilton, *Who Voted for Hitler?,* Princeton 1982; Falter (Anmerkung 34), a. a. O., S. 334–339; Klaus Wernecke, »Die Provinzpresse am Ende der Weimarer Republik. Zur politischen Rolle der bürgerlichen Tageszeitungen am Beispiel der Region Ost-Hannover«, in *Presse und Geschichte,* München 1987; Adelheid von Saldern, »Sozialmilieus und der Aufstieg des Nationalsozialismus in Norddeutschland (1930–1933)«, in Frank Bajohr (Hrsg.), *Norddeutschland im Nationalsozialismus,* Hamburg 1993, S. 37; Lapp (Anmerkung 40), a. a. O., S. 202, 207–209.

65 Karl Dietrich Bracher, *Die deutsche Diktatur. Entstehung, Struktur, Folgen des Nationalsozialismus,* Köln und Berlin 1969), S. 183; Conan Fischer, *The Rise of the Nazis,* Manchester 1995, S. 172.

66 Rudy Koshar, »Contentious Citadel: Bourgeois Crisis and Nazism in Marburg/Lahn 1880–1933«, in Childers (Hrsg.), *Formation of the Nazi Constituency* (Anmerkung 66), a. a. O., S. 23f.; Adelheid von Saldern (Anmerkung 64), a. a. O., S. 33, 49, Anm. 74; Zdenek Zofka, *Die Ausbreitung des Nationalsozialismus auf dem Lande. Eine regionale Fallstudie zur politischen Einstellung der Landbevölkerung in der Zeit des Aufstiegs und der Machtergreifung der NSDAP 1928–1933,* München 1979, S. 140, Anm. 1; Roger Chickering, »Political Mobilization and Associational Life: Some Thoughts on the National Socialist German Workers' Club (e. V.)«, in Larry Eugene Jones und James Retallack (Hrsg.), *Elections, Mass Politics and Social Change in Modern Germany,* Cambridge 1992, S. 314.

67 Zofka (Anmerkung 66), a. a. O., S. 81, 142f.; Noakes (Anmerkung 50), a. a. O., S. 146; Allen, *Nazi Seizure of Power.*

68 Elisabeth Gebensleben-von Alten an Irmgard Gebensleben, 15. September 1930, in Hedda Kalshoven (Anmerkung 5), a. a. O., S. 99.

69 Theodor Abel, *The Nazi Movement: Why Hitler Came to Power,* New York 1966, S. 88.

70 Allen (Anmerkung 12), a. a. O., S. 30.
71 Jung, »Plebiszitärer Durchbruch 1929?« (Anmerkung 24), a. a. O., S. 504–506.
72 Lapp (Anmerkung 40), a. a. O., S. 208. Klaus Wernecke zitiert ein ähnliches Lob aus Lüneburg. Siehe »Die konservative Faschisierung der protestantischen Provinz. Bürgerliche Öffentlichkeit und Nationalsozialismus«, in Lüneburger Arbeitskreis, »Machtergreifung«, *Heimat, Heide, Hakenkreuz. Lüneburgs Weg ins Dritte Reich,* Hamburg 1984, S. 53–81.
73 Bessel (Anmerkung 14), a. a. O., S. 153.
74 Conan Fischer, *Stormtroopers: A Social, Economic and Ideological Analysis 1929–1935,* London 1983, S. 118f., 122.
75 Lapp (Anmerkung 40), a. a. O., S. 208; Noakes (Anmerkung 50), a. a. O., S. 216.
76 Lapp (Anmerkung 40), a. a. O., S. 198; Hamilton (Anmerkung 64), a. a. O., S. 320–325.
77 Noakes (Anmerkung 50), a. a. O., S. 216.
78 Schmeer (Anmerkung 59), a. a. O., S. 12–16.
79 Allen (Anmerkung 12), a. a. O., S. 32. Siehe auch Gerhard Paul (Anmerkung 59) und Zofka (Anmerkung 66), a. a. O., S. 80f.
80 Elisabeth Gebensleben-von Alten an Irmgard Gebensleben, 18. Oktober 1931, in Kalshoven (Anmerkung 68), a. a. O., S. 123.
81 Ernst Glaeser, *Der letzte Zivilist.*
82 Siehe Broszat (Anmerkung 20), a. a. O., S. 121; Zofka (Anmerkung 66), a. a. O., S. 115; Noakes (Anmerkung 50), a. a. O., S. 248f.; von Saldern (Anmerkung 64), a. a. O., S. 30.
83 Ute Frevert, *Zwischen bürgerlicher Verbesserung und neuer Weiblichkeit,* Frankfurt a. M. 1986; Claudia Koonz, *Mothers in the Fatherland: Women, the Family and Nazi Politics,* New York 1987, S. 21, 123.
84 Hamilton (Anmerkung 64), a. a. O., S. 87–89; Winkler (Anmerkung 25), a. a. O., S. 109–111.
85 Ein Angestellter in Abel (Anmerkung 69), a. a. O., S. 128.
86 Fritzsche (Anmerkung 48), a. a. O., S. 224.
87 Falter (Anmerkung 34), S. 111, 199–228.
88 Karl Rohe, *Das Reichsbanner Schwarz-Rot-Gold. Ein Beitrag zur Geschichte und Struktur der politischen Kampfverbände zur Zeit der Weimarer Republik,* Düsseldorf 1966, S. 126–185, 245–266; Conan Fischer, »Workers, the Middle Classes and the Rise of National Socialism«, *German History* 9 (1991), S. 357–373. Siehe auch Shlomo Avineri, »Marxismus and Nationalism«, in Jehuda Reinharz and George L. Mosse (Hrsg.), *The Impact of Western Nationalism: Essays dedicated to Walter Z. Laqueur on the Occasion of His 70th Birthday,* London 1992, S. 283–303.
89 Udo Kissenkoetter, *Gregor Strasser und die NSDAP,* Stuttgart 1978, S. 83–122; Gregor Strasser, *Arbeit und Brot,* München 1932.
90 Allen (Anmerkung 12), a. a. O., S. 32; Broszat (Anmerkung 20), S. 122

91 Donna Harsch, *German Social Democracy and the Rise of Nazism,* Chapel Hill 1993, S. 190, 239; Wolfram Pyta, *Gegen Hitler und für die Republik. Die Auseinandersetzung der deutschen Sozialdemokratie mit der NSDAP in der Weimarer Republik,* Düsseldorf 1989, S. 236.
92 Siehe zum Beispiel die Schlußfolgerung von Heinrich August Winkler in *Weimar 1918–1933. Die Geschichte der ersten deutschen Demokratie,* München 1993.
93 Pyta (Anmerkung 91), a. a. O., S. 366.
94 Conan Fischer (Anmerkung 65), a. a. O., S. 54.
95 Siehe die Überblicke in Falter (Anmerkung 34) und Saldern (Anmerkung 64), a. a. O., S. 20–52.
96 Hamilton (Anmerkung 64).
97 Siehe Thomas Childers, »The Limits of National Socialist Mobilization: The Elections of 6 November and the Fragmentation of the Nazi Constituency«, in Childers (Hrsg.), *Formation of the Nazi Constituency,* S. 232–259.
98 Das treffendste Gegenargument, das die Aufmerksamkeit auf die groben Fehler lenkt, die den Weg zu Hitlers Machtergreifung ebneten, benennt Henry Ashby Turner in *Hitler's Thirty Days of Power,* Reading, Mass. 1996.
99 Ian Kershaw, »Hitler and the Germans«, in Richard Bessel (Hrsg.), *Life in the Third Reich,* New York 1987, S. 45 f.
100 Kershaw (Anmerkung 19), a. a. O., S. 11
101 Sarah Gordon, *Hitler, Germans and the ›Jewish Question‹«,* Princeton 1984.
102 Elisabeth Gebensleben-von Alten an Irmgard Brester-Gebensleben, 21. Januar 1930, in Kalshoven (Anmerkung 5), a. a. O., S. 93, nach einem Besuch der »Dreigroschenoper«, ebda., 6. April 1933, S. 189–191, zum antijüdischen Boykott.
103 Geoff Eley, »What Produces Fascism: Pre-Industrial Traditions or a Crisis of the Capitalism State«, in ders, *From Unification to Nazism: Reinterpreting the German Past,* Boston 1986, S. 270.
104 Zitiert in Peter Gay, *Die Republik der Außenseiter,* Frankfurt 1970, Taschenbuchausgabe 1987, S. 99. Siehe auch die Umschlagillustration der amerikanischen Paperbackausgabe von Detlev J. K. Peukert, *Die Weimarer Republik,* Frankfurt 1987.
105 *Vorwärts*, Nr. 50, 30. Januar 1933.
106 Martin Broszat, »Die Struktur der NS-Massenbewegung«, *Vierteljahreshefte für Zeitgeschichte* 21 (1983), S. 72.
107 *Thomas Childers, The Nazi Voter: The Social Foundations of Fascism in Germany 1919–1933,* Chapel Hill 1983, S. 268 f.

Mai 1933

1 *Berliner Tageblatt,* Nr. 202, 2. Mai 1933.
2 Zitiert in Wieland Elfferding, »Von der proletarischen Masse zum Kriegsvolk. Massenaufmarsch und Öffentlichkeit im deutschen Faschismus am Beispiel des 1. Mai 1933«, in *Inszenierung der Macht. Ästhetische Faszination im Faschismus,* Berlin 1987, S. 24, Anm. 2. Zu ähnlichen Ereignissen siehe William Sheridan Allen, *The Nazi Seizure of Power: The Experience of a Single German Town 1922–1945,* überarb. Ausgabe, New York 1984, S. 229, 232, 254f.; Barbara Dorn und Michael Zimmermann, *Bewährungsprobe. Herne und Wanne-Eickel 1933–1945. Alltag, Widerstand, Verfolgung unter dem Nationalsozialismus,* Bochum 1987, S. 113, 118, 125; Hans-Josef Steinberg, »Die Haltung der Arbeiterschaft zum NS-Regime«, in Jürgen Schmädecke und Peter Steinbach (Hrsg.), *Der Widerstand gegen den Nationalsozialismus. Die deutsche Gesellschaft und der Widerstand gegen Hitler,* München 1985, S. 870.
3 Siehe z.B. Detlev Peukert, »Working Class Resistance: Problems and Options«, in David Clay Large (Hrsg.), *Contending with Hitler: Varieties of German Resistance in the Third Reich,* Cambridge 1991, S. 45; Allen (Anmerkung 2), a. a. O., S. 254f., 283; Ian Kershaw, *Popular Opinion and Political Dissent* in *the Third Reich: Bavaria 1933–1945,* Oxford 1983, S. 314.
4 *Völkischer Beobachter,* Nr. 121/122, 1./2. Mai 1933. Siehe auch *Berliner Morgenpost,* Nr. 104, 2. Mai 1933, über den Sperrplatz im Wedding.
5 Allen (Anmerkung 2), a. a. O., S. 255.
6 Sopade-Bericht in Elfferding (Anmerkung 1), a.a.O., S. 24, Anm. 2.
7 Heinrich August Winkler, *Der Weg in die Katastrophe. Arbeiter und Arbeiterbewegung in der Weimarer Republik 1930 bis 1933,* Berlin 1987, S. 921–923. Siehe auch die Aussagen zahlreicher prominenter Gewerkschaftsführer, »Deutscher Arbeit zur Ehre. Stimmen zum 1. Mai«, *Berliner Tageblatt,* Nr. 200, 30. April 1933.
8 Die Rundfunksendung zum 1. Mai findet sich in Elfferding (Anmerkung 2), a. a. O., S. 26. Über Luftfahrt und Nationalismus siehe Peter Fritzsche, *A Nation of Flyers: German Aviation and the Popular Imagination,* Cambridge 1992, S. 162–170.
9 *Berliner Morgenpost,* Nr. 104, 2. Mai 1933.
10 Siehe zum Beispiel Brigitte Bruns, »Neuzeitliche Fotografie im Dienste der nationalsozialistischen Ideologie. Der Fotograf Heinrich Hoffmann und sein Unternehmen«, in Diethart Krebs u. a. (Hrsg.), *Die Gleichschaltung der Bilder. Zur Geschichte der Pressefotografie 1930–36,* Berlin 1983; Klaus Kreimeier, *Die Ufa Story.*
11 Siehe zum Beispiel Richard Grunberger, *The 12-Year Reich: A Social History of Nazi Germany 1933–1945,* New York 1971.

12 *Berliner Morgenpost,* Nr. 103, 30. April 1933.

13 Stanley G. Payne, *A History of Fascism 1914–1945,* Madison 1996, S. 194f.

14 Rüdiger Hachtmann, »Thesen zur ›Modernisierung‹ der Industriearbeit in Deutschland 1924–1944«, in Frank Bajohr (Hrsg.), *Norddeutschland im Nationalsozialismus,* Hamburg 1993, S. 414–451; John Gillingham, »The Deproletarianization of German Society: Vocational Training in the Third Reich«, *Journal of Social History* 19 (1986), S. 423–432. Die Beliebtheit des Regimes bei Arbeitern erörtert Gunther Mai, »Arbeiterschaft zwischen Sozialismus, Nationalismus und Nationalsozialismus«, in Uwe Backes, Eckhard Jesse und Rainer Zitelmann (Hrsg.), *Die Schatten der Vergangenheit. Impulse zur Historisierung des Nationalsozialismus,* Frankfurt 1990, S. 195–217; Ulrich Herbert, »Arbeiterschaft im ›Dritten Reich‹. Zwischenbilanz und offene Fragen«, *Geschichte und Gesellschaft* 15 (Juli–September 1989), S. 320–360; Alf Lüdtke »›Ehre der Arbeit‹. Industriearbeiter und Macht der Symbole. Zur Reichweite symbolischer Orientierungen im Nationalsozialismus«, in Klaus Tenfelde (Hrsg.), *Arbeiter im 20. Jahrhundert,* Stuttgart 1991, S. 343–392). Siehe auch Arno Klönne, *Jugend im Dritten Reich,* Düsseldorf 1982; Herwart Vorländer, *Die NSV. Darstellung und Dokumentation einer nationalsozialistischen Organisation,* Boppard 1988; Claudia Koonz, *Mothers in the Fatherland: Women, the Family and Nazi Politics,* New York 1987; Peter Fritzsche, »Where Did All the Nazis Go? Reflections on Collaboration and Resistance«, *Tel Aviver Jahrbuch für deutsche Geschichte* 23 (1994), S. 191–224.

15 Jens Alber, »Nationalismus und Modernisierung«, *Kölner Zeitschrift für Soziologie und Sozialpsychologie* 41 (Juni 1989), S. 348, arbeitet diesen Gedanken aus, der zuerst geäußert wurde von David Schoenbaum, *Hitler's Social Revolution: Class and Status in Nazi Germany 1933–1939,* New York 1966, S. 283–288.

16 Ronald Smelser, *Robert Ley: Hitler's Labor Front Leader,* New York 1988, S. 191–216; Vorländer (Anmerkung 14).

17 Omer Bartov, *Hitler's Army: Soldiers, Nazis and War in the Third Reich,* New York 1991.

18 Smelser (Anmerkung 16), a. a. O., S. 302f.; Ian Kershaw, (Anmerkung 19); Detlev Peukert, *Volksgenossen und Gemeinschaftsfreunde,* Köln 1982; Bartov (Anmerkung 17), a. a. O., bes. S. 144–178.

Register

Aereboe, Friedrich 59
»Aktivisten« 109f
Allen, William Sheridan 155f, 170
Allgemeiner Freier Angestelltenbund 127
Angestellte 88, 111, 125–129, 131, 167, 192, 210
Antibolschewistische Liga 141
Antikriegsdemonstrationen (1914) 31f, (1916) 83f
Antisemitismus 18, 76, 141, 143, 146, 169, 171, 218ff, 237, 241f, 244
Arbeiter 44, 48f, 62f, 69, 86f, 98f, 117, 124, 126, 203, 208, 210–213, 219, 229, 231, 234ff, 239f
Arbeiterkultur, patriotische 236
Arbeiter- und Soldatenräte 103f, 107, 115, 120, 138
Arbeitslose/Arbeitslosigkeit 44, 48, 166ff, 170
Arendt, Hannah 221
Augusterlebnis/-tage 13f, 17, 30f, 40–48, 67, 70, 153, 222

Baden, Prinz Max von 98, 99, 102, 103, 106
Bahr, Hermann 43
Barmen, freiwillige Kriegshilfsdienste 55–59
Barmer Jugendgruppe für Sozialarbeit 55
Bauern 125f, 129f, 184–188, 192f, 229
Beamte 88f, 111, 120, 123, 125f
Bebel, August 65
Berlin: Demobilisation 114ff
  Hungeraufstände in 78
  bei Kriegsausbruch (1914) 25–29
  Machtergreifung 151–154
  Maifeiertag (1933) 229ff, 236
  Novemberrevolution in 97–118
Bessel, Richard 48
Bethmann Hollweg, Theobald von 38, 42, 62, 74f
Bismarck, Otto von 38, 73, 177
Blankenmeyer, Jan 203
Boehm, Max Hildebert 119
Boelcke, Oswald 52, 122
Boldt, Johanna 42, 43, 45, 50, 52
Bracher, Karl Dietrich 198
Bröger, Karl 236
Broszat, Martin 140, 174, 222
Brüning, Heinrich 169, 214, 221
Budjuhn, Gustav 128
Bund Neues Vaterland 109
Bürgerräte 108, 110f, 116f, 123
Burgfrieden 41, 62–77, 78, 84f, 89, 90f, 107, 119, 139

Casper-Derfert, Cläre 97
Childers, Thomas 222
Christlich-Nationale Bauern- und Landvolkpartei 189

Christlich-Sozialer Volksdienst 189
Christlicher Gewerkschaftsbund der Angestellten 127

Demobilisierung 113–116
Demokratisierung 91f, 101f, 108f, 122f, 128f, 132, 143, 145f, 174f, 181, 194
Deutsche Arbeiterpartei 76, 195, 246
Deutsche Arbeitsfront 230, 240, 241
Deutsche Demokratische Partei 110, 124, 131, 140, 171, 190f
Deutsche Vaterlandspartei 75f, 182
Deutsche Volkspartei 123f, 131, 166, 169, 171, 183, 190, 192
Deutschnationaler Handlungsgehilfenverband 90, 120, 127f, 178
Deutscher Landbund 129
Deutscher Beamtenbund 126, 129, 178
Deutschnationale Volkspartei 123f, 128, 131, 145, 159, 171, 182f, 189, 191f, 194, 210f, 216, 243, 246
Deutschvölkischer Schutz- und Trutzbund 141
Diederichs, Eugen 119
Diehl, James 137
Diesel, Eugen 236
Drexler, Anton 76, 195, 246
Durchhaltewille 85f, 89

Ebert, Friedrich 99, 100, 101, 105, 114, 116, 118, 142, 146, 151, 163
Eckart, Dietrich 141
Eichhorn, Emil 101
Eksteins, Modris 64
Epp, Franz von 164
Erzberger, Matthias 134
Erster Weltkrieg
  Ausbruch des 13, 17, 25–29, 40f
  Chauvinismus im 52f
  und Frauen 43f
  und Kriegshilfe 46, 54–59
  und Nationalismus 39ff
  und Sozialdemokraten 31f, 63–68
  universeller Charakter des 48–62, 64f
Fallada, Hans 167
Feldman, Gerald 60
Feldpost siehe Kriegsbriefe
Francois-Poncet, André 152
Frauen 43f, 49, 72f, 81, 113, 123f, 169, 204, 209
Freie Bauernschaft 127
Freikorps 117, 133–136, 141, 165, 179, 182, 194, 246
Frick, Wilhelm 154
Fritsch, Theodor 141

Gebensleben, Familie 121, 145, 153, 200, 206, 207, 218, 232
Geiger, Theodor 168
Gessler, Otto 65
Gewerkschaften 68, 87, 125f, 230, 235, 240
Glaeser, Ernst 41, 43, 84, 176, 207
Goebbels, Joseph 153, 195, 198, 202
Göring, Hermann 238
Grosz, George 220f

Haedicke, Bertha 121, 124
Hänisch, Konrad 64
Handwerker 87, 111, 126, 127ff, 178, 192, 229
Hansa-Bund 110

Hanser, Richard 15
Heartfield, John 220f
Heim, Claus 186, 188
Heimann, Hugo 66
Heimwehren 133, 136ff, 141, 179, 182
Heinz, Friedrich Wilhelm 135
Helldorff, Wolf Heinrich Graf 153
Hilfsdienstgesetz 67ff, 74, 86ff, 125
Hiller, Kurt 109f
Hindenburg, Paul von 52, 61, 85, 122, 152, 162f, 169, 172ff, 175ff, 179, 217, 220, 235
Hitler, Adolf 15ff, 151f, 158f, 161f, 169, 172ff, 195–198, 201, 205, 211, 213f, 218, 220, 222, 234ff, 238
Hitlerputsch 196
Hoffmann, Heinrich 15, 18
Holitscher, Arthur 85
Hugenberg, Alfred 159, 165, 189, 201f, 210f, 220f, 246
Hungeraufstände 47, 82f, 86

Immelmann, Max 122
Inflation 130ff, 142, 163, 223
Interessengruppen 89ff, 111, 125–133, 184–193, 205
Israelitische Frauenunion 55

Jacobsohn, Siegfried 34
Jagow, Traugott von 36
Johannsen, Otto 184, 188
Jugendgruppen 28, 182
Jungdeutscher Orden 144f, 181f, 188, 190

Kapp, Wolfgang 74f, 138, 246
Kapp-Putsch 134, 136, 138, 139
Kershaw, Ian 218
Kessler, Harry Graf 100, 105, 109, 113, 115
Kjellen, Rudolf 73
Knickerbocker, H.R. 164, 168
Koller, Martin 158
Kollwitz, Käthe 53–55, 62, 109f, 114
Konservative Volkspartei 189
Kommunisten 116, 133, 139, 154ff, 158ff, 164, 169f, 212, 215, 223
Kraus, Karl 42f, 46
Kriegsanleihen 60f, 85
Kriegsbriefe 50f, 90
Kriegshilfe 46, 59, 65
Kriegskredite 63, 83
Kriegswirtschaft 66ff

Lagarde, Paul de 188
Landvolkbewegung 187ff, 191ff, 194, 220, 243
Lebensmittelrationierung 45, 78ff, 82
Lederer, Emil 130
Lersch, Heinrich 236
Ley, Robert 230, 238
Liebknecht, Karl 83, 100, 101, 106, 118
Limmer, Walter 45f, 52
Lohse, Hinrich 203
Ludendorff, Erich 134
Luther, Hans 176
Luxemburg, Rosa 106

Mädchenclub "Freude" 55
Maifeiertag 229–236
Maikowski, Hans 154, 157
Mann, Heinrich 52, 121
Mann, Thomas 216
Marx, Wilhelm 175
Mendelssohn-Bartholdy, Albrecht 71
Meinecke, Friedrich 41

Menschenansammlungen (1914) 14, 25–30, 31, 36–39
und Kaiser 37f
und Polizei 32,36ff
Mittelstand 170f, 186f, 189, 208, 219, 234
und Sozialdemokratie 105f, 160, 176ff
und Novemberrevolution 108, 111f, 118ff, 125, 128
und WK I 28, 30, 69–73, 88ff
Moltke, Hellmuth von 69
Monarchie 40, 69ff, 75, 106, 120f, 174
Münchmeyer, Ludwig 195

Nationale Identität 29, 36, 39, 52, 140, 209, 213, 236
Nationaler Frauendienst 53–60, 73, 124
Nationalismus 13f, 29–32, 35, 39f, 70ff, 75ff, 140f, 153, 180, 183, 212, 213, 219
Nationalsozialismus/NSDAP 17, 19, 30f, 76, 159, 162, 195–223, 243–247
und Arbeiter 208, 211f, 235f, 239f
Diktatur der 159f
und Freikorps 133ff
und Frauen 204, 209, 213
und Interessengruppen 205, 209
und Landvolk 188
und Machtergreifung 151–155, 206, 220
Popularität der 159ff
Populismus der 203ff, 208f, 242
Propaganda der 173, 206, 209
und Sozialdemokraten 156, 202f, 208, 212f, 215f
und Vereinsleben 183, 199, 203
und Versailler Vertrag 162–165, 218
Vormarsch der 31, 171, 198–201, 205, 215f, 218
und Weltwirtschaftskrise 166–172, 211f, 244
Nierentz, Hans-Jürgen 235
Nordwestdeutscher Handwerkerbund 127, 129
Novemberrevolution 91, 93–118, 124f, 222

Oldenburg-Januschau, Elard von 105
Oldenburger Gewerbe- und Handelsverein 127

Papen, Franz von 173, 220
Parteien,politische (allgemein) 123f, 127f, 131, 142, 171f, 181, 186f, 189–193, 202, 207f, 219f, 244
Patriotismus *siehe* Nationalismus
Plenge, Johann 73
Populismus *siehe* Demokratisierung; Volksgemeinschaft
Presse 29, 32, 37f, 51f, 72, 120, 122, 152f, 159f, 181, 237, 239
Preußen, Prinz August-Wilhelm von 153

Rat der geistigen Arbeiter 110
Rathenau, Walther 134, 139, 230
Reichsbanner 165, 179, 207, 212
Reichsausschuß für das Deutsche Volksbegehren 201
Reichspartei für Volksrecht und Aufwertung 189
Renan, Ernst 140
Retzlaw, Karl 49

Richthofen, Manfred von 52
Riefenstahl, Leni 237
Riezler, Kurt 42
Rosenberg, Alfred 141
Rotes Kreuz 41,55
Rundfunk 154, 157f, 235
Salomon, Ernst von 114ff, 135
Scheidemann, Philipp 100, 101, 104

Schickele, René 109, 120
Schiffer, Eugen 33
Schmitt, Carl 135
Schöttler, Arthur 93
Schulze, Hagen 136
Schwarz, Klaus-Dieter 88
Schwarzmarkt 80ff
Schwarze Reichswehr 165
Seehofer, Herbert 153
Seldte, Franz 201
Siebert, Friedrich 135
Silgradt, August Wilhelm 176/177
Soldaten 42, 45ff, 50, 71, 91, 98, 211
  Veteranen 108,181f
  s.a. Freikorps; Stahlhelm
Sozialdemokraten/SPD 31f, 63–68, 74, 84, 87, 90, 99ff, 102f, 106, 122, 129, 139, 210, 214ff
  und Nationalismus 211f
  und Nationalsozialisten 155ff, 158, 202f, 211ff, 221
  zur Wahl Hindenburgs 176
Spengler, Oswald 130
Spartakusbund 106, 117
Stadtler, Eduard 141
Stahlhelm 144f, 152, 175, 177ff, 181ff, 184, 188, 190, 192f, 194, 207, 210, 214, 220, 243
Stapel, Wilhelm 119f, 122
Steckrübenwinter 77–92
Stern, J.P. 159
Stinnes-Legien-Abkommen 125
Strasser, Gregor 213, 217
Stresemann, Gustav 165, 176
Suppenküchen 45, 56, 84
Szögyény-Marich, Laszlo von 217

Tag der Arbeit *siehe* Maifeiertag
Toller, Ernst 43
Tucholsky, Kurt 220f

Udet, Ernst 236
Unabhängige Sozialdemokraten 74, 84, 87, 101ff, 106f, 115, 139, 160

Verband deutscher Gewerbevereine 127
Vereinigung der Weiblichen Post- und Telegraphenangestellten 55
Vereine/Vereinsleben 143f, 160, 177f, 180, 190, 199, 203
Verlustlisten (Erster Weltkrieg) 45
Versailler Friedensvertrag 101, 133, 162–165, 244
Volksgemeinschaft 47, 90f, 119, 122, 194, 211, 237–241
Volksnationale Reichsvereinigung 189

Wahlen 131f, 139f, 158f, 171–175, 181, 189, 199, 201f, 211, 213, 215
  Nationalversammlung (1919) 112, 123f
  Präsidentschafts- (1925) 172, 176, 183, 222, 000
  (1932) 173ff
  Reichstag (1907) 36, 131,
  (1924) 131,

(1930) 160f,
(1933) 158f, 189, 215
Wahlrecht 71 ff, 123f
Waite, Robert 133
Weber, Max 72
Weimarer Republik, Einstellung der Deutschen zur 139, 142, 197, 214
Wels, Otto 97f, 101
Weltwirtschaftskrise 14, 162, 166f, 170, 172, 210, 212, 222f, 244
Wermuth, Adolf 66
Wilhelm II. 26, 29, 37f, 63, 69f, 73, 98f, 122
Windt, Herbert 235
Wirtschaftspartei 131, 189
Witkop, Philipp 51
Wohlfahrt 65, 86, 167, 204

Youngplan, Widerstand gegen 166, 183, 201

Zaunitz, Josef 157
Zeitungen *siehe* Presse
Zentrumspartei 124, 159, 215
Zille, Heinrich 117f, 141
Zweiter Weltkrieg 241f

Die Originalausgabe erschien unter dem Titel
Germans into Nazis im Verlag Harvard University Press,
Cambridge (Mass.)/London.

Redaktion der deutschen Ausgabe
und Erstellung des Registers:
Renate Reifferscheid

Bildnachweis
Seiten 10/11: Süddeutscher Verlag
Seiten 22/23: AKG, Berlin
Seiten 94/95; 148/149; 226/227: Ullstein

Gesetzt aus der Bembo
Satz: Uhl + Massopust, Aalen
Druck und Bindung: Pustet, Regensburg
Printed in Germany
ISBN 3-85842-361-0